山西大学建

U0579476

李提摩太与山西大学堂

杨彩丹 著

山西出版传媒集团 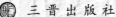 三晋出版社

图书在版编目（CIP）数据

李提摩太与山西大学堂 / 杨彩丹著 . —太原：三晋出版社，
2022.9

ISBN 978-7-5457-2501-8

Ⅰ . ①李… Ⅱ . ①杨… Ⅲ . ①李提摩太（Richard, Timothy
1845—1919）– 人物研究 ②山西大学 – 校史 – 近代

Ⅳ . ① B979.956.1 ② G649.292.51

中国版本图书馆 CIP 数据核字（2022）第 164340 号

李提摩太与山西大学堂

著　　者：杨彩丹
责任编辑：翟晓宾
责任印制：李佳音

出 版 者：山西出版传媒集团·三晋出版社
地　　址：太原市建设南路 21 号
电　　话：0351 – 4956036（总编室）
　　　　　0351 – 4922203（印制部）
网　　址：http://www.sjcbs.cn

经 销 者：新华书店
承 印 者：山西新华印业有限公司

开　　本：890mm×1240mm　　1/32
印　　张：9.375
字　　数：180 千字
版　　次：2022 年 9 月　第 1 版
印　　次：2022 年 9 月　第 1 次印刷
书　　号：ISBN 978-7-5457-2501-8
定　　价：48.00 元

如有印装质量问题，请与本社发行部联系。电话：0351-4922268

《山西大学建校 120 周年学术文库》

总　序

喜迎双甲子，奋进新征程。在山西大学 120 周年校庆之时，出版这套《山西大学建校 120 周年学术文库》，以此记录并见证学校充满挑战与奋斗、饱含智慧与激情的光辉岁月，展现山大人的精学苦研与广博思想。

大学，是萌发新思想、创造新知识的学术殿堂。求真问理、传道授业是大学的责任。120 年来，一代又一代山大人始终以探究真理为宗旨，以创造新知为使命。无论创校初期名家云集、鼓荡相习，还是抗战烽火中辗转迁徙、筚路蓝缕；无论是新中国成立后"为完成祖国交给我们的任务而奋斗"，还是改革开放以后融入科教强国建设的时代洪流，山大人都坚守初心、笃志求学、立足大地、体察众生，荟萃思想、传承文脉，成就了百年学府的勤奋严谨与信实创新。

大学之大，在于大学者、在于栋梁才。十年树木、百年树人。120 年的山大，赓续着教学相长、师生互信、知智共生的优良传统。在知识的传授中，师生的思想得以融通激发；在深入社会的广泛研习中，来自现实的经验得以归纳总结；在无数次的探索与思考中，那些模糊的概念被澄明、假设的命题被证实、现实的困惑被破解……，新知识、新思想、新理论，一一呈现于《山西大学建校 120 周年学术文库》。

"问题之研究，须以学理为根据"。文库的研究成果有着翔实的史料支撑、清晰的问题意识、科学的研究方法、严谨的逻辑结构，既有基于社会实践的田野资料佐证，也有源自哲学思辨的深刻与超越，展示了山大学者"沉潜刚克、高明柔克"的学术风格，体现了山大人的厚积薄发和卓越追求。

习近平总书记在 2016 年哲学社会科学工作座谈会上指出："一个国家的发展水平，既取决于自然科学发展水平，也取决于哲学社会科学发展水平。一个没有发达的自然科学的国家不可能走在世界前列，一个没有繁荣的哲学社会科学的国家也不可能走在世界前列。"立足国际视野，秉持家国情怀。在加快"双一流"建设、实现高质量内涵式发展的征程中，山大人深知自己肩负着探究自然奥秘、引领技术前沿的神圣责任，承担着繁荣发展哲学社会科学的光荣使命。

百廿再出发，明朝更璀璨。令德湖畔、丁香花开，欣逢盛世、高歌前行。山大学子、山大学人将以建校 120 周年为契机，沿着历史的足迹，继续秉持"中西会通、求真至善、登崇俊良、自强报国"的办学传统，知行合一、厚德载物，守正创新、引领未来。向着建设高水平综合性研究型大学、跻身中国优秀知名大学行列的目标迈进，为实现中华民族伟大复兴的中国梦贡献智慧与力量。

黄桂田

目　录

上　编

李提摩太与山西大学堂

下　编

上编

李提摩太（1845—1919），原名 Timothy Richard，英国南威尔士人，1870 年至 1916 年旅居中国长达 45 年，成为中国近代史上一位影响深远的风云人物。胡光麃称："在十九世纪末季来华的传教士中，对于文教方面有卓越贡献，同时也对政治影响力最大的，无疑的要算李提摩太。"①熊月之更谓："他集传教士、学者、政客于一身，传教，译书，进行广泛的政治活动，样样搞得有声有色……与达官显宦的交往之多，与各种政治力量的接触之广，对中国政局的影响之大，那是晚清任何传教士都不能相比的。"②李提摩太之所以成为近代中国影响力最大的西人之一，既得益于他独特的传教方式，对灾荒的积极赈济，对中西文化交流的贡献，更得益于他对中国社会尤其是教育的改革建言与实践。他主导创建的山西大学堂更是在山西教育史乃至中国教育史上留下浓墨重彩的一笔。当代加拿大籍学者许美德即称："载入高等教育史册的英国人只有浸礼派传教士李提摩太"③。

---

　　① 胡光麃：《影响中国现代化的一百洋客》，台北：联经出版事业公司，1992 年 7 月。

　　② 熊月之：《西学东渐与晚清社会》，上海：上海人民出版社，1994 年 8 月。

　　③〔加〕许美德：《中国大学：一个文化冲突的世纪（1895—1995）》，北京：教育科学出版社，2000 年 2 月，第 36 页。

第 1 章

中国情结：李提摩太来华及其在山东的早期传教

李提摩太之所以能在中国社会各个领域都产生巨大且广泛的影响，与他坚毅、勤奋、热情、富有想象、乐于冒险、虔诚信仰的个人品质，以及中国情结不无关系，而这也正是支撑他决定来华的主要因素。

第一节　在威尔士的早年生活

一、童年生活与优秀品质

李提摩太1845年出生于英国威尔士卡马孙郡（Carmarthenshire）一个名叫法尔德普林的小村庄。威尔士的多山地形塑造了他坚毅、勤奋的性格。李提摩太童年时，经常是一边"为父亲放马"，一边"温习一下第二天的功课"。① 郡镇之间的交通不便，时常激起儿时的李提摩太对外面未知世界的渴望、探索与冒险。他曾因一个肩膀脱臼，家人要带他去五英里以外的地方看医生，而"兴奋异常"，结果又摔一跤，肩膀竟然复位了，当家人开心时，他却因为自己剥夺了自己驾马车去拜访医生的机会，而"异常沮丧"。② 同时，威尔士的民族精神——"富有想象又注重实际，热情洋溢而又有自制力"③，也在他身上体现得淋漓尽致。在迎接哥哥从二十英里外煤矿运煤的返程中，因"没有等哥哥上来，壮起胆子继续行进"，结果马车失控，他却"跳进树丛中，抱住那棵树，让马车从身旁冲了过去"④，成功躲过一劫。

李提摩太出身于一个清贫的铁匠家庭。他的父亲提摩太·理查德（Timothy Richard）早年继承祖业做过铁匠，后来成为一个农场业主。母亲埃利诺·赖特柯（Eleanor Lethercoch）出身农民，个性温柔善良。诚如苏慧廉指出的："世世代代都为提高生活水平而努力的铁匠兼农民的前辈，留给李提摩太的是简朴的生活作风和正直的秉性。他从他们那里

①〔英〕李提摩太：《亲历晚清四十五年——李提摩太在华回忆录》，李宪堂、侯林莉译，天津：天津人民出版社，2005年5月，第4页。

②〔英〕李提摩太：《亲历晚清四十五年——李提摩太在华回忆录》，李宪堂、侯林莉译，天津：天津人民出版社，2005年5月，第2页。

③〔英〕苏慧廉：《李提摩太在中国》，关志远等译，桂林：广西师范大学出版社，2007年12月，第5页。

④〔英〕李提摩太：《亲历晚清四十五年——李提摩太在华回忆录》，李宪堂、侯林莉译，天津：天津人民出版社，2005年5月，第4页。

继承了强健的体魄和坚毅的性格"①，李提摩太自幼就熟练掌握各种农活："从耕地、割草到挖沟、修理篱笆，以及遮盖干草垛等，样样在行"。15岁时父亲就要求他停学"到农场里助理农务"，在李提摩太做出"如果能再资助我上一年学，以后我就不需要家里的任何帮助了"的保证后，他才又被送到离家约二十英里外的一个表兄开办的学校，"除了常规课程，还被安排和小学教师们一起接受额外培训"。后来又到一个矿区，白天给孩子们开"日校"，晚上还得负责一个专为矿工办的"夜班"。② 至此，李提摩太有了经济能力支持他完成在莱尼巴塞（Lanybyther）的一所语法学校和斯温西师范学校、哈佛孚德神学院的求学之路。

贫寒的童年生活使他对社会下层有着天生的强烈的同情心，而坎坷的求学经历更是让他非常理解贫困子女渴望接受教育的迫切心情。在他任康威尔·埃沃特（Conwil Elvet）一所捐助学校的校长时，不仅接受了一个因"总是跟其他孩子吵架"而屡次被退学的孩子，还通过"用一个礼拜的时间做一个试验"，即坚持"在一个礼拜的时间内，对所有的同学都保持友好"，使得那个孩子成了"学校中最开心最可爱的

---

① 〔英〕苏慧廉：《李提摩太在中国》，关志远等译，桂林：广西师范大学出版社，2007年12月，第5页。

② 〔英〕李提摩太：《亲历晚清四十五年——李提摩太在华回忆录》，李宪堂、侯林莉译，天津：天津人民出版社，2005年5月，第5—7页。

孩子之一"。①

此外，母亲也对李提摩太言传身教，她的善良、包容感染着李提摩太。母亲虽只是一个农民，但柯斯比·琼斯（Kilsby Jones）牧师在其《威尔士名人录》中却称李提摩太的母亲是"在威尔士值得一提的人物"，"从未见到过像她那样性情温柔和蔼的女性……作为一个妻子和母亲，即使是玛利亚和马大加在一起也是望尘莫及的。"②李提摩太也回忆母亲总是这样评论别人对她的诋毁，"他们对自己的伤害比对我的伤害更大"。③

二、宗教氛围与虔诚信仰

李提摩太所属的浸礼会，属于基督新教浸礼宗的分支。浸礼宗是 17 世纪从英国清教徒独立派分离出来的基督新教主要宗派之一。因反对婴儿受洗，主张只对理解受洗意义的信徒施洗，洗礼采用全身浸入水中，以象征受洗埋葬后重生，不用点水于额方式，故得此名。1689 年宽容法案通过后，该宗获得法律保护，开始发展起来。虽然之后由于启蒙运动、工业革命，政教分离，尤其是地质学、人类学、社会学、心

---

① 〔英〕李提摩太：《亲历晚清四十五年——李提摩太在华回忆录》，李宪堂、侯林莉译，天津：天津人民出版社，2005 年 5 月，第 9 页。

② 〔英〕苏慧廉：《李提摩太在中国》，关志远等译，桂林：广西师范大学出版社，2007 年 12 月，第 6 页。

③ 〔英〕李提摩太：《亲历晚清四十五年——李提摩太在华回忆录》，李宪堂、侯林莉译，天津：天津人民出版社，2005 年 5 月，第 2 页。

理学，以及生物科学长足进展的影响，浸礼宗一度死气沉沉，"引领教外人士入教的工作极少开展。下层阶级处于灵性贫乏的状态。群众的娱乐活动鄙俗不堪，文盲到处可见……酗酒之风盛行"①。但是18世纪后，一者由于虔诚主义与浪漫主义思潮的兴起，人们"倡读《圣经》，反对死守信条；追求内心虔诚与圣洁生活，注重行善"②。二者由于卫斯理兄弟在英国发起了福音奋兴运动，"不断地巡回布道，宣扬一种洗心革面使人重生的转变，强调悔改归正，在积极为他人服务中体现宗教生活，切实打动了人们的心弦"。③英国人尤其是中、下层阶级的宗教热情重新并更大规模地得以激发。到19世纪时，英国信众增加一倍以上。故有史家说，奋兴运动"与工业革命一样有力地改变了英国人的生活"。④

而威尔士又是英国宗教氛围最为浓厚的地区，以"宗教复兴之地"而闻名于世。普通群众及中等阶层的人，"很愿意把自己创造性的精力投入到精神事务上来"，无论入教人数，还是宗教仪式的水平在英国各地中都是极高的。因此被认为其"宗教虔诚远远超过英格兰人"，"世界上没有一个民族

---

①〔美〕威利斯顿·沃尔克：《基督教会史》，中国社会科学出版社，1991年6月，第574页。

②龙秀清：《论十九世纪新教传教运动》，《东北师大学报（哲学社会科学版）》，1998年第3期。

③龙秀清：《论十九世纪新教传教运动》，《东北师大学报（哲学社会科学版）》，1998年第3期。

④〔美〕克莱顿·罗伯兹等：《英国史》下册，台湾：五南图书出版公司，1986年，第658页。

能像威尔士人那样保持着宗教的活力"① 。成千上万的浸礼会教徒"走在这一潮流的前沿，他们中最激进的一批人宣称自己是大多数威尔士语者的代理人"。他们传教热情坚定而热烈。据《威尔士史》记载，"那些以或云游或定居的方式参与到传教事业中的布道者们正在威尔士的土地上阔步前进。这是一场不可抵御的复兴浪潮。福音传道以大规模的、户外集会的方式进行。他不仅提供了拯救的途径，而且制造了一种类似于今天摇滚音乐会式的激情与兴奋的氛围。教会复兴派布道者似乎是一个永动机。"②

李提摩太家庭的宗教氛围也非常浓厚。父母和亲戚均是虔诚的基督教徒，父亲是波赛尔（Bethel）与赛勒姆（Salem）教堂的秘书和执事，也经常忙于调解乡邻之间的冲突和纠纷。母亲埃利诺·赖特柯也曾是一个浸礼会教堂的供养人。叔叔杰德戴耶（Jedadaiah）是在中国传教的杨格非（Griffith Jone）博士的首任妻子皈依基督的领路人。堂兄约书亚·刘易斯（Yoshua Lewis），是朋布洛克郡（Pembrokeshire）最古老教堂中一个著名的牧师。李提摩太的外祖父是亚巴达沃（Aberduar）村浸礼会教堂的执事。

促使李提摩太皈依浸礼会的直接原因则是 1858—1860 年

① 〔英〕吉拉恩特·H·詹金斯：《威尔士史》，孙超译，上海：东方出版中心，2017 年 8 月，第 221 页。

② 〔英〕吉拉恩特·H·詹金斯：《威尔士史》，孙超译，上海：东方出版中心，2017 年 8 月，第 221—223 页。

间一场席卷欧美的宗教复兴运动。运动采用巡回布道的方式与社会下层人群进行面对面的交流，布道者以带有强烈终末论意味的布道词感染信徒，并鼓励信众表达自己的情感，极大唤醒了信徒们内心深处的宗教热情，造就了大批志愿者。李提摩太就曾指出运动使得"那些最不信上帝的人的精神壁垒一时间都土崩瓦解了，开始转变他们的信仰"①，他本人亦经历了"观念上的转变"，"如获重生"。②14 岁时，他公开表明了自己的信仰，在家乡附近的一条河里接受了洗礼，正式加入浸礼会。

和其他教派相比，浸礼会一则比较接近传统基督教会的核心，即相信基督的神性和他的赎罪及复活。圣经的权威体现在基督的救赎、三位一体、基督的复临、天堂和地狱等，非常注重个人道德修养和纯洁的生活，对个人罪恶如饮酒、赌博和跳舞持否定观点。二则从关注个人出发，鼓励信徒"有独立的思想"，"他们和天主的关系是直接的，不用神职人员作为媒介；他们坚信个人对圣经的解释；每次集会都是经过再生的成人的自愿结交；没有超级教会权威将方针政策强加给地方集会，历史上，他们独立自主的愿望使他们成为宗

---

① 〔英〕李提摩太：《亲历晚清四十五年——李提摩太在华回忆录》，李宪堂、侯林莉译，天津：天津人民出版社，2005 年 5 月，第 5 页。

② 〔英〕苏慧廉：《李提摩太在中国》，关志远等译，桂林：广西师范大学出版社，2007 年 12 月，第 9 页。

教自由的拥护者。"①三则没有信条、节日、神职人员的圣秩圣事、旗帜、等级结构、礼仪模式等，只是"按照良心的指示，一群再生的基督徒个体为了团体、讲道、祈祷和追随基督自动地走在一起"的一个出类拔萃的"自由的"教会。四则关注现实主义的世俗化社会，更注重社会的整体性救赎，认为上帝的救恩是整体性的，包括个人与社会、精神与肉体，因此不仅要宣扬个人救赎的福音，还要宣扬社会改造的福音，鼓励信徒参与教育、慈善和社会改良等世俗活动，消除工业社会的弊端，在此世就建立"上帝之国"。浸礼会把自己看作是信友聚集的教会。

为了完善自己的宗教思想，1865—1869 年间，李提摩太考入朋布洛克郡哈佛孚德（Haverfordwest）神学院，其间，有过一次课程革命。因为学校讲授的是耶教教义、希腊文、拉丁文、欧洲史等，他和许多同学不顾被学校开除的风险，要求增加近代语言学习课程，以及有关埃及、巴比伦、印度、中国在内的世界通史的课程，最后学校当局接受了他们的要求。这次改革事件使李提摩太认识到："要力图寻求更有效的方式和途径，而不是墨守不合时宜的成规陋俗。"②除此，在神学院李提摩太还为他的传教事业做好了各方面的准备。

---

① 〔美〕格拉茨，〔美〕海威格：《现代天主教百科全书》，北京：宗教文化出版社，2012 年 10 月，第 392 页。

② 〔英〕李提摩太：《亲历晚清四十五年——李提摩太在华回忆录》，李宪堂、侯林莉译，天津：天津人民出版社，2005 年 5 月，第 10 页。

首先，在"威尔士最出色的神学家之一"的院长戴维斯博士（Dr Davies），以及曾在印度传过教、获得伦敦大学金质奖章、"威尔士最杰出的古典文学专家"罗斯（Rouse）博士等人的指导下，李提摩太对神学、文学等产生了浓厚的兴趣，且成绩优异，曾获学院颁发的希伯来（Hebrew）奖。这就为他后来有效地推行学术性传教路线和策略，提供了十分有利的条件。其次，在神学院学习期间，他还与教会其他人士建立了良好的人际关系，为他后来坚持和发展适应性传教策略，营造了良好的氛围。如，因为和罗斯博士"一直持续到他生命终结"的友谊，获赠其打算用来给印度学生讲课的小册子《如何通过伟大的考验》，对后来李提摩太打开在太原的传教局面颇有助益。因为和同学切维尔（Chivers）的关系，他曾在纽约的一次浸礼会牧师互助会上被隆重介绍并广泛宣传，扩大了其在美国浸礼会的影响。再次，从真正的宗教感情、虔诚的信仰、贞洁的生活和传教士的使命感来说，李提摩太丝毫不比其他浸礼会教士逊色，"每月定期去一个教堂服务"，还收到两份牧师的邀请函，"一份来自朋布洛克郡的一座教堂，另一份则来自格拉玛干郡（Glamorganshire）"①。

---

① 〔英〕李提摩太：《亲历晚清四十五年——李提摩太在华回忆录》，李宪堂、侯林莉译，天津：天津人民出版社，2005 年 5 月，第 11 页。

三、海外传教与中国情结

18 世纪，西方宗教热情再度高涨，人们普遍认为："一个生机勃勃、圣洁、有责任心的教会必然是一个传教士不断扩张的教会"，而海外的传教活动也是让宗教狂热一直能够持续下去的一个重要手段。[①] 再加上英国在世界上率先完成了工业革命，国民生产总值急剧增加。1800—1850 年间，英国国民个人收入增加了 85%。在 19 世纪中期，英国国民个人平均所得已远超同时期法国、德国人均收入。正是有了这种坚实的经济基础，英国人才能响应差会的号召，每人每年捐献一英镑资助传教事业。1792 年，威廉·凯里（William Carey，1761—1834）出版了一份名为《论基督徒有使用各种方法归化异教徒的义务》的小册子，呼吁基督徒应按照《新约》中的要求，"使一切国家实现基督教化"，并认为这是当代基督徒应尽的义务。1793 年，威廉·凯里又发起成立了英国第一个海外传教组织"浸礼宗广传福音会"（The Particular Baptist Society for Propagating the Gospel Among the Heathens）。

同时，由于受到 17 世纪以来政教分离趋势的影响，浸礼会成立后并未得到政府的政治支持和经济资助，因此，亦就没有受到随之而来的国家对传教活动的干预与控制。浸礼会

---

① Robert A.Bickers and Rosemary Stoned: Missionary Encounters: Sources and Issues，Curzon Press，1996，p.14.

的传教方针与策略的制定、差会的组建、传教士的培训，到传教经费的筹集，都是其自行规划的，属于自主传教。为了支撑昂贵的传教费用，浸礼会发动社会各阶层广泛参与。以差会经费来源看，有个人捐赠的，也有学校、工厂、财团集体性资助的，有城市募捐的，也有农村募捐的。浸礼会的海外传教已然成为一场民间运动。尤需注意的是，浸礼会布道者们传教的强大动力是"爱"，虽然也可能出现种族主义和文化歧视等消极因素，但多数情况下会促使传教士们真诚地相信所有人都蒙受上帝之爱，都有拯救的价值，激励他们不畏艰险地深入陌生的环境去帮助那里的人，激发他们无私奉献的精神、崇高的传教目的，以及对非西方民族利益的关怀。

　　李提摩太加入浸礼会第一次听讲道之后，就"有了从事传教工作的冲动"，他回忆说："布道辞中有这样一句话牢牢印在我的脑海里，'服从比牺牲更好'"。他在从赛勒姆的礼拜堂回家的路上，告诉哥哥约书亚："在聆听布道的整个过程中，我仿佛听到有一个声音命令我出国传教。"① 在哈佛孚德神学院就读期间，他的海外传教热情进一步高涨，苏慧廉就曾记述："他的精神已经飞出了他所热爱的家乡的山山水水，到了尚未听到耶稣基督的教诲和救世良言的亿万民

---

　　①〔英〕李提摩太：《亲历晚清四十五年——李提摩太在华回忆录》，李宪堂、侯林莉译，天津：天津人民出版社，2005年5月，第5页。

众居住得更为广阔的世界中去了"。①

　　激起他去中国传教热情的是 1866 年英国兴起的一场有关中国的传教运动，即第一批中国内地会（China Inland Mission）的传教士向中国内陆腹地的传教。中国内地会是1865 年由戴德生组建的一个国际性、跨宗派的差会，要求传教士尽量中国化，以最快的速度向中国传播福音。由于浸礼会是中国内地会的主要资助者，该运动在浸礼会内部产生了极大的共鸣，大家都对此次运动高度评价，尤其是戴德生提出的在中国传教的原则："相信上帝会提供所有必要的帮助；对祈祷者即时给予明确指导的能力，比出国传教前接受特殊文化训练更重要；情愿深入内地，穿当地的衣服，住土著房子，吃中国饭菜，随时准备过一种自我牺牲的生活，而不是居住在沿海商埠花天酒地。"浸礼会的秘书安德希尔（Underhill）博士就主张："浸礼会应当比照中国内地会制定的传教政策，拿出新的传教措施。"②

　　而促使李提摩太最终下决心要去中国的直接原因则是1868 年魁丽斯夫人（Mrs.Grinness）关于中国内地会传教事业的答辩演讲。由于受到"中国内地会那英雄主义的、自我奉献的传教计划"的吸引，他在哈佛孚德神学院求学生涯临近

---

　　①〔英〕苏慧廉：《李提摩太在中国》，关志远等译，桂林：广西师范大学出版社，2007 年 12 月，第 11 页。
　　②〔英〕李提摩太：《亲历晚清四十五年——李提摩太在华回忆录》，李宪堂、侯林莉译，天津：天津人民出版社，2005 年，第 12 页。

结束时，决定去中国传教，遂向浸礼会协会提出申请，表达了他要去中国北方传教的原因："中国人是非基督徒中文明程度最高的民族，当他们转化过来后，有助于向欠开化的周边民族传播福音，并且，欧洲人更容易适应中国北部地区的气候条件。当北方的中国人成为基督徒后，将会转化他们整个帝国的同胞。"①

　　由于童年生活塑造的优秀品质、浓厚的宗教氛围熏染的虔诚信仰、中国内地会海外传教精神的鼓舞，以及在哈佛孚德神学院时期接受的浸礼会的教育，等等，李提摩太要去中国传教的信念是如此的坚定，以至当被问及能否保证在十年内不结婚，他给出了"到底是在十天还是十年之内结婚，最好取决于工作的需要与否"②的回答。

第二节　李提摩太在山东的传教

　　1869 年 11 月 17 日，李提摩太搭乘霍尔兹"蓝烟囱"轮船公司的"亚克利"号启程，次年 2 月 12 日到达上海，27

---

①〔英〕李提摩太：《亲历晚清四十五年——李提摩太在华回忆录》，李宪堂、侯林莉译，天津：天津人民出版社，2005 年 5 月，第 12—13 页。
②〔英〕李提摩太：《亲历晚清四十五年——李提摩太在华回忆录》，李宪堂、侯林莉译，天津：天津人民出版社，2005 年 5 月，第 13 页。

日到达山东烟台，开始他在中国的早期传教。可以说，相比鸦片战争之前来华的传教士，李提摩太的传教有着诸多有利条件。一者两次鸦片战争之后，在西方国家强大的军事和政治力量支撑下，《黄埔条约》《天津条约》等不平等条约签订，天主教解禁，传教士也可进入内地自由传教，传教士在中国开展各种活动被赋予一定程度的合法性。二者李提摩太的来华得到了传教士前辈的诸多帮助。如他在来华途中结识的乔治·摩尔（George Moule）牧师，不仅建议他"如果要想更好地在中国传教，就需要学好中国的语言"，还帮助李提摩太开始学习中文的 212 个部首，并且在到达上海之前，乔治对他的学习进行了测试。伦敦差遣会的托马斯牧师邀请他在家里住了 12 天之久；27 日他到达烟台时还受到了劳顿（Laughton）的热烈欢迎等。三者前期浸礼会在华传教的成果也为李提摩太传教活动的展开奠定一定的基础。1846 年，浸礼会传教士胡德迈（Thomas Hall Hudson）、耶伦（W.Jarrom）就到达宁波传教，1860 年，浸礼会决定开设烟台传教基地，并派霍尔（Hall）博士和克劳克斯（Klockers）前去传教，1861 年，传教士夏礼（Charles J.Hall）夫妇到达烟台。

一、初到烟台的摸索生存

李提摩太到达烟台正准备满怀信心开始传教时，却是"四

顾茫茫"，唯一能够依靠的只是他以前的"人生阅历"。^①此时，
浸礼会在烟台的传教"遭受了巨大损失"："霍尔博士染上
霍乱去世，他是在照料霍乱病人时被感染的，到烟台还不到
一年；而克劳克斯先生不久回了英国；另外两个成员，麦克
米甘（Mcmechan）先生和金顿（Kington）先生，在一两年
后也奉命回国。"^②而迎接他的劳顿先生也于当年6月患伤寒
病去世，在烟台的英国浸礼会教士只剩下李提摩太一个人了。
同时，天津教案的发生更是雪上加霜，李提摩太非常紧张，
担心"出现仇外排外的浪潮"，害怕中国人会进攻他们的驻地，
并且参加了一支外国人组织的志愿保安队，"连着许多天，
密切关注着当地中国人的动向"。^③

　　面对严峻的处境，李提摩太并没有气馁，作为浸礼会在
中国北方的唯一代表，他主动承担起了在烟台传教事业的所
有职责，开始多方筹划。一是为了尽快了解中国人及其宗教
信仰、伦理道德、文化背景和生活方式，他"以前所未有的
精力和毅力学习中文，以便尽快掌握它"^④。二是积极联络在
烟台的其他教会的传教士，如广学会创办人伦敦传教会的韦

---

①〔英〕李提摩太：《亲历晚清四十五年——李提摩太在华回忆录》，李宪堂、
侯林莉译，天津：天津人民出版社，2005年5月，第19页。
②〔英〕李提摩太：《亲历晚清四十五年——李提摩太在华回忆录》，李宪堂、
侯林莉译，天津：天津人民出版社，2005年5月，第16页。
③〔英〕李提摩太：《亲历晚清四十五年——李提摩太在华回忆录》，李宪堂、
侯林莉译，天津：天津人民出版社，2005年5月，第19页。
④〔英〕李提摩太：《亲历晚清四十五年——李提摩太在华回忆录》，李宪堂、
侯林莉译，天津：天津人民出版社，2005年5月，第19页。

廉臣（Alexander Williamson）、美国传教小组主席美国长老会的倪维思（John L.Nevirs）、提倡"用科学教育来推动传教工作"的美国长老会的狄考文（Calvin Mateer）、"很早就赢得中国人的喜爱和信任"的美国浸礼会的郝维尔（Hartwell）等，共同开拓传教局面。这些传教士对李提摩太影响很大，尤其是被其称之为"一个伟大的、实际的、理性的、高尚的人"①的韦廉臣，后来直接举荐他接替了广学会秘书之职务。

1870 年 12 月，浸礼会教士医生威廉姆·布朗（William Brown）从爱丁堡来到烟台。在其协助下，李提摩太开始了早期的传教，根据《圣经》中主耶稣和使徒们所使用的方法，进行街头流动方式的直接布道，"边散发各种小册子，边在山东半岛的各个主要城市、商贸中心进行探访"②，甚至穿越满洲到了朝鲜。如他在山东半岛地区规模最大的龙山庙会进行布道时，就在塔上对下面的群众进行一个长时间的演讲，被称为这是他"面向大群听众所做的最有纪念意义的布道尝试。"③此举虽然也有效果，但传教途中却时常遭遇到海上风暴、酷热天气、劫匪，甚至当地民众的排斥。如 1872 年，李提摩太在宁海时，发生了"租房风潮"，不仅房东被关进了监狱，

①〔英〕李提摩太：《亲历晚清四十五年——李提摩太在华回忆录》，李宪堂、侯林莉译，天津：天津人民出版社，2005 年 5 月，第 18 页。

②〔英〕苏慧廉：《李提摩太在中国》，关志远等译，桂林：广西师范大学出版社，2007 年 12 月，第 25 页。

③〔英〕李提摩太：《亲历晚清四十五年——李提摩太在华回忆录》，李宪堂、侯林莉译，天津：天津人民出版社，2005 年 5 月，第 35 页。

士绅进行请愿，官吏不加干涉，并且民众排外情绪也开始蔓延，"一时间流传起讽刺传教士的歪诗……有些还付诸实践。"[①]他最后只能以"也许宁海的中国人还没有做好准备接受上帝的福音，上帝在别处召唤着他"[②]的方式，悄悄离开了宁海城。

1872 年，李提摩太回到烟台驻地，每天都去小礼拜堂，固定在教堂直接布道。但很快发现："那些参与聆听布道的，大部分是来自农村的，偶然路过的流浪者。他们出于好奇，来看看外国人及其野蛮的服饰"，而"当地很多做生意的人一起立了誓约，表示绝不进礼拜堂去支持外国人的布道"。[③]这令李提摩太"十分沮丧"，决定用《新约》中曾提到的，并在巴勒斯坦地区广泛应用的传教方式，从以下层民众为目标的街头布道开始向"寻找上等人"的传教方式转变，认为上等人"形成的土壤，最适合于播种福音的种子"。[④]据李提摩太回忆，"从此以后，这种方式我屡试不爽，因为在同有头脑的中国人建立密切的关系方面，它表现出极大的可能

---

① 何菊：《传教士与近代中国社会变革：李提摩太在华宗教与社会实践研究（1870—1916）》，北京：中国社会科学出版社，2014 年 9 月，第 52 页。

② 何菊：《传教士与近代中国社会变革：李提摩太在华宗教与社会实践研究（1870—1916）》，北京：中国社会科学出版社，2014 年 9 月，第 53 页。

③〔英〕李提摩太：《亲历晚清四十五年——李提摩太在华回忆录》，李宪堂、侯林莉译，天津：天津人民出版社，2005 年 5 月，第 32 页。

④〔英〕李提摩太：《亲历晚清四十五年——李提摩太在华回忆录》，李宪堂、侯林莉译，天津：天津人民出版社，2005 年 5 月，第 32 页。

性。"① 如他把散发宗教册子的地点选择在科举考试结束时大量考生云集的考场门口。为了接触"上等人"，李提摩太还将行医与传教相结合，当布朗医生为病人诊疗时，他"在候诊室里向候诊者布道"，此举让他们在"所到之处，都受到人们友好相待"②，并且通过治疗患热病和痢疾的士兵，赠送奎宁丸和止痛药，他还结识了李鸿章。

二、青州传教的早期探索

烟台传教 4 年多之后，李提摩太认为中国有太多的地方没有得到"主的福音"，决定继续深入内地。了解到青州城有几个当地人的教派，信徒很多，他遂将此认定是"上帝准备好的将要他传播福音的地方"。1875 年元旦，"在辨不清方向的风雪和酷寒之中"启程前往青州府，"第一天，他们只走了十英里；第二天，只往前移动了五英里。因为在山区行路，风把雪从高处吹下来，路上覆盖着雪堆因而根本不知道道路的深浅"，甚至迷路穿越麦地时和当地居民发生冲突。③

抵达青州以后，李提摩太以免费行医获得当地人的好感。1875 年夏天，青州出现霍乱，李提摩太用樟脑油救治了许多人，

①〔英〕李提摩太：《亲历晚清四十五年——李提摩太在华回忆录》，李宪堂、侯林莉译，天津：天津人民出版社，2005 年 5 月，第 39 页。

②〔英〕李提摩太：《亲历晚清四十五年——李提摩太在华回忆录》，李宪堂、侯林莉译，天津：天津人民出版社，2005 年 5 月，第 49 页。

③〔英〕李提摩太：《亲历晚清四十五年——李提摩太在华回忆录》，李宪堂、侯林莉译，天津：天津人民出版社，2005 年 5 月，第 60 页。

其中还包括警察局长的妻子。秋天秋雨季过后，青州热病流行，李提摩太免费向民众发放奎宁丸，只用一小包八九粒药片就能迅速治愈。他还帮助青州府司库成功戒掉了鸦片，此举也让他成功在青州衙门附近租到了房子，开始了简单规律的生活："晚饭后是专门的会客时间，与来访的人聊天，练习汉语，了解一天内发生的新闻。"①

为了进一步打开传教局面，结交更多上层社会人士，李提摩太开展了多方尝试：一是改穿中国服装。为了顺应当时中国社会的风俗习惯，李提摩太换上了当地人的服饰，削了头发，做上了一条假辫子。此举让他成功被邀请去一户人家喝茶。他后来总结道："如果我穿着外国人的服装，看起来会非常奇怪，当我坐在屋子里时，各种各样看热闹的就会凑到纸糊的窗子前，每个人都悄无声息地用指头尖沾点唾沫把窗纸戳一个洞，在上面凑过来一只眼睛。反过来，当外国人穿上中国服装之后，他就像一个普通中国人，不值得一看了。"②

二是充当风水先生。了解到中国人的生活习俗，尤其是对风水的迷信，李提摩太专门研究了艾泰尔（Eitel）博士所著的一本关于"风水"（风和水的精神）的书，并被司库邀请作为风水先生为其选择坟地，对地貌做了一番考察后，他

①〔英〕李提摩太：《亲历晚清四十五年——李提摩太在华回忆录》，李宪堂、侯林莉译，天津：天津人民出版社，2005年，第65页。

②〔英〕李提摩太：《亲历晚清四十五年——李提摩太在华回忆录》，李宪堂、侯林莉译，天津：天津人民出版社，2005年5月，第63页。

指着一块像那么回事的地方，表示如果他们外国人打算选一块风水宝地，会选择那儿。司库在那个地方做了标记，"甚感满意"。①

三是研究当地宗教书籍。为了结识当地的思想领袖，李提摩太开始研习宗教书籍，除了理雅各（Legge）博士翻译的儒教经典外，还有包括集儒、道思想一体的《近思录》，以及佛教经典《金刚经》，"我想最好还是作为习字帖使用。因此每天我都花费大约一个小时来研读和抄写《金刚经》。每一段经文之后，都附上相关术语的简要解释"。②由此，李提摩太掌握了一套中国人所熟悉的宗教词汇，并开始用中国人的宗教思维和语言写关于介绍基督教的书。如他写《教义问答》时，"尽可能避免使用外国名字，因为中国人痛恨外国的事物，并且采取了我们的主诉诸良心的自省方法，而不是求助于一个中国人所不熟悉的权威"③，集中了手头上英语和威尔士语的所有教义问答，"从中选择了一些最好的，又加上了一些对中国人的良心有吸引的问题和答案。我也充分利用了当地一些非常通俗的宗教小册子，剔除其中偶像崇

---

①〔英〕李提摩太：《亲历晚清四十五年——李提摩太在华回忆录》，李宪堂、侯林莉译，天津：天津人民出版社，2005年5月，第64页。

②〔英〕李提摩太：《亲历晚清四十五年——李提摩太在华回忆录》，李宪堂、侯林莉译，天津：天津人民出版社，2005年5月，第68页。

③〔英〕李提摩太：《亲历晚清四十五年——李提摩太在华回忆录》，李宪堂、侯林莉译，天津：天津人民出版社，2005年5月，第68页。

拜成分，插入了对唯一真神的信仰内容"。[1] 这可以说是他将西方基督教进行中国本土化，以适应当地人"赖以生存的土壤"的最初尝试。

四是拜访当地宗教领袖。为了基督教更容易适应中国这片土地，李提摩太还不断地拜访当地的宗教领袖，通过与他们进行宗教上的辩论，不断完善基督教教义。为了争取伊斯兰教徒，李提摩太首先拜访的是青州府最主要的清真寺的阿訇毛拉。在听了其大约二十分钟，"不断援引大量令人惊异的奇迹作为这种宗教之神圣起源的证据"，阐述了伊斯兰信仰的价值和重要性的演讲后，李提摩太"反复思考了这位阿訇所列举的伊斯兰教信仰的证据，意识到自己准备为基督教辩护的证据摆到伊斯兰教徒面前时会毫无用处"[2]。为了争取伊斯兰教徒，使他们改信基督教，李提摩太开始充分了解伊斯兰教，研究手头所有的伊斯兰教典籍，包括索尔斯（Sales）和罗德维尔（Rodwell）翻译的《古兰经》，并且还趁着神学院的校长和大约十几名学生来访问他的机会，做了一个以首席阿訇为对象的布道演讲，来支持基督教的信仰，"其间，学生们不止一次地深表激赏……此后这位校长再也没有带他

①〔英〕李提摩太：《亲历晚清四十五年——李提摩太在华回忆录》，李宪堂、侯林莉译，天津：天津人民出版社，2005年5月，第76页。
②〔英〕李提摩太：《亲历晚清四十五年——李提摩太在华回忆录》，李宪堂、侯林莉译，天津：天津人民出版社，2005年5月，第69页。

的学生来这里，以避免削弱他们的信仰"。① 后来，李提摩太还拜访了一个著名教派的首脑和一位住在山洞中的道教隐士。在拜访教派首脑时，虽然遭到了门徒"前从未受到过的最敌意的接待"，但首脑不仅对他道歉并且还希望他能再待一天，好好解释一下他带来的上帝的训示，两人也"一起度过了一段神圣的时光"。② 他和隐士则一起谈论宗教问题，隐士把在道教中研究的最深奥的道理告诉了李提摩太，而李提摩太也向这位隐士详细解释基督教"已经更全面、更明确地把这些问题解决了"。③

上述活动的开展使得李提摩太的传教局面有所改观，很快就出现了"第一个转换信仰者"：一位虔诚的织匠男子。他不仅带动妻子、两个孩子一起学习《教义问答》，以及李提摩太搜集到的赞美诗，并在青州城西门外的一条河里接受了李提摩太的洗礼。据李提摩太回忆，"1875 年年底，……那时（整个山东）只有三个男人成了基督徒，其中一个是那位织匠，第二个是我的老师。然而，到第二年初，就有十五

---

① 〔英〕李提摩太：《亲历晚清四十五年——李提摩太在华回忆录》，李宪堂、侯林莉译，天津：天津人民出版社，2005 年 5 月，第 70 页。

② 〔英〕李提摩太：《亲历晚清四十五年——李提摩太在华回忆录》，李宪堂、侯林莉译，天津：天津人民出版社，2005 年 5 月，第 72 页。

③ 〔英〕李提摩太：《亲历晚清四十五年——李提摩太在华回忆录》，李宪堂、侯林莉译，天津：天津人民出版社，2005 年 5 月，第 75 页。

人接受了洗礼。"①

---

①〔英〕李提摩太：《亲历晚清四十五年——李提摩太在华回忆录》，李宪堂、侯林莉译，天津：天津人民出版社，2005年5月，第77页。

第2章

山西情结：丁戊奇荒与李提摩太的赈灾

1876—1879 年，一场特大旱灾席卷山西、河南、陕西、直隶（今河北）、山东北方五省，波及苏北、皖北、陇东和川北等地，造成 1000 余万人饿死，2000 余万人背井离乡、流离失所，整个华北大地一派"赤地千里，饿殍遍野"的悲惨景象。其为害之烈、祸患之深，是我国历史上最严重的自然灾害事件之一。这场旱荒以光绪三年、四年（1877、1878）最为严重，这两年按照传统干支纪年为丁丑年、戊寅年，因此得名"丁戊奇荒"。受灾地区中又以山西、河南两省最为严重，属于五省之中的"被旱极重"并"灾区袤广"者[1]，故又称"晋豫奇荒"或"晋豫大饥"[2]。

---

[1]《清德宗实录》卷七八；《录副档》光绪五年三月初三日李鹤年、涂宗瀛片，转引自李文海等著《近代中国灾荒纪年》，长沙：湖南教育出版社，1990 年 3 月，第 392—393 页。

[2] 郝平：《山西"丁戊奇荒"述略》，《山西大学学报（哲学社会科学版）》，1999 年，第 44—47 页。

李提摩太与山西的历史情结最早可以追溯到 1877 年，当得知可以到山西传教时他是异常激动。《亲历晚清四十五年——李提摩太在华回忆录》就曾记述道："我是那样的激动，一种深刻的感情支配了我，我感到上帝给了我们一个机会，使我们得以对数百万人施加影响。一种难以抑制的震颤传遍全身，我浑身无力，简直无法穿过后院走回自己的卧室去"。① 在山西传教既是灾情发展需要，更是李提摩太要"深入中国内地传教"信念下的必然选择。通过各种方式的宗教赈灾，李提摩太不仅打开了山西的传教局面，且赢得了山西各阶层普遍的好感，山西情结至此奠定。

第一节　丁戊奇荒与山东赈灾

一、丁戊奇荒与山东灾情

1875 年开始，即有"京师大旱"②，接着"直（隶）、（山）

---

①〔英〕李提摩太：《亲历晚清四十五年——李提摩太在华回忆录》，李宪堂、侯林莉译，天津：天津人民出版社，2005 年 5 月，第 105 页。

②《清史纪事本末》，北京图书馆出版社，2003 年，第 397 页。

东久旱"[1]，"河南旱势更甚于直隶"[2]，"晋省亢旱"[3]，"陕（西）、甘（肃）亦复苦旱"[4]，以及皖北"被旱成灾"[5]，"川之北亦旱"[6]，同时伴随有"被雹""被水""被潮""被霜""被风"等灾害的发生[7]。到 1877 年和 1878 年，山西、河南、陕西、直隶（今河北）、山东北方五省更是出现"奇荒"，波及苏北、皖北、陇东和川北等地。根据几种资料显示，在这连续三四年的灾荒期间，严重受灾的饥民占当时全国总人口的一半，而死于饥荒和疫病等灾后综合征的人数约一千万，从重灾区流出的人口超过两千万。整个灾荒之惨烈程度可谓触目惊心。[8]李提摩太对受灾人口做了初步统计：在此期间中国十八个省中有一半遭受或轻或重的灾害，约一千五百万到两千万人死于这场灾难，相当于整个欧洲的人口数，由此，他称此次大饥荒是历史上最严重的一次。[9]

　　山东自古以来就旱涝灾害频繁。近代以来，随着黄河改道、

---

①《李鸿章致潘鼎新书札》，中华书局，1960 年，第 98 页。

②《郭嵩焘日记》第三卷，湖南人民出版社，1981 年，第 40 页。

③《曾国荃全集》第一册，岳麓书社，2006 年，第 194 页。

④转引自《近代中国灾荒纪年》，湖南教育出版社，1990 年，第 373 页。

⑤转引自《近代中国灾荒纪年》，湖南教育出版社，1990 年，第 356 页。

⑥转引自《近代中国灾荒纪年》，湖南教育出版社，1990 年，第 385 页。

⑦转引自《近代中国灾荒纪年》，湖南教育出版社，1990 年，第 354，374—375，371 页。

⑧参见〔美〕何炳棣：《明初以降人口及其相关问题：1368—1953》，葛剑雄译，北京：生活·读书·新知三联书店 2000 年版，第 272，289 页；赵矢元：《丁戊奇荒述略》，《学术月刊》，1981 年第 2 期，第 65 页。

⑨〔英〕李提摩太：《亲历晚清四十五年——李提摩太在华回忆录》，李宪堂、侯林莉译，天津：天津人民出版社，2005 年 5 月，第 113 页。

运河淤废、湖泊淤积，山东的旱涝灾害更为严重，十年八旱、十年七涝、旱涝交错，间有局部大旱大涝。①1875 年冬，山东就出现大面积的干旱，到 1876 年曹州、淮州等地大旱，庄稼颗粒无收，新的作物无法播种。大部分地区"饥民万千，所在皆是"，尤以济南、东昌、武定、青州和莱州等府州最为严重，到处"哀鸿遍野，满目凄凉"。到 1877 年，受灾区已达 82 州县。②据当时《申报》报道，青州府属"自春徂夏雨泽愆期，秋冬雨雪仍然欠足，麦难播种，农民失望，以致室如悬磬，野无青草"。烟台"天时甚旱，但见油然之云并无沛然之雨，麦已不能有秋"③。而青州灾民"有食米糠麦麸者，有食树皮、草根、草籽者，甚有抽撤屋上高粱秸子以充饥者"④，还有以山上酥石充饥者，其枯槁之状惨不忍睹。

对于山东灾情和灾民的惨状，李提摩太在日记中记述道：孩子们"从地里采集各种野菜，还有从树上摘取叶子"作为午餐，其中一个孩子因为吃了刺槐的叶子，"面色赤红，浮肿得几乎把眼睛都埋起来了"；⑤一个妇女舍不得把一个大约四个月大的婴儿扔进河里，就抱着来到府衙门前，要将其出

---

① 赵传集主编：《山东自然灾害防御》，青岛出版社，1992 年，第 5 页。

② 《光绪朝东华录》，中华书局，2016 年，第 288 页。

③ 《东省亢旱》，《申报》，1876 年 6 月 3 日。

④ 《山东灾荒近况》，《万国公报》，1877 年 3 月 17 日。

⑤ 〔英〕李提摩太：《亲历晚清四十五年——李提摩太在华回忆录》，李宪堂、侯林莉译，天津：天津人民出版社，2005 年 5 月，第 80 页。

卖；①民众陷入惊慌，社会秩序陷入混乱，仅 1875 年 5 月青州"报官的抢劫案，不下十九起。甚至一个仅仅十二岁的孩子，持匕首刺伤了一个大人，因为那人对他的抢劫进行了抵制"。②一群妇女因为饥饿蜂拥冲进一位富人的家里，并占领了它，在那儿生火做饭，然后又到另一家吃下一顿饭。男人们则组成了五百余人的群体，一个村子一个村子地劫掠取食。③而山东地方官吏也采取了极端的惩罚措施，"把暴民抓起来锁在木笼子里，人在里边既站不直也坐不下，慢慢地把他们活活饿死。这种可怕的惩罚每天都在进行"。④

应该说，清政府在前代的基础上已建立一套完整、固定的救灾程序：政府以常平仓、社仓、义仓积谷备荒。地方遇灾，经报灾、勘灾、审户，最后是发赈，一共四个阶段。其救荒措施也集历代之大成，较为全面完备，主要有蠲免、赈济、调粟、借贷、除害、安辑、抚恤等七个方面。⑤山东巡抚丁宝桢也展开一系列的赈灾措施：筹措银两，向灾民发放实银，

---

① 〔英〕李提摩太：《亲历晚清四十五年——李提摩太在华回忆录》，李宪堂、侯林莉译，天津：天津人民出版社，2005 年 5 月，第 80—81 页。

② 〔英〕李提摩太：《亲历晚清四十五年——李提摩太在华回忆录》，李宪堂、侯林莉译，天津：天津人民出版社，2005 年 5 月，第 79 页。

③ 〔英〕李提摩太：《亲历晚清四十五年——李提摩太在华回忆录》，李宪堂、侯林莉译，天津：天津人民出版社，2005 年 5 月，第 79 页。

④ 〔英〕李提摩太：《亲历晚清四十五年——李提摩太在华回忆录》，李宪堂、侯林莉译，天津：天津人民出版社，2005 年 5 月，第 79—80 页。

⑤ 参见李向军《清代荒政研究》，北京：中国农业出版社；宁可、李向军：《清代荒政研究》，《文献》，1994 年第 2 期。

1876 年饬令泰安、肥城等司道筹措银两，"分发被旱最重各属酌量接济，藉图安辑"[1]；盘发谷仓或调购粮食，设粥厂放赈，上奏朝廷，要求设法抚恤青州等府属益都各县，提出"惟有在各该县城乡适中地方多设粥厂，委员会同地方官绅，每日每名发给稀粥一大碗，使这延度残冬"[2]；鼓励商人向灾区运粮，接济灾民，平抑粮价，他奏准"招商赴奉天、江南等省贩运杂粮，免以沿途关卡厘税，俾期源源来东接济，藉平市价。"[3] 此外，他还派人前往直隶宁津、河间及奉天牛庄等地购买荞麦六百二十余石，作为种子发给民间播种。[4]

　　总体来说，清朝中央政府和山东地方官员虽然也积极处理灾荒，但显得力不从心、回天乏力，其赈灾成效微乎其微。如 1877 年《申报》就评论青州的政府赈灾："国家得此凶耗，便筹拨帑金四万三千两，以办赈饥，而苏北八县之民之困……夫四万三千两之银，以每日每人用银一分计之，每月得三钱，仅足数十五万人一月之粮，仅藉此支持四个月，则仅能济四万人，青州八县之中假如有饥民百万口，则国家仅救其百分之四，而其余百分之九十六，尽置之不闻不问而已。目前之光景，各村落中有百家者已饿死五十人，离散五十人，

---

①《光绪朝东华录》，中华书局，2016 年，第 288 页。
②《京报：丁宝桢奏》，《申报》，1876 年 12 月 11 日。
③《京报：丁宝桢奏》，《申报》，1876 年 12 月 11 日。
④ 董鹏鹏：《晚清山东地区灾荒救助研究》，中共中央党校硕士学位论文，2008 年，第 38 页。

其余存者大半身体羸弱不堪。"① 随着灾情的迅速蔓延，政府救济出现不力之境况，就为李提摩太实施救济提供了契机。

二、"肉体救赎"：山东的早期赈灾

面对日益恶化的灾情，李提摩太积极投入赈灾。这一方面是由于他对中国民众所经历的种种惨状的深切同情，他说："我知道，我既不能为保全自己离开这里，也不能持有任何财富，当可怜的民众正在忍受饥饿——正是为了他们，上帝才派遣我来到这里"②；另一方面也是其"自由派"神学观点的具体实践，李提摩太来华后遵守"天下犹一家，四海皆兄弟"的信念，认为"传教者之本意，盖遵救主升天时命"③，同时，他相信神的国度不仅建在人的心里，也建在世上一切机构里；神的国度与人类日常生活是不可分的，那些尽力改善世俗世界的人，配得将来永远的祝福④。当灾荒发生时，他马上意识到，"上帝给了英国教会一个千载难逢的机会，向中国人表明真正的基督教意味着什么：无论对这个民族整体还是对任何人来说，都是上帝的祝福。"⑤

①《详述青州教士书致西字报》《论饥民情形》，《申报》，1877年3月9日。
②〔英〕李提摩太：《亲历晚清四十五年——李提摩太在华回忆录》，李宪堂、侯林莉译，天津：天津人民出版社，2005年5月，第82页。
③李济琛主编：《戊戌风云录》，金城出版社，2014年，第135页。
④参见林治平：《基督教在中国本色化论文集》，今日中国出版社，1998年，第126—127页。
⑤〔英〕李提摩太：《亲历晚清四十五年——李提摩太在华回忆录》，李宪堂、侯林莉译，天津：天津人民出版社，2005年5月，第104页。

对于赈灾，李提摩太一是注重安民抚民，反对暴力。如在昌乐县赈灾，由于知县作梗，出现民众骚乱时，李提摩太一边力图说服知县，一边请知府出面维持秩序，同时，还请村子里德高望重的老人们做代表商议发赈事宜，将各村灾民分流安顿。①李提摩太还曾两度被邀请作为暴动的首领来发动民众叛乱，都一一拒绝了，他告诉那些民众代表："我从来没想到要干这种事情，因为那只会加重民众所遭受的苦难。暴动一旦开始了，没有人知道会如何收场，但毫无疑问会造成大规模流血。"他建议人们采取建设性的方式，而不是通过破坏来改善人们的处境，表示会代表大家向巡抚请愿，希望官府为民众提供更多的服务。②此外，面对有些谣言他也是尽量回避，出面澄清。比如在青州时，有谣言说他鼓动叛乱，他就离开青州府到济南府暂避，又有谣言说他走的时候诱拐儿童，他回到青州后就找到那位儿童的父亲，请他一起到衙门澄清误会，其实是孩子离家出走，李提摩太托人将其送回。③这些举措在一定程度上维护了地方社会的安定。

二是广泛争取外界援助。李提摩太首先向自己教派寻求帮助。他给英国浸礼会传教士协会写了一封信，请求他们关

① 〔英〕李提摩太：《亲历晚清四十五年——李提摩太在华回忆录》，李宪堂、侯林莉译，天津：天津人民出版社，2005年5月，第95页。
② 〔英〕李提摩太：《亲历晚清四十五年——李提摩太在华回忆录》，李宪堂、侯林莉译，天津：天津人民出版社，2005年5月，第81页。
③ 〔英〕李提摩太：《亲历晚清四十五年——李提摩太在华回忆录》，李宪堂、侯林莉译，天津：天津人民出版社，2005年5月，第84—85页。

注山东的严重灾荒，并且指出应该帮助中国人的四条途径："第一，立即赈济灾荒；第二，把基督教文明的真正原理传授给中国民众，包括医学、化学和矿物学、历史；第三，引进新兴的工业技术；第四，传授精神的真理，讲述对真正上帝的信仰的过程。"①他的想法得到教会的认同，并且很快就汇来所资助的五百英镑。同时，李提摩太还充分利用自己广泛的人际关系，向朋友求助，获得了巨大的帮助。早在1876年夏初，李提摩太就写信给上海的友人，向他们描述灾区的惨状，建议将灾情见诸上海英文报端"劝捐"②。到5月，李提摩太共收到各方捐款银13835两，"先后分赈益都、临朐、昌乐、潍县等四县凡官赈不及之处，奇穷极苦之人，约两万余口。每口日给金钱廿文，每五日一次。各庄公正人代领免致跋涉拥挤。"③他在烟台的朋友荷兰公使福格森（Fergusson）先生、英国驻烟台领事乔治·詹姆逊（GeorgeJamieson）先生、海关的豪威尔（Holwell）先生，以及烟台教会共同体的医生卡米吉尔（Carmichael）博士等，不仅私人捐助，还将其求助信件寄给上海的《每日新闻》（Daily News），并翻译成中文刊登在1877年4月3日出版的《申报》上，题为《西教士劝捐书》

---

①〔英〕李提摩太：《亲历晚清四十五年——李提摩太在华回忆录》，李宪堂、侯林莉译，天津：天津人民出版社，2005年5月，第104页。

②〔英〕李提摩太：《亲历晚清四十五年——李提摩太在华回忆录》，李宪堂、侯林莉译，天津：天津人民出版社，2005年5月，第103页。

③《万国公报》六，总第3907页，转引自孙勇：《近代山东社会救济研究》，山东师范大学硕士学位论文，2005年，第120页。

（署名"英国教士李提摩太"）。后来又在上海联合教会詹姆斯·托马斯（James Thomas）牧师的帮助下，在中国不同港口都先后成立了救灾委员会。1877年3月，由传教士和外国商人组成的山东赈灾委员会在上海成立，首次募集3000两银子，同年秋又陆续在上海和海外募得3万余两银子，汇给李提摩太。[①] 该委员会内部又划分出募捐、解赈、放赈等不同机构，专人负责、分工协作，首次在中国引进了西方近代救灾机制。截至1877年11月，山东赈灾委员会从中国、日本、新加坡及其他地方的外国人那里共募集赈款30361.65两，其中经李提摩太散放的约19119两，救助的饥民达7万余人。[②] 至此，"大量资金汇到青州府，记在李提摩太的名下"。其中既有外国人的捐助，也有中国人的捐助，如1876年夏，在烟台"外国人团体捐助了五百元，当地的中国人寄来了二百元"[③]。一位素昧平生的南京小官吏读了《西教士劝捐书》后，寄给李提摩太一百两银子（在当时一百两银子约合三十英镑）。

三是基于寻找"上等人"，和上等人合作的传教理念，李提摩太认为想要更好地赈灾就需要政府的全力支持，在放赈时首先取得地方官吏的认可。他不仅拜访山东巡抚丁宝桢，

[①]《北华捷报》，1877年3月15日、8月14日、11月5日。参见池子华：《中国近代史记稿》，合肥：合肥工业大学出版社，2015年，第168页。

[②] 转引自顾长声：《从马礼逊到司徒雷登——来华新教传教士评传》，上海人民出版社，1985年8月，第322页。

[③]〔英〕李提摩太：《亲历晚清四十五年——李提摩太在华回忆录》，李宪堂、侯林莉译，天津：天津人民出版社，2005年5月，第90页。

向青州知府和益都知县建言献策，并且还在赈灾过程中和政府官员、当地士绅密切配合。如为了防止人们对救助金的多寡而不满，他在益都赈灾时就和青州知府、益都知县进行商讨，最后决定："将益都县划成几个区，江苏的士绅在其中的一些村庄发放救济，而李提摩太在另一些村庄发放"。① 李提摩太还将烟台的朋友卡米吉尔（Carmichael）博士募集的捐款，让知县代为发放，知县"看起来非常高兴，说他一定会告诉民众这笔钱是从什么地方来的"。② 再如，李提摩太在昌乐县赈灾时，由于资金有限，他就从秀才开始，李提摩太解释道："秀才们有好多人来自于最贫困的家庭。一个家庭往往做出很大牺牲培养他们的一个子弟，获取功名以光宗耀祖。这个时期，对基督教的最强烈反对来自于学者阶层，为了通过实践而不是理论让他们接受基督教的价值观，我向昌乐县的每一个秀才发放了一笔救济款"。③

李提摩太赈灾主要是以发放救济金的方式进行。他将银子交给青州一家有涉外业务的大型当铺兑换成铜钱后，由当铺用独轮车成批运往施赈地。发赈方法主要有三种：第一，自己站在一条长的窄巷尽头，让灾民排队从他身边经过领取

---

①〔英〕李提摩太：《亲历晚清四十五年——李提摩太在华回忆录》，李宪堂、侯林莉译，天津：天津人民出版社，2005年5月，第99页。

②〔英〕李提摩太：《亲历晚清四十五年——李提摩太在华回忆录》，李宪堂、侯林莉译，天津：天津人民出版社，2005年5月，第90页。

③〔英〕李提摩太：《亲历晚清四十五年——李提摩太在华回忆录》，李宪堂、侯林莉译，天津：天津人民出版社，2005年5月，第91页。

赈款，同时在他们手上盖上油墨印，以防重复领取；第二，受圣经中基督分饼的启发，他让灾民分行坐下依次分发；第三，散赈前先派人到一些村庄仔细记录下最穷困人的姓名，给予他们赈灾券，然后在安排好的日子里，由灾民凭券到指定地点领赈。据池子华分析，前两种方法过于理想化，即便在特定场合能够实行，也不具备推广意义，因为在那种灾民极度饥饿的情况下，如果想让灾民总是心平气和、秩序井然地领赈，并不符合实际。第三种方法是他通常的做法。[①] 尽管有时遭遇危险，《申报》就曾报道说："闻其（李提摩太）初次往赈携资不多，而饥民麇集，不能遍及，以致有得者有未得者。未得者谓其辱己，怒而殴之，（李提摩太）身受重伤"[②]，但他还是得到了当地民众的支持，如李提摩太就曾特别提到青州府的一家当铺，给他保证了银钱的兑换和运送的安全。同时他和地方政府也曾一度进行合作，如益都知县就向自己的江苏同乡呼吁捐赈，在江苏省建立了一个救灾基金会，组织江苏省的官绅到山东赈灾。

除了发放救济金外，李提摩太还在山东益都、临朐等地建立孤儿院五处，每处大约可收留百名孤儿。在孤儿院，李提摩太并没有停留在传统的供养基本食物的层面上，而是实施了"教养并重"的救助办法。"因为没有人能给孤儿们传

---

① 池子华：《中国近代史论稿》，合肥工业大学出版社，2015年，第168页。
②《申报》，光绪三年七月四日。

授新式的工商业技能，我们不得不求助于各种古老的职业，以便使孩子们从十二岁到十八岁不等，得以掌握谋生的一技之长。他们被教以铁工、木工、纺织丝绸和制作绳索等各种工作。我订购了许多外国机器，从各种小玩意到威力巨大的手动机床都有。同时我还根据需要购买了其他一些必要工具，向孤儿们推广了一种新的制毯工艺。这发展成了一个拥有多种工具的工场。"① 这种"教养并重"的救助办法是中国传统社会赈济中所没有的，它的实施是中国救灾史上的创新。据当时《申报》的报道，"西人名立则脱者（李提摩太）在山东灾区收得难孩四百名。兹闻有某者在青州府属见此等幼孩晚饭共计一百名，盖收养后分作数处居住也。时见用人挑小米饭两桶来，各小孩俱环立桶旁谢天而食"②。

第二节　情系山西：山西灾情与赈灾

一、山西灾情与政府赈灾

1876年秋，大饥荒从山东蔓延到直隶（今河北）、河南、

---

①〔英〕李提摩太：《亲历晚清四十五年——李提摩太在华回忆录》，李宪堂、侯林莉译，天津：天津人民出版社，2005年5月，第91页。
②《申报》光绪三年四月二日。

陕西和山西四个省份，其中山西位于直隶与河南之间，境内多山地和黄土高原，由于水源有限、交通不便、人口众多等原因，受灾又极为严重①。1876年春夏之交山西即有旱象，秋季大部分地区没有收成。1877年春夏，大面积亢旱，南部产麦区小麦枯死，北部秋作物区不能播种，杂粮价格每石十余两。冬季全省受灾面积达80%以上，饥民约有五六百万。1877年，曾国荃刚刚到任山西巡抚，就形容山西灾荒"涂有饿殍，道皆流亡"②。1878年，曾国荃又作奏议，对当时山西省内"人民逃亡过多，地方元气大伤"③表示了深深担忧："晋省迭遭荒旱……赤地千有余里，饥民至五六百万口之多"，"树皮草根之可食者，莫不饭茹殆尽。且多掘观音白泥以充饥者，苟延一息之残喘，不数日间，泥性发胀，腹破肠摧，同归于尽"，"询之父老，咸谓二百余年未有之灾"。④《清实录·德宗实录》卷记载：山西省共计七十八个州县受灾。其中大部分州县分别被灾十分、九分、八分、七分不等。人民只能挖食草根树皮，"研石成粉，和土为丸"，掘观音白泥以充饥，甚至骨肉相食者皆为惯见。⑤王锡纶在《丁戊奇荒记》中也写道，

----

① 郝平：《山西"丁戊奇荒"述略》，《山西大学学报（哲学社会科学版）》，1999年，第44—47页。

② 《曾国荃全集》第三册，岳麓书社，2006年，第492页。

③ 《曾国荃全集》第一册，岳麓书社，2006年，第337页。

④ 李文治编：《中国近代农业史资料》第一辑，生活·读书·新知三联书店，1957年，第741页。

⑤ 《清实录·德宗实录》卷60，转引自郝平《山西"丁戊奇荒"述略》，《山西大学学报（哲学社会科学版）》，1999年，第44页。

"光绪三年，山西无处不旱……被灾极重者八十余区，饥口入册者不下四五百万……饿死者十五六，有尽村无遗者。"①根据郝平的统计，此次灾荒期间山西受灾州县高达 97 个，占山西总州县数目的 96%，几乎覆盖全省。成灾村庄共 19214 个，成灾八分、七分的村庄估计有四五千以上，成灾十分、六分的村庄估计在三千五百个以上，成灾五分的有 1143 个。②苏慧廉也曾记录：山西"在连续两年滴雨未下后，地里的庄稼都枯萎了，人们都面临着死亡的威胁"。③和山东一样，灾荒也引起了大范围的社会冲突和社会危机，曾国荃向朝廷奏报称"晋省既苦旱，秦、豫又皆灾歉，邻封会匪、刀客、教匪与饥民勾结滋事之案，动辄数百人、千余人不等"④，天灾已然转化为兵戈对兵戈的民变了。

山西省的严重灾情也引起清政府的关注。但是山西"司库一空如洗"⑤，再加上左宗棠挟兵事为重势索求已经"筹解迟延"的西饷，藩司遂因"溺职"获罪而被朝旨革职⑥。清政府以山西省"赈抚势难稍缓"为理由，命令李鸿章"酌量

---

　①李文治编：《中国近代农业史资料》第一辑，生活·读书·新知三联书店，1957 年，第 742 页。

　②参见郝平《山西"丁戊奇荒"的时限与地域》，《中国农史》，2003 年第 2 期，第 42 页。

　③〔英〕苏慧廉：《李提摩太在中国》，关志远等译，桂林：广西师范大学出版社，2007 年 12 月，第 90 页。

　④《曾国荃全集》第一册，岳麓书社，2006 年，第 235 页。

　⑤《曾国荃全集》第三册，岳麓书社，2006 年，第 508—509 页。

　⑥《曾国荃全集》第一册，岳麓书社，2006 年，第 204、207 页；第三册，第 496 页。

借拨"，从其"海防经费"里挪出十万两，让"曾国荃派员领解回晋，核实散放"①。同时清政府还"迭经截漕发帑赈恤穷黎"②，但距离曾国荃所报"灾处太广，即择其必不可缓者加以赈施，约计非三四百万金不能济事"③，"截漕发帑"所能提供的物力实在是差得太多，"不敷之数甚巨，尚须呼吁沥陈"④。之后，清政府又命令"协济"，江苏、浙江、福建、安徽、江西、湖北、湖南、山东、四川、广东等省都奉旨"每省协济山西、河南两省银各数万两，俾资赈需"⑤。然各省多不宽裕，大半都不能以济物利人为心甘情愿。曾国荃只能用"赧颜求助"之法化私谊为公义，以冀得"垂怜"⑥。如他致书两广总督刘坤一："尚祈俯鉴愚衷，悯其苦况，设法援救。垂手云天，晋民固膜拜焚香，感颂仁慈之广被"。又曾致书署两广总督吴元炳："阁下公忠体国，赒恤为怀，定能上纾乾枢宵旰之勤，下解晋民倒悬之急"，务祈"将请借、协诸款俯赐筹解，以救残黎"⑦。但结果却是南洋经费虽"奏明以五成之半解晋"，但"半载以来"，真能到达山西省的"合计不及万金"。至于"其余各处，屡经函促，嗣接回书，

---

① 《光绪朝东华录》第一册，中华书局，1958年，第454页；《曾国荃全集》第三册，岳麓书社，2006年，第494页。

② 《光绪朝东华录》第一册，中华书局，1958年，第516页。

③ 《曾国荃全集》第三册，岳麓书社，2006年，第490页。

④ 《曾国荃全集》第三册，岳麓书社，2006年，第496、500页。

⑤ 《光绪朝东华录》第一册，中华书局，1958年，第572页。

⑥ 《曾国荃全集》第三册，岳麓书社，2006年，第627页。

⑦ 《曾国荃全集》第三册，岳麓书社，2006年，第561页。

均难实靠"①，这种自上而下挹彼注此的办法已经远不够用。

为补官力之不足，曾国荃会同直隶总督李鸿章奏请仿照黔捐章程收捐，用此法来填补豫晋两省"赈款不敷"的窟窿②："侧闻部库空虚，既不忍屡作发棠之请，遥念邻封支绌，复不敢长为竭泽之求。再四思维，舍展捐实无他策"③。根据当时地方奏报里的数字来作总计，自"办理捐输"之后，山西一省因此而得的银子累积已达上千万两④。可以说包括曾国荃在内的山西地方官员也多能积极赈灾，曾国荃就曾慨然而谓：办赈以来，"凡贤能慈祥之吏"常常"无暇计及一身"而"不辞劳瘁，积日既久，或猝故于中途，或溘逝于差次。自初至今，计候补及在任正佐各员物故者，已近八十员"，并且"率皆身后萧条，棺敛一无所资"⑤。山西省"统府、厅、州、县各班，本仅二百余人"，而先后身故的"正佐教职已逾百二十余员，多半殁于差次，率皆无以为殓"⑥，其密度和速度在清代的历史上没有前例。

综上，清政府从中央到地方，对山西灾荒的救济不可谓不积极，但客观效果不容乐观。据统计，全省共赈饥民340余万口，只能达到"饥民可望延活，不致即于死亡"的程度

---

①《曾国荃全集》第三册，岳麓书社，2006年，第572—574页。
②《曾国荃全集》第一册，岳麓书社，2006年，第325页。
③《曾国荃全集》第一册，岳麓书社，2006年，第493、440页。
④《曾国荃全集》第一册，岳麓书社，2006年，第339页。
⑤《曾国荃全集》第一册，岳麓书社，2006年，第322—323页。
⑥《曾国荃全集》第三册，岳麓书社，2006年，第582页。

而已。[①] 薛福成曾言"拯救不过十之二三"。[②] 至于诸如"匿灾不报"、"买灾卖荒"、侵吞克扣等丑恶现象更是不胜枚举，赈济的银粮真正发放到灾民手中的实属寥寥。政府救济出现不力之境况亦为李提摩太实施赈灾提供了契机。

二、李提摩太来晋与赈灾

1. 太原之成行

1877 年山东的灾荒有了很大缓解，李提摩太来到山西赈灾。他之所以义无反顾地来到山西，一者是基于他对严重灾情下山西民众苦难的深切同情。李提摩太曾记述山西的惨象："人们把房子拆了，卖掉他们的妻子和女儿，吃树根和腐肉、黏土和垃圾，这是无人敢想象的事情。但这是经常的事情。如果这还不足以触动人们的怜悯之情，那么从男人和女人在路边躺在无助的视线中，或被饿狗和喜鹊撕成碎片的人场景中应该能感受到：在过去的几天里，有消息传给我们，我们发现孩子们被煮熟并被吃掉了，真是令人恐惧。"[③]

二是其深入中国内地传教的信念支撑。到中国内地传教一直是李提摩太追求的目标，山西灾荒的发生客观上给他提

---

① 《山西通志·光绪》卷 82。
② 薛福成：《庸庵文编》，第 3 卷，第 16 页。
③ "Richard Correspondence to the BMS"，Baptist Missionary Society，28 December 1877，Timothy Richard 1869—1914，BOX CH/2. 参见：《李提摩太在山西活动述论（1877－1887）》，山东大学硕士学位论文，第 28—29 页。

供了一个机会。李提摩太曾自述道："真切地感到是上帝在直接指导我们去开辟中国的内陆地区，中国人也许不接受写在纸面上的基督教真理，但当他们陷于困境时对他们提供的帮助，却会成为我们宗教之动机的不容反驳回答的证据"[1]。

三是中国赈灾委员会的统筹安排。该委员会是由前述的山东赈灾委员会改名而来。该会前期工作范围是山东赈济和统筹赈灾工作。1877年秋，鉴于山西更为严重的灾情以及李提摩太在山东的赈灾成效和经验，委员会的慕维廉博士要求李提摩太考虑在山西开展外国人救济的可能，鼓励他在新的区域应用所积累的救灾经验。

1877年11月底，李提摩太抵达太原。和山东相比，山西不仅灾荒更为严重，传教环境也更为恶劣：首先交通不便，冬季气候严寒。李提摩太在去山西途中就记述道："到达山区后，布满乱石的道路崎岖不平，车行十分困难，于是我骑骡子前进。正是十一月，天气非常寒冷。在穿越一个山中隘口时，我的一个脚后跟冻伤了……行进途中，我们相继看到一些令人恐怖的景象，死者的尸体躺在路边，被野狗和狼撕裂。这可怕的场面，加上气候寒冷，使我的两位伙伴的精神濒于崩溃"。[2]其次山西的传教基础更为薄弱，只有"两个罗马天

①〔英〕李提摩太：《亲历晚清四十五年——李提摩太在华回忆录》，李宪堂、侯林莉译，天津：天津人民出版社，2005年5月，第105页。

②〔英〕李提摩太：《亲历晚清四十五年——李提摩太在华回忆录》，李宪堂、侯林莉译，天津：天津人民出版社，2005年5月，第107页。

主教主教和十二个神职人员，继续着两百多年前耶稣会士开拓的事业"，"整个山西没有一个新教传教士"。① 更严重的是山西瘟疫横行，尤其是因饥荒而引起的热病。1877 年年初，来到山西的中国内地会的特纳（Turner）及詹姆士（James）先生就先后感染，非常虚弱，不得不在李提摩太到达太原的前两天就离开了。② 而 1878 年来到山西赈灾的美国长老会的阿尔伯特·瓦尔廷（ALbert Whiting）也因感染热病于 4 月 25 日去世。③

　　2. 国际性赈灾方式的引进

　　李提摩太成为新教和英国浸礼会在山西的第一位传教士。他将山东赈灾取得的各种经验都运用到山西赈灾，并将其进一步发挥，形成了一套成熟的工作程序：首先是实地考察各地的具体灾情，然后是筹集赈款，接着发放赈款，此外还会注意对孤儿和老人的救助。

　　第一是调查灾情。不同于山东时期只是在青州周围活动，李提摩太到山西之后明确意识到必须深入灾区，才能掌握山西的受灾程度，才能因地制宜选择赈灾方式。1878 年 1 月 28 日，他就骑着骡子，带着一名随从，开始了对受灾最严重的

---

　　①〔英〕李提摩太：《亲历晚清四十五年——李提摩太在华回忆录》，李宪堂、侯林莉译，天津：天津人民出版社，2005 年 5 月，第 107 页。
　　②〔英〕李提摩太：《亲历晚清四十五年——李提摩太在华回忆录》，李宪堂、侯林莉译，天津：天津人民出版社，2005 年 5 月，第 117 页。
　　③〔英〕李提摩太：《亲历晚清四十五年——李提摩太在华回忆录》，李宪堂、侯林莉译，天津：天津人民出版社，2005 年 5 月，第 117 页。

山西南部地区的调查。此次调查历时半个月，行程约六七百里，他每天都详细记录灾情，"1 月 30 日，距太原 290 里：看着路边躺着四具尸体，其中一个只穿着袜子，看来已没什么分量，一只狗正拖着移动。有两个是女人，人们为她们举行过葬礼，只是把脸朝地安置而已。路人对其中的一个更仁慈一些，没有把她的衣服剥去。第三具尸体成了一群乌鸦和喜鹊的盛宴。随处可见肥胖的野雉、野兔、狐狸和豺狼，但男人和女人却找不到食物维持生命。"① 途中，李提摩太还制作了灾情调查问卷，共 12 个问题，包括平常年份谷物的平均价格、灾荒期间的谷物价格、饿死的人口占全部人口的比例、逃荒的人口占全部人口的比例、未被吃掉的耕牛的比率、留在家乡的妇女的比率等。他请太原的罗马天主教主教将问卷寄给全山西省内的天主教神职人员，答好后还给他。

第二是募集赈款。到达太原之后，李提摩太继续争取外界援助。灾情调查结束后，他就对返回的问卷结果进行了总结，并将其附在灾情调查日记后面，一起寄给了在上海的朋友②，并再次给浸礼会秘书 A.H. 贝内斯（Baynes）写信。李提摩太的呼吁引起了各界的关注和支援。1878 年 4 月，英国卫斯理会的李修善、中国内地会的特纳、美国长老会的怀特

---

① 〔英〕李提摩太：《亲历晚清四十五年——李提摩太在华回忆录》，李宪堂、侯林莉译，天津：天津人民出版社，2005 年 5 月，第 110 页。

② 〔英〕李提摩太：《亲历晚清四十五年——李提摩太在华回忆录》，李宪堂、侯林莉译，天津：天津人民出版社，2005 年 5 月，第 109 页。

带着上海赈灾委员会募集的大约三万两赈款来到山西，与李提摩太一起实施赈灾工作。在平阳府和临汾、洪洞、闻喜等县，他们分发过救济的村庄有 145 个，每个村子人口从 63 人到 1267 人不等，平均每户有 3.1 人。同时，李提摩太的调查日记传到伦敦，威妥玛爵士、坎特伯雷大主教和市长在市长官邸共同发起成立了中国赈灾基金伦敦委员会，该委员会每周收到从英国各地募集的从 60 英镑到 1800 英镑不等的经费。据统计，伦敦委员会共收到募集的款项为 32303 英镑，除去广告费、电信费等杂费开支外，实际汇往中国 31218 英镑，合白银 116429 两，另有英国教会募集的 16000 英镑直接汇往中国，不在此数之内。[①] 据李提摩太回忆："当时的中国尚无电报，只能通过船只运输银子。银锭五十两一块，每一千两或两千两装为一箱。这些银箱由在天津的李鸿章安排发运，他派遣军队，带领一队士兵，把银子押运到太原交给我。"至此，"救济金源源不断地到来"[②]，据李提摩太统计，在英国国内和中国沿海各商埠筹集的款项一共有二十万两，约六万英镑。[③]

　　第三是和官员、其他传教士协作赈灾。到了山西，李提

---

　　①《捐赈中国晋豫灾荒略》，《万国公报》，1879 年第 525 期，第 18—20 页。

　　②〔英〕李提摩太：《亲历晚清四十五年——李提摩太在华回忆录》，李宪堂、侯林莉译，天津：天津人民出版社，2005 年 5 月，第 118 页。

　　③〔英〕李提摩太：《亲历晚清四十五年——李提摩太在华回忆录》，李宪堂、侯林莉译，天津：天津人民出版社，2005 年 5 月，第 120 页。

摩太和上等人合作的传教理念一以贯之。一到太原，他就拜访了山西巡抚曾国荃和当地天主教的主教，提出他从山东带来了两千两白银，愿意发放给灾民以减轻山西的饥荒，但遭到二者的拒绝。在一系列消除二者对他的动机怀疑——"窃取人民心"的企图后，巡抚安排一些官员和他商议了救灾计划，并派一位地方官员协助他把一些饥民的名字编造成册，依次给每个家庭发放救济金，并提议为李提摩太安排几个村庄去救济，派出官员和绅士全程协助，以便整个放赈工作可以不受干扰地完成。李提摩太后来回忆："在中国官员的完美配合下，救济工作开始了，井然有序，直到结束"。[1]同时，1878年2月7日，他还写信给各个新教差会，建议联合与协作："由于没有联合起来，相互协作……传教士们就像漂浮在海洋里面的船，没有海图和罗盘，没有船长也没有大副"。[2]至此，李提摩太终于取得在山西开展赈灾工作的合法性，并与中国官员和其他传教士展开合作。如了解到平阳府及临汾、洪洞、闻喜等县灾情远超出太原地区，他就会同巡抚指派的官员一起奔赴平阳等地发放救济，一待就是几个月。[3]再如在英国国内和中国沿海各商埠筹集的款项一共二十万两，约六万英镑，

---

①〔英〕李提摩太：《亲历晚清四十五年——李提摩太在华回忆录》，李宪堂、侯林莉译，天津：天津人民出版社，2005年5月，第115页。

②〔英〕李提摩太：《亲历晚清四十五年——李提摩太在华回忆录》，李宪堂、侯林莉译，天津：天津人民出版社，2005年5月，第116—117页。

③〔英〕李提摩太：《亲历晚清四十五年——李提摩太在华回忆录》，李宪堂、侯林莉译，天津：天津人民出版社，2005年5月，第118页。

经商定，其中的十二万两由李修善、特纳和李提摩太发放。其余的分为两部分，一部分由时任天津海关道的盛宣怀负责，并由海关的布德先生协助；另一部分由直隶的新教传教士和华北的天主教传教士发放。①

此外，李提摩太在山西也积极开展孤儿和老人的救助工作。一是协助内地会的修女开办了专收女童的孤儿院；二是和夫人一起开办了男童孤儿院，仅1879年2月到8月，就援助了822个孤儿和334个老人。②

第三节　赈灾中的成长

一、山东、山西赈灾的成效

李提摩太在山东、山西的赈灾活动取得一定成效。首先从直接数据看，光绪三年（1877）十一月，他在山东赈灾结束时，至少救助了七万灾民③。在山西，李提摩太一共发放救

---

① 〔英〕李提摩太：《亲历晚清四十五年——李提摩太在华回忆录》，李宪堂、侯林莉译，天津：天津人民出版社，2005年5月，第118页。

② 何菊：《传教士与近代中国社会变革：李提摩太在华宗教与社会实践研究（1870—1916）》，北京：中国社会科学出版社，2014年9月，第88页。

③ 转引自顾长声：《从马礼逊到司徒雷登——来华新教传教士评传》，上海人民出版社，1985年8月，第322页。

济金 85810.850 两白银，救助 40201 人。[1] 有学者通过对比，指出他在山西灾荒中发放了中国赈灾基金委员会募集的超过一半的救济金。[2] 虽然，李提摩太曾表示："外国人所做出的巨大努力，与中国政府本身相比，这简直是九牛一毛"[3]，但其仍是功不可没。

其次从社会影响来看，一是他对灾情与救灾工作的整理、思考和宣传，把西方近代救济模式引入中国，形成了中外人士协作赈灾的局面，很大程度上缓解了灾情。他不仅通过信件或报纸向外界报告灾情，以引起社会各界人士的关注，而且直接促成了山东赈灾委员会后改名为中国赈灾基金委员会的成立。如前所述，正是 1876 年秋，在山东传教的李提摩太多次写信，报告山东各地的严重灾情，才有了 1877 年 3 月 12 日山东赈灾委员会的成立。后又是由于接到李提摩太山西调查收集的灾荒消息，重组后的中国赈灾基金委员会马上开始行动，在世界各地广泛开展募捐行动，共募集到慈善捐款 204560.39 两白银，其中英国为 124430.99 两，占总数的 61%，在中国各地募集的经费为 27207.10 两，其余为新加坡、

---

① 《李提摩太在山西活动述论（1877—1887）》，山东大学硕士学位论文，第 38 页。

② 《李提摩太在山西活动述论（1877—1887）》，山东大学硕士学位论文，第 39 页。

③ 《李提摩太在山西活动述论》，山东大学硕士学位论文，第 42 页。

美国、加拿大、澳大利亚、新西兰、日本等地募集的经费。①
李提摩太已然成为中国此次赈灾西方力量的组织者。诚如有
学者指出："外国人参与山西乃至整个华北的赈灾活动是非
常复杂的系统工程，其中中国赈灾基金委员会在其中发挥了
最为关键作用，该基金会通过各种方式从世界各地募集来经
费，并安排组织发放，保证了整个救灾行动真正落到实处。"②

　　二是在报刊上发表文章介绍西方救灾事业。1876 年李提
摩太在《万国公报》上发表《救民必立新法》，提出了系统
救灾建议。首先，他针对当时的中国南北皆遭灾荒、粮食不
足的问题，提议中国向外国借粮，"最善者莫如派大臣与相
近邻国立约，准其彼此客商棐敛免税，犹如邻省邻府相助一
样，则商人定必踊跃争先，何用官家委员采买。"其次，针
对赈粮运输不畅的问题，李提摩太提议修建铁路。"今越数
百年来，民多数倍，开铁路，通火车，利国利民，亦势所必
行也。……倘国铁路则无业者立能资生，有土者立能变产。
如此办理，不止救目前之危，亦可获悠久之益，比之赈济放粮，
虚靡国帑而贫民仍不能长享其利，孰轻孰重？且用铁路运粮
赈济，不取脚价，有如去岁印度，岂非更显爱心乎？"再次，

---

① The Great Famine:Report of the Committee，NewYork;Cornell University Library，
1879，pp.29—31. 转引在《李提摩太在山西活动述记（1877—1887）》，山东大学
硕士学位论文，第 41 页。
②《李提摩太在山西活动述论（1877—1887）》，山东大学硕士学位论文，第
39 页。

李提摩太把开矿作为赈济的一种办法。"地有矿而不开，犹之富家有钱，窖而不用。受风水之迷，能肯饿死，闻之者，莫不伤心。今中国各矿皆有，而青州亦有汞、煤等矿，若派老成、熟识之人专领是事，岂非富国富民之一善政乎？"最后，李提摩太主张"开源"："今若各按地产，各造机器，制办新货，则人皆有事业。丰年固可安居，荒年亦能保护身家。有如青州府出火硝、蓝靛，若用机器自造洋红、洋蓝，各省何必都用外国所来等物乎？且可运他国之土产，用己之机器制造。售卖所有货物财帛，犹之内库移之外库，不较胜于买他国之物乎？即如洋布一物，花本产自美国，距英国万里之遥。而英国采买织纴，又四万里，发至中国。除清本外，计有五万里之脚价，仍然获利。若中国自行置办，或至美国装花，水脚不过三万路程。兼之匠人工价英国每工五百文，中国工价低廉。假使货强价少，要不数年中国亦可转运各国贩卖矣。"[1]1877 年李提摩太到山西后，又在《万国公报》上发表《灾宜设法早救》一文，提出"有心于民度者，应当早为预备，幸勿掘井于临渴之时"，并提出应采取以工代赈办法，解决中国部分灾民的生活问题。[2]

三是向地方官员建言赈灾办法。在对灾民进行救济的同时，李提摩太还向地方政府提出了各类赈灾建议。他多次向

---

[1]《万国公报》，1876 年 7 月 22 日。

[2]《万国公报》，1877 年 9 月 29 日。

青州知府和山东巡抚建议尽快上奏朝廷组织人力物力从朝鲜和日本进口各种谷物，并免除进口税，以降低价格。1876年7月，他专程到济南去拜会山东巡抚丁宝桢，建议采取措施从朝鲜和日本进口谷物、修筑铁路、开挖矿产，以便为穷人提供就业机会。[1]1877年春，灾情稍有缓和后，李提摩太向青州知府和益都知县建议采取必要措施预防饥荒。[2]针对孤儿院的项目他向地方官员建议说："如果政府提供土地和房屋，并且承担一半的费用"，他可以利用各种资源"负责筹建几所类似于北京、上海、福州的学校。这些学校以孤儿中的佼佼者为对象，学生们将被教以英语和各种西方的学问；而其他智力稍差的孤儿则被教以各种新式的工业技术，以免增加传统行业的竞争者数量。当孤儿们完成专业训练后，便具备了为自己的同胞提供意义重大的服务的资格。"[3]但丁宝桢随即调任四川总督，他的希望落空。在山西赈灾期间，他向山西巡抚曾国荃再次提出三条救灾措施："（1）大规模向满洲和其他粮价低的地方移民；（2）启动公共工程，如修筑铁路，这不仅能立即给衣食无着的灾民提供生计，而且具有长久的意义，可以预防将来灾荒的发生；（3）向没有遭灾的省份征

---

① 〔英〕李提摩太：《亲历晚清四十五年——李提摩太在华回忆录》，李宪堂、侯林莉译，天津：天津人民出版社，2005年5月，第101页。

② 〔英〕李提摩太：《亲历晚清四十五年——李提摩太在华回忆录》，李宪堂、侯林莉译，天津：天津人民出版社，2005年5月，第102页。

③ 〔英〕李提摩太：《亲历晚清四十五年——李提摩太在华回忆录》，李宪堂、侯林莉译，天津：天津人民出版社，2005年5月，第102页。

收赈灾税"。可以说,李提摩太的建议有其合理性。如交通不便是"丁戊奇荒"的重要原因,如《荒政志》所载,"一入晋疆,万山环阻,雇募车马费更不赀。筹款需时,拨运需时,比散之灾区,而贫民之死者又半矣"①。遗憾的是,他的修路动议,还是被山西的道台们以铁路招致外人易肇祸端为由拒绝了②。

再次从社会声望来看,李提摩太通过上述赈灾活动赢得了中国社会各阶层普遍的尊重。他离开山东时,老百姓专门制作了"万民伞"。尤其在山西,作为来山西救灾最早、时间最长的外国传教士,他享有很高的威望。如他和政府官员一起赈灾时,被称为"鬼子大人"。③平阳府的士绅为李提摩太立了一块石碑,写了令李提摩太哭笑不得的碑文:"唯吾皇万岁,恩被群生,光播四海。荒天僻野之民,咸来投诚,共舒民艰。"一些乡民还要把他的像供奉在神庙里永久纪念④。山西巡抚曾国荃不仅给李提摩太"写了一封充满赞美之辞的信,在信中,他不仅以个人的名义,而且代表我曾帮助他们摆脱饥饿的山西的千千万万民众,对我表示了感谢",

---

①《光绪山西通志》,卷八十二《荒政记》。

②〔英〕李提摩太:《亲历晚清四十五年——李提摩太在华回忆录》,李宪堂、侯林莉译,天津:天津人民出版社,2005年,第107页。

③〔英〕李提摩太:《亲历晚清四十五年——李提摩太在华回忆录》,李宪堂、侯林莉译,天津:天津人民出版社,2005年5月,第118页。

④〔英〕李提摩太:《亲历晚清四十五年——李提摩太在华回忆录》,李宪堂、侯林莉译,天津:天津人民出版社,2005年5月,第119页。

并且还在上报朝廷的奏章中，为其请求匾额和顶戴等恩赏。

综上，李提摩太在山东和山西的赈灾中建立了一套系统的现金分配程序来设定国外救济的模式，该模式在一定程度上准确、高效地为部分灾民提供了援助。他已然成为此次"东西方的联合"赈灾的核心人物。禧在明就曾指出："李提摩太先生在中国各阶层的人民中广为人知，非常引人注目，以至于他必须被视为饥荒救济的发起者和负责人。他在 1877 年曾在山东进行过类似的工作，而且由于他的机智和组织力量，他一直是强有力的推动者，使救济工作得以成功结束。"① 苏特尔也曾评价李提摩太实为值得垂范的"领袖"，"所办理的有秩序，有效果，在赈济上可算是以为先导。后来在中国办过几次赈荒很有成效（者），都推崇李教士（李提摩太）为最有感染力的好向导"②。

二、赈灾中的宣教

诚如有学者指出"救灾不是李提摩太来中国的根本原因，传福音才是他最初的动机。"③ 通过早期在山东的传教，李提摩太认识到"使基督教本土化的最佳途径是采用中国人自己

---

① BMS Annual Report，1893，p.65. 参见《李提摩太在山西活动述记（1877—1887）》，山东大学硕士学位论文，第 35 页。

②〔英〕苏特尔：《李提摩太传》，上海广学会，1924 年，第 29 页。

③ Future Mission Work in China，"Baptist Missions Society Archives"，1792—1794，London. 1981. Roll. No57.

李提摩太与山西大学堂

的传教方式。主要的问题在于，当把基督教介绍给中国人时，以什么样的方式诉诸他们的良知——比他们所拥有的任何东西都更崇高的事物。"① 因此，当山东出现灾荒时，他认为，"上帝给了英国教会一个千载难逢的机会，向中国人表明真正的基督教意味着什么：无论对这个民族整体还是对任何个人来说，都是上帝的祝福。"李提摩太希望通过赈灾"把中国人从饥荒下解救出来，使他们能够奉守正确的道德准则，使这个国家得到拯救和持续繁荣。"② 在赈灾的同时，他开展了一系列的宣教活动。

第一是文字宣传与仪式引导。针对灾荒初期民众"有庙就拜，向各种偶像祈祷"的现象，李提摩太先是在青州府辖区内十一个县城的城门上张贴海报，宣称："若想求得雨，最好抛弃死的偶像，追求活的上帝，向上帝祷告，按照他的戒律和要求生活。"此举取得了出人意料的效果，据李提摩太回忆："每到一个县城，我都住在最大的旅馆里休息。经常是还没等我吃完饭，由当地老人组成的民众代表便来到旅馆，跪下来哀求我告诉他们如何侍奉上帝，如何向活的神明祷告。后来，有一些小脚女人跋涉二十里山路来青州府找我打听同样的问题。几年以后，这些人成为那一代山区的基督

① 〔英〕李提摩太：《亲历晚清四十五年——李提摩太在华回忆录》，李宪堂、侯林莉译，天津：天津人民出版社，2005 年 5 月，第 102 页。
② 〔英〕李提摩太：《亲历晚清四十五年——李提摩太在华回忆录》，李宪堂、侯林莉译，天津：天津人民出版社，2005 年 5 月，第 104 页。

教堂的核心人物。"① 在发放赈款的过程中，李提摩太不断寻找时机传播基督教，指导人们进行各种礼拜和祷告仪式。如1876年7月3日他就将饥民们安排在一处空旷的打谷场上，成排成行地坐在地上领取救济金，"他们是那样安静，就像在参加一场宗教仪式"。这样不仅有效避免拥挤，更重要的是可以当众传播教义。散赈之后，他告诫众灾民赈款有限，而朝廷也不能拯救大家，除非立刻降一场甘露。为此，所有人必须向上帝祈祷。于是，数千人满怀感激地在接受了给予他们的小小捐助之后，都跪下来祈求上帝。从此以后，只要知道有祈祷上帝的活动，他们都会找到组织者请求参与。② 随着"他们不断地把大批的信徒带到青州府，向我咨询宗教方面的事情"，李提摩太向所有的咨询者赠送基督教小册子并要求他们背诵，如《教义问答》和《赞美诗》等，"回到家以后，他们会把他们的书讲给自己的邻居听。这样，以这些人为中心又会有许多问询的人。最后，每个中心成为一个教堂的核心。"③

第二是组织信徒和问询者。随着问询者数量不断激增，李提摩太首先选出男、女首领，"被推举的人必须有良好的

①〔英〕李提摩太：《亲历晚清四十五年——李提摩太在华回忆录》，李宪堂、侯林莉译，天津：天津人民出版社，2005年5月，第79页。

②〔英〕李提摩太：《亲历晚清四十五年——李提摩太在华回忆录》，李宪堂、侯林莉译，天津：天津人民出版社，2005年5月，第103页。

③〔英〕李提摩太：《亲历晚清四十五年——李提摩太在华回忆录》，李宪堂、侯林莉译，天津：天津人民出版社，2005年5月，第106页。

口碑，准备奉献出自己的大部分时间去拯救他的同胞免于罪孽，并引导他们走向上帝。优秀者得到的奖品是布道小册子和赞美诗。"[1] 同时，他还邀请分散于远近不同村庄的首领在固定的时间到青州府来聚会，提供住宿，"指导他们学习，指定背诵的经文内容"。首领回到各地后，李提摩太又指导他们成立周日学校，"给前来探询的人上课，听他们背诵《教义问答》和《赞美诗》。在那儿，他们也一起举行礼拜活动。"此举效果也甚为明显，"一年之内，就有超过两千名对基督教产生兴趣者在数十个中心定期举行礼拜，遍及青州的东、南、西、北"。[2] 此外，李提摩太还于礼拜六在各个传教中心举行宗教仪式，他认为这样才是精神救济与物质救济得以手牵手的密切合作。他还经常亲自主持各种关于教义和经文的讲演。例如，他设计了一个系列演讲，涉及亚伯拉罕和他的孩子、厄利亚预言天降大雨、厄利沙使死者复生、但以理保护众人免遭国王荼毒、摩西胜利逃出埃及、大卫放弃遭受瘟疫的土地等等。[3]

第三是教会基地建设。为了更好地将信徒组织起来，李提摩太制定了信徒们"从今以后必须誓愿把以下要求作为侍

① 〔英〕李提摩太：《亲历晚清四十五年——李提摩太在华回忆录》，李宪堂、侯林莉译，天津：天津人民出版社，2005 年 5 月，第 102—103 页。

② 〔英〕李提摩太：《亲历晚清四十五年——李提摩太在华回忆录》，李宪堂、侯林莉译，天津：天津人民出版社，2005 年 5 月，第 86—87 页。

③ 〔英〕李提摩太：《亲历晚清四十五年——李提摩太在华回忆录》，李宪堂、侯林莉译，天津：天津人民出版社，2005 年 5 月，第 102—104 页。

奉上帝的特别途径：（1）捐款用于印刷和散发基督教书籍；（2）奉献出一部分特定时间用于传播福音；（3）看望和治疗病人；（4）抚慰遭受麻烦的不幸者；（5）冬天向急需的穷人赠送救济金及保暖的衣被；（6）提供帮助，埋葬死去的穷人；（7）分发药品；（8）关怀老人、寡妇和孤儿。"[①]1877 年 7 月，他又遵照史密斯在《基督教古史记》中确定的规矩制定了教会纪律条款："（1）中国基督徒应当献出他们的部分金钱用于资助寡妇、孤儿、遭受不幸者，以及病人；（2）把对缘于基督教团体和非基督教团体的苦难的隐忍视为基督徒之爱的证据；（3）要提供金钱和智力侍奉上帝；（4）基督徒应当致力于救赎他人，同时救赎自己；（5）在没有咨询当地的牧师之前，任何教会成员不得诉诸法律。"[②]

在山东赈灾宣教的基础上，山西灾荒的蔓延就成了李提摩太深入中国内陆地区传教的历史背景。到了山西，李提摩太集中赈灾之后，便开始将宣教作为其日常工作。一是用了一年的时间向山西境内 108 个县分发福音书和基督教小册子。因为工程庞大，李提摩太在全省征集志愿者，提供资金支持，要求在尽可能多的县进行分发，其余他自己负责。二是为了"引导中国学子关注基督教宗教和人类文明的书籍"，1879 年李

[①]〔英〕李提摩太：《亲历晚清四十五年——李提摩太在华回忆录》，李宪堂、侯林莉译，天津：天津人民出版社，2005 年 5 月，第 102—104 页。

[②]〔英〕李提摩太：《亲历晚清四十五年——李提摩太在华回忆录》，李宪堂、侯林莉译，天津：天津人民出版社，2005 年 5 月，第 103 页。

提摩太利用太原举行乡试的机会，不仅向全省约 7000 名秀才发放基督教小册子，并且组织了关于伦理道德的有奖征文活动，"收到论文有 100 多篇"。① 三是删改、赠送宗教书籍。李提摩太首先从上海和北京订购了一整套罗马天主教中文书籍和一套希腊正教书籍，然后"把其中关于罗马天主教礼仪和罗马教徒的部分删去"，只留下"其中包含的基督教教义"，这样就"可以充分发挥它在宗教宣传中的作用"。同时，他开始大规模地对当地知识分子进行书信拜访和赠书，如花之安博士的《西方文明》《使徒马克评议》，威廉臣博士的《自然神学》，林乐知的《政要年鉴》，丁韪良博士的《基督教证》和《寓言》等。② 四是针对新教传教工作的"无组织性"，李提摩太不仅写信给各个差会，"建议联合与协作"③，并且经常和其他传教士讨论解决方案，或者"效法罗马天主教徒所采用的一些好的政策……新教的不同派别也应该在中国的不同地区传教，而不应当把同一个地区分裂得支离破碎"，或者"不同的派别应当放弃各自的名称，在不同省份成立中国联合教会"。④

---

① 〔英〕李提摩太：《亲历晚清四十五年——李提摩太在华回忆录》，李宪堂、侯林莉译，天津：天津人民出版社，2005 年 5 月，第 127—128 页。

② 〔英〕李提摩太：《亲历晚清四十五年——李提摩太在华回忆录》，李宪堂、侯林莉译，天津：天津人民出版社，2005 年 5 月，第 122—123 页。

③ 〔英〕李提摩太：《亲历晚清四十五年——李提摩太在华回忆录》，李宪堂、侯林莉译，天津：天津人民出版社，2005 年 5 月，第 116 页。

④ 〔英〕李提摩太：《亲历晚清四十五年——李提摩太在华回忆录》，李宪堂、侯林莉译，天津：天津人民出版社，2005 年 5 月，第 123 页。

李提摩太的赈灾宣教取得了巨大成效。《青州市志》记载说：灾荒期间山东青州英浸礼会在"凡放赈之地皆发展教徒建立教会场所，当时有名望教者达1500余人"①。而在山西，当地人"没有一个不敬仰他（李提摩太），他就长久在山西传道"②，其传教事业日益稳定。据他回忆，到1885年回英国休假时，"整个山西省的传教士增加到五十多名，建立了很多传教站，而且没有一个地方发生过针对传教士的骚乱"③。徐士瑚也曾记述道："李氏……借赈灾取得三晋官民好感的便利，逐步在太原东夹巷、杏花岭一带建立起教堂、医院、孤儿院、学堂、住房。美国、加拿大等国的男女教士也陆续来晋开展传教工作，其中以浸礼会、内地会、长老会、卫理会、救世军等会派人最多。他们陆续在各县建立教堂、医院、学堂，为发展三晋的教育与医疗卫生事业做了一定的有益工作。在义和团运动发生前的二十年间，各地的教士、教徒与百姓相处和睦，未听说发生过什么重大纠纷。"④

三、赈灾后传教思想和方式的转变

诚如他自己所说，"丁戊奇荒"是"上帝给了英国教会

---

① 青州市志编纂委员会编：《青州市志》，南开大学出版社，1989年，第973页。

② 王治心：《中国基督教史纲》，上海古籍出版社，2004年5月，第181页。

③〔英〕李提摩太：《亲历晚清四十五年——李提摩太在华回忆录》，李宪堂、侯林莉译，天津：天津人民出版社，2005年5月，第146页。

④ 山西省政协文史资料委员会编：《山西文史资料（第48辑）》，1986年，第107页。

一个千载难逢的机会"。① 通过赈灾，李提摩太的传教思想和方式也有了很大的转变。

第一，从直接布道到间接布道。如前所述，初到烟台，李提摩太与其他传教士一样，主要采用传统的"直接布道"的传教方式，即通过宣讲教义、游行布道及散布传单等传统的西方传教方法把"基督福音"介绍出去，"每天去街头小教堂布道"，② 或"沿路上散发圣经小册子"③，目的在于求得信徒人数的增加和更多教堂的增设，从而在中国建立起所谓的"基督的国度"，但收效甚微，且遭到了中国民众的否定与排斥。在"丁戊奇荒"中，他暂缓"救灵"的工作，放弃直接布道，全心投入间接布道，把"救身体"即解决民生需要放在首位，采取诸如救荒施赈、建立医院、创立学堂等社会服务和慈善活动，把救济工作看作是传教手段，李提摩太曾指出："我向饥民分发救济的经历，对群众而言，颇具说服力。这说明，我的宗教是可靠的"。④ 这种间接布道的方式，与直接布道相比，取得了很好的效果，上海赈济基金会就宣称："我们的救济工作已收到非常有益的效果。这并不仅仅在于

　　①〔英〕李提摩太：《亲历晚清四十五年——李提摩太在华回忆录》，李宪堂、侯林莉译，天津：天津人民出版社，2005 年 5 月，第 104 页。

　　②〔英〕苏慧廉：《李提摩太在中国》，关志远等译，桂林：广西师范大学出版社，2007 年 12 月，第 12 页。

　　③〔英〕苏慧廉：《李提摩太在中国》，关志远等译，桂林：广西师范大学出版社，2007 年 12 月，第 34 页。

　　④〔英〕李提摩太：《亲历晚清四十五年——李提摩太在华回忆录》，李宪堂、侯林莉译，天津：天津人民出版社，2005 年 5 月，第 86 页。

它从饥馑中拯救了大量的生命，而在于人们对救济者在感情和心理方面所发生的许多可喜的变化。代之以昔日如同仇敌一样的被排斥和遭疑忌，这些外国人被他们当作最好的朋友而受到欢迎"。① 随着赈灾的深入，以及灾情的缓解，李提摩太意识到靠赈灾只能使中国人民暂时解决困难，而不能从根本上解决问题，为了使中国真正富强起来，中国民众真正接受基督教，李提摩太又开始探索更多且更为行之有效的"间接布道"。

第二，从下层民众到政府官员和知识阶层。初到烟台时，参与李提摩太"直接布道"的聆听者大部分是来自农村，或者偶然路过的流浪者。1872 年之后，李提摩太通过对中国社会进一步深入了解后，开始实施"寻找上等人"的计划，意识到"他们形成的土壤，最适合我们播种福音的种子"②。为了接触上层社会政府官员和知识阶层这些"上等人"，李提摩太在莱阳之旅后，进一步认识到一方面必须多学习中国的知识，努力使自己中国化，另一方面要以宣传西学为内容，以改革、教育等为主要手段来进行福音的传播。

赈灾期间，李提摩太通过同清政府各级政府官员广泛接

---

① P・R・Bohr:Famine in China and Missionary，"Timothy Richard as Relief Administrator and Advocate of National Reform 1876—1884"，Harvard University Press，1972，121.

② 〔英〕李提摩太：《亲历晚清四十五年——李提摩太在华回忆录》，李宪堂、侯林莉译，天津：天津人民出版社，2005 年 5 月，第 32 页。

触，更加深刻地认识到："播道方法从官绅入手是自上而下，感力及人，或更容易，比如水自上下流，较比使水上流，为势自顺，所以决定要先引领上等人入道。"① 通过赈灾他看到了中国社会内部的贫穷落后及其背后的愚昧无知，统治者缺乏农业安全意识和防灾抗灾能力，地方官吏传统赈灾收效甚微，知识阶层傲慢自负，佛教徒道教徒混迹于风水先生沉溺迷信，无所作为。通过近距离感知中国城乡的现状、交通的闭塞、民生的艰难，他直接萌生了变革中国社会的思想：只有收服知识阶层之心，基督教才能真正地扎根于这片土地。只有首先改变知识分子的观念，才能诉诸君王，改革旧体，实行新政，对下传播于百姓，摒弃陋俗，皈依圣教。

同时，他也认识到在之前传教遇到的排外的阻力，主要来自一些地方官员和读书人，他们对西方社会文化基本没有了解或者带有先入为主的各种偏见。如他初到青州时遇到的"租房风波"，就是他的租房行为遭到了益都县前知县——一位排外的退休官员的质疑，这位官员不仅责备并企图说服房东，还去找了现任知县和知府，要求把李提摩太赶出青州城，认为"只要有外国人在场总会引起骚乱。"后来在知府的解释和帮助下，李提摩太才在青州安顿下来。同时李提摩太对中国历史上，尤其是清朝以来对外政策进行了探究，认为虽

---

① 顾长声：《从马礼逊到司徒雷登——来华新教传教士详传》，上海：上海人民出版社，1985 年，第 322 页。

然汉唐时期"中国政府欢迎外国人来中国经商、旅游或定居"，但清朝之后，经过康熙禁教、鸦片战争，以及太平天国运动，中国政策发生了彻底变化，"要尽最大努力防止传教士到内地定居，以防他们暗中收买人心"。此外，他还通过分析各地的"教案"，认为"在中国开设的每一个传教基地都伴随着暴乱，而其发起者是官员和士绅"。① 这让李提摩太深刻认识到结交政府官员的重要性，以及消除知识阶层对西学及西方人误解和抵制的紧迫性。

而李鸿章的一番话也引起了李提摩太的深思。1880 年 9 月，李提摩太路过天津时拜会李鸿章。李鸿章在对他的赈灾工作表示感谢的同时，也颇为坦率地向他指出："你们的信徒围在你们身边，是因为他们，以及他们的亲朋通过为你们服务谋取生计。一旦停止对这些当地代理人支付报酬，他们就会一散而去……在全国，受过教育的阶层里没有一个基督徒"。② 正是此番谈话，促使李提摩太对自己以往的传教受众进行了反省，更加深刻地认识到对中国的知识阶层和领导阶层施加影响的重要性，只要使中国的上层人物和知识分子信基督教，就可以使全国老百姓都成为基督教徒。

而要打动政府官员和知识阶层，李提摩太认为只有将宗

---

① 〔英〕李提摩太：《亲历晚清四十五年——李提摩太在华回忆录》，李宪堂、侯林莉译，天津：天津人民出版社，2005 年，第 135—136 页。

② 〔英〕李提摩太：《亲历晚清四十五年——李提摩太在华回忆录》，李宪堂、侯林莉译，天津：天津人民出版社，2005 年 5 月，第 129 页。

教的传播与西方文化的推介、现代科技文明的推广、清政府积弊的改革，以及现代教育的建立等结合在一起。他在 1878 年 1 月 26 日给浸礼会秘书的信中，就坦言中国应该学习西学："如果中国政府不那么自负，声称只有自己是文明的，从野蛮的西方人那里学不到任何东西，那么数百万人应当能够得到拯救。"① 他通过对中国乃至全世界情况的研究，通过对西方文化的反思，认为西学有助于帮助中国摆脱落后，根除灾荒，求富图强："对中国文明而言，西方文明的优越性在于它热衷于在自然中探讨上帝的工作方式，并利用自然规律为人类服务。在满足人类需要的过程中，西方文明做出了许多奇迹一样的发明创造。"②

　　自此，李提摩太将自己的传教重点对象确定为当时的官员与学者，将宗教的传播与清政府的改革、西方文化的传播，以及现代教育的建立等结合在一起。

①〔英〕李提摩太：《亲历晚清四十五年——李提摩太在华回忆录》，李宪堂、侯林莉译，天津：天津人民出版社，2005 年 5 月，第 113 页。

②〔英〕李提摩太：《亲历晚清四十五年——李提摩太在华回忆录》，李宪堂、侯林莉译，天津：天津人民出版社，2005 年 5 月，第 136 页。

第 **3** 章

文化情怀：李提摩太与西学东渐

"丁戊奇荒"之后，有感于中国社会的贫穷落后，怀着传播福音救赎众生的虔诚信仰，随着与越来越多的高级士绅官员结识交往，加之传教中遇到的种种挫折困难，李提摩太逐渐意识到救治贫穷首先要救治思想，必须自上而下提高中国人的科学文化素养。于是他开始致力于"以学辅教"，有目的、有计划、有组织、有系统地大规模著译西学，并取得了令人瞩目的成就。以甲午战争为界，其"西学宣传"活动主要分为两个阶段，前一阶段以救灾扶贫、求富图强为主，偏重于宗教和经济；后一阶段以外联列强、内促变法为主，偏重于政治和外交。其中成果最为集中的当属他主持广学会的 25 年，通过输入大量的西方先进科学文化知识，客观上促进了晚清中国的历史进程。

第一节　赈灾后的科学启蒙

李提摩太宣传西学是从对开明士绅和先进知识分子加强科学素养开始的。他相信："如果通过向官员和学者们做一些演讲，使他们对科学的奇迹产生兴趣，我就能够给他们指出一条路，一条利用蕴含在自然中的上帝的力量去为他们的同胞谋福利的路。通过这种方式，我就能影响他们去修建铁路、开掘矿藏，以避免饥荒再度发生，去把民众从赤贫之境解救出来。"①

首先，为了"用新出版的书籍、最先进的仪器把自己武装起来"，李提摩太省吃俭用，从1880年到1884年间，花了将近一千英镑用于购买书籍和仪器。所购书籍除了宗教类外，涉及天文、地理、历史、文学、电学、化学、物理、工程学、机械学、医药学等各学科，还有《不列颠百科全书》和《钱伯斯百科全书》等工具书。科技仪器包括显微镜、望远镜、分光镜、电池、发电机、电压表、电流表、盖斯勒管、六分仪等，还有一台幻灯机和诸多关于世界天文、历史、地

---

① 〔英〕李提摩太：《亲历晚清四十五年——李提摩太在华回忆录》，李宪堂、侯林莉译，天津：天津人民出版社，2005年5月，第136页。

理等知识的幻灯片，以及照相机和缝纫机，等等。[①]

　　其次就是确定演讲的对象，李提摩太认为应该包括山西省在职的官员和省学的学生，还有几百名候补官员，因为他们"会给其他省份带去良好的影响"。最初，李提摩太邀请不同级别的官员参加同一次演讲，结果发现彼此尴尬，之后，他就将官员和学者分不同级别类型分别开展活动，有利于演讲产生更好的效果。从1880年开始，李提摩太给山西官员和学者每月集中演讲一次，共持续了3年。1881年，在出现一颗彗星后，李提摩太专门做了一次演讲，向官员和学者们演示了天体运动轨道是固定的，就跟月亮阴晴圆缺的轨道变化一样，因而这个彗星的出现并不是什么凶兆。

　　再次，李提摩太演讲涉及的主题和内容有：（1）哥白尼发现的天文奇迹，如星球的运行轨道；（2）化学的奇迹，如氧气的助燃性质；（3）机械的奇迹，如缝纫机、自行车的运转原理；（4）蒸汽的奇迹，如它在火车、轮船和工厂方面的应用；（5）电的奇迹，如电灯、电报带来的生活变化；（6）光的奇迹，如幻灯机和照相机；（7）医药学和外科学的奇迹。[②]当然，在这些基本科学技术普及知识外，李提摩太还特意加入了上帝的内容，以达到宣传基督教思想的目的。在每一次

---

　　①〔英〕李提摩太：《亲历晚清四十五年——李提摩太在华回忆录》，李宪堂、侯林莉译，天津：天津人民出版社，2005年5月，第137—138页。

　　②〔英〕李提摩太：《亲历晚清四十五年——李提摩太在华回忆录》，李宪堂、侯林莉译，天津：天津人民出版社，2005年5月，第138页。

演讲中，他都指出上帝如何赋予人类无限的权力，以利用自然的力量。如果人类对此茫然无知，就只能像劳工和奴隶那样生活。社会上各个事业的成功都是因为它们遵循了上帝的旨意和律法，获得了上帝赐予人类的福祉。既然上帝将这些伟大的力量储备在人类身上，那么人类应当更加遵守它的精神律法，对上帝所赋予的一切表示感激。①

此外，为了加深大家对演讲内容的理解，李提摩太还制作了各种试验：如在演讲电磁力的时候，他就用一块磁铁、一块重 60 磅的铁砧和一个配电板，通过按下配电板上的按钮，让"磁铁竖起来……与铁砧紧紧粘在一起"，恢复按钮后，铁砧就掉在地上。为了讲解氧气助燃能够达到何种程度，他利用材料说明"铁丝会像一根稻草一样烧起来"。为了讲解电能的传递，他"利用一部发电机和一个电感应线圈……使至少三万伏特的电流通过身体……再通过手里握着的盖斯勒管，展示了一次灿烂的发光现象"。②

为了和尽可能多的知识阶层接触，可以有更多的机会向他们介绍基督教和西方社会，李提摩太除了演讲，还和学者们广泛交往。1881—1884 年间，他就和"当时山西省最有学问的人，曾经被选拔出来修订《山西省志》修订版的编纂工作"

① 〔英〕李提摩太：《亲历晚清四十五年——李提摩太在华回忆录》，李宪堂、侯林莉译，天津：天津人民出版社，2005 年 5 月，第 141—142 页。
② 〔英〕李提摩太：《亲历晚清四十五年——李提摩太在华回忆录》，李宪堂、侯林莉译，天津：天津人民出版社，2005 年 5 月，第 140—141 页。

的一位学者共居一处，他们经常讨论儒家的思想，以及宗教问题，并在"外在形式和符号本身并没有什么价值，重要的是它们所表达的意义。不注重形式并不代表内心的轻视，反之，拘泥于形式也不一定能够说明内心的虔诚……上帝的意愿是一致的，就是要帮助帝国的其他民众"等问题上达成共识。此外，李提摩太一家还与太原城里的官员士绅互相走动，他经常会被邀请到官员和士绅的家里做客，或者接收他们的孩子作为自己的学生。

李提摩太长期在太原举办的科学启蒙活动使其威望日增。据其回忆，"从我在太原做演讲开始，就有很多官员和学生去我住处拜访我，我不得不在相邻的一个街道另外租了一所房子，在那里我可以安安静静地从事研究和翻译工作，不受拜访者打扰——那些拜访者习惯于一待就是几个小时"。感觉到"在中国的工作可以暂告一段落了，并且……开始期待着新的工作计划"，[①] 他决定回国向浸礼会协会争取更多的支持。

1885 年年初，李提摩太返回英国，这是他在中国服务了近十五年之后的第一次休假。一是参加了浸礼会年会，并作发言报告，直接影响了基督教差会工作重心的转移，"以前关注的是从另一个世界里拯救遭受地狱之苦的异教徒，现在

---

①〔英〕李提摩太：《亲历晚清四十五年——李提摩太在华回忆录》，李宪堂、侯林莉译，天津：天津人民出版社，2005 年 5 月，第 142 页。

则是从我们生活于其中的同一个世界里把异教徒从地狱的磨难里拯救出来"。① 二是撰写了《在中国传教十五年》的小册子，提出："所有教会团结起来，在每一个省的首府建一所高级教会学校……以便影响帝国的领导阶层，使他们接受基督教……以期实现对整个中华民族的全面转变"，并在浸礼会委员会成员间散发，但由于花费过高被委员会否决。三是撰写《中国急需：善良的撒玛利亚人》，除了继续强调"在每个省的首府建立一所大学，以培训受过教育的当地传教士的重要性"，他还提出"新到的传教士……除了学习语言外，还应当致力于研究当地人的宗教，研究传教手段，这是基本的、必需的，因为能扩大他们的工作效果"，"与单纯雇用外国人相比，雇用中国人从事传教工作的成效要高出八倍，也更合算……大量雇用当地人从事传教工作是十分必要的"②。四是撰写了《中国宣教计划》的报告，设计了一个庞大的中国宣教计划，共十七条："每个省应该有 13 名高素质的传教士"，"传教士工作分为各个工作部门"，"在 19 个省的每一个省会城市都设立一个高级培训机构"，"每个机构都要提供图书馆和实验室"，"传教士除了在教育上完全合格外，还应该具有至高无上的精神意识"，"入学机构的候选人通常是

---

① 〔英〕李提摩太：《亲历晚清四十五年——李提摩太在华回忆录》，李宪堂、侯林莉译，天津：天津人民出版社，2005 年 5 月，第 176 页。

② 〔英〕李提摩太：《亲历晚清四十五年——李提摩太在华回忆录》，李宪堂、侯林莉译，天津：天津人民出版社，2005 年 5 月，第 178—179 页。

官吏，或宗教派别的领导人"，"在每个省会都设立了一个高级女性基督教机构"①，等等，目的是实现整个中国的精神和物质方面转变。该报告同样遭到浸礼会委员会的拒绝。此外，他为了进一步充实自己，以便对中国的领导阶层施加影响，还在南坎辛顿博物馆师从埃尔顿（Ayrton）和西尔维纳斯·汤姆逊（Sylvanus Thomson）研究电机工程学。同时为了把最好的教育制度介绍到中国，他还去了柏林，同德国教育部长进行了一次会谈。②

第二节　主笔《时报》时期

一、选择主笔《时报》

1886 年李提摩太重新回到中国，可是等待他的却是"艰难忧患的岁月"：不仅他的夫人患了口炎性腹泻，在上海耗费了两个礼拜的时间，到了山西后，病情进一步恶化，一直

---

① Timothy Richard, A Scheme for Mission Work in China, London: Baptist Missionary Society, 1885。参见康君：《李提摩太在山西活动述论（1877—1887）》，第 60 页。

② 〔英〕李提摩太：《亲历晚清四十五年——李提摩太在华回忆录》，李宪堂、侯林莉译，天津：天津人民出版社，2005 年，第 179 页。

持续到 1887 年夏，更致命的是他遭到山西同事的接连指控，在浸礼会内部直接引发关于其传教方式的争论。

1886 年 8 月，李提摩太还在英国休假期间，一位刚到山西的浸礼会传教士邸松（Dixon）在《传教士先驱报》（Missionary Herald）上发表了一封信，指出："据我所知，李提摩太先生在这里工作了六年，主要是在上层阶级和翻译界活动。苏道味（Arthur Sowerby）先生和我本人认为最有前途的工作方式是分配医药，开放村庄，并定期进行系统的服务、访问和教学。"① 接着，其他同事也纷纷展开批评：李提摩太正在宣传"科学，异教，罗马天主教和基督教被捆绑成新的'国家福音'的集团教学"②，"李提摩太先生正在努力实现不属于英国浸礼会范畴，而是用其他东西代替基督的福音"③，"李提摩太浪费了太多资源来处理不太可能接受福音的特权人"④。后来李提摩太写了一本关于道教的小册子，指出当地人的宗教有些可取之处，同事们又给浸礼会委员会写信对其神学观点和工作方式提出了责难，等等。1888 年 10 月，李提摩太对于自己的神学信仰作了明确陈述，对那些质疑他

---

① 转引自康君：《李提摩太在山西活动述论（1877—1887）》，山东大学硕士学位论文，第 62 页。

② 转引自康君：《李提摩太在山西活动述论（1877—1887）》，山东大学硕士学位论文，第 63 页。

③ 转引自康君：《李提摩太在山西活动述论（1877—1887）》，山东大学硕士学位论文，第 63 页。

④ 转引自康君：《李提摩太在山西活动述论（1877—1887）》，山东大学硕士学位论文，第 64 页。

反对正统基督教福音的人做出了直截了当的回应。他提出将旧约与新约相结合，对基督教信息进行充分补充，并将其"范围扩大了以反映他现在认为是上帝王国的世俗含义"①。无疑，李提摩太与同事们争论是来自他们对"传教士工作范围"的不同意见，同事们之间发生一些观点冲突也是在所难免。但当他的所有辩解没有得到同事们的理解时，尤其是同事们拒绝参加周末的主日活动，阻止他打印和分发任何文献，伤害感和挫败感就油然而生，李提摩太心理防御和个人情绪出现了波动。他回忆道："这种独特性是我相信所有差异相遇的关键所在，他们坚持逼迫我，现在写信报告我抗议！"②

英国浸礼会对于他在山西传教计划的一再否定、妻子的疾病，以及山西同事的质疑，这是李提摩太在中国传教生涯当中最艰难困苦的时期，也是李提摩太在华传教活动的重要转折期，其传教路线和方式的特质更加鲜明地凸显出来。李提摩太通过从神学角度的思考，认为这是上帝启示他搬到中国的其他地方独立于公会去工作，去继续培养他在山西发展起来的那种友善，完全依靠"同情我工作的当地人"的支持③。同时，为了停止"持续不断的冲突"，不至于影响山西

---

① 转引自康君：《李提摩太在山西活动述论（1877—1887）》，山东大学硕士学位论文，第64页。

② 转引自康君：《李提摩太在山西活动述论（1877—1887）》，山东大学硕士学位论文，第65页。

③ 转引自康君：《李提摩太在山西活动述论（1877—1887）》，山东大学硕士学位论文，第73页。

的传教工作，李提摩太离开山西。10 月 18 日，他来到天津，为政府的兵工厂翻译资料，年薪 600 英镑。期间又经历了山东、北京等地的辗转，直到 1890 年 7 月，经李鸿章介绍，他担任《时报》的主笔。

对于这项工作，李提摩太认为是"一个因缘凑巧的机会"，立即接受了任命。无疑，就职《时报》是他山西传教困境的一个出路，同时也是他"上帝王国的宽泛概念，以及需要扩大的使命方法"传教理念的必然选择。李提摩太在《富晋新规》就特别提及报纸有传播知识、启迪民智的作用，后来更是接连撰写《论报馆》《中国各报馆始末》等文章来论述报纸的作用：通过刊登"教民、养民的新法"，有助于令人择善而从，从而促进社会变革进步；不仅报道国家大事，亦可引导舆论："各国兴衰之机，尚在隐微未露，一经报馆将其军政国事揭而论之，则人心之从违即可由此而定"①；可以方便人们了解科技发展情况和商业信息，不出门而知天下事，等等。他还明确宣称："别的方法可以使成千的人改变头脑，而文字宣传则可以使成百万的人改变头脑。"②

当然，《时报》的创办特色也是吸引他的一个重要原因。《时报》是天津的第一份中文报刊，1886 年由天津税务司英

---

① 〔英〕李提摩太：《时事新论》卷一，《论报馆》，光绪二十一年上海广学会刊本。

② 方汉奇：《中国近代报刊史（上）》，太原：山西人民出版社，1981 年，第 29 页。

籍德国人德璀琳和英商笳臣集股创办，除星期天外每日出版，以刊印中外时事新闻为主，设有《上谕恭录》《京津新闻》《外省新闻》《外洋新闻》《论说》和《翻译新闻》等栏目。①担任主笔后，李提摩太积极把《时报》作为自己的发声筒，深信"文字对政府的启蒙"。②他曾坦言说："仆深知中华受病之由……倘效寒蝉而不言，坐视中华缚于贫弱之中不能自振，恐乖践土食毛之义，亦非圣教一视同仁之心。故特借承报馆之乏而侃缕以陈。非不惮其烦也，实报馆之职也。"③

二、《时报》中的西学译介

李提摩太主笔后，为了获得积极的本土回应，他在一年多的时间内，发表各类文章共计两百余篇，加大了西学著译和传播的力度：一是改革《论说》栏目，开始介绍西技西艺，侧重时政评论，针砭时弊，建言献策，提倡修铁路、开矿山、广贸易、举新学、练新军等经世致用之学。如1890年9月4日他在该栏目提倡修铁路："泰西格致之学，天文地理算数

①《时报》创刊、停刊具体日期说法不一，参见杜一宁：《天津<时报>研究》，吉林大学2007年硕士学位论文。另外，1904年6月12日狄楚青、梁启超创办上海《时报》，罗普主笔，是近代中国最有影响的全国性报纸之一，在旧上海与《新闻报》和《申报》形成三足鼎立之势，后于1939年9月1日停刊。因天津《时报》发行期较短，影响力相对较小，故现代所提《时报》一般指上海《时报》，本文则特指天津《时报》。

②〔英〕李提摩太：《亲历晚清四十五年——李提摩太在华回忆录》，李宪堂、侯林莉译，天津：天津人民出版社，2005年5月，第336页。

③〔英〕李提摩太：《报中杂论跋》，亦即《时事新论·跋》，载《新学汇编》，广学会1898年。

而外，惟制器为要务，而制器之用又莫大于舟车，此铁路之所以作也……近时通州至京一带亦宜开铁路，工程虽属浩大，而既成之后，即往来数百里一日之中可以立待，则所以便商旅而免跋涉者"①。9月8日他又以印度为例，再次指出："在今中国之要图，惟宜舍旧从新，以勤为本。师诸印度大开铁路，设使印度铁路无多，期间贸易何以增盛如是之速也？中国有司通商之责也，尤易勤训工商，凡制货物务必精益求精……势必获利无穷，数十年后，中国贸易何至仍出印度下也。"②这些主张历陈"洋务运动"的现实成果和理想未来，无疑为洋务派提供了强大的舆论支持，有利于促进洋务运动的深入开展。

二是扩增《外洋新闻》栏目，不仅将版面由以前的四分之一扩增至大半个版面，且由以前多是欧美各主要国家政治、外交方面的通讯报道和简短时讯，转为开始介绍西方政治制度，内容更加丰富。如1890年9月4日李提摩太在该栏目介绍了美国的两党制："美国向分两党，而总统则四年一次，任满之后或去或留，或选何人均由两党公举。择其举之最多者即以嗣总统之位。有勃来者，向为该国某部大臣，性甚谲诈，隐欲谋总统之位，无如众望未孚，致未遂愿，怏怏辞职而去。"③

---

①〔英〕李提摩太：《时报》，1890年9月4日。
②〔英〕李提摩太：《时报》，1890年9月8日。
③〔英〕李提摩太：《时报》，1890年9月4日。

通过侧重介绍西方议会选举、政府设置、法律体系、司法审判等政治制度，李提摩太借《时报》鼓吹西方文明，宣传革故图新。有学者称其"与刚于 1889 年复刊的广学会的《万国公报》南北呼应"，声援了洋务运动的深入开展，同时在晚清中国进步知识分子和士大夫中酝酿了维新变法意识，触动了近代文化观的变迁，客观上推动了晚清中国在科技、军事、法律、经济、社会制度和文化思潮等方面的进步，尤其对启迪民智和提倡新学有着积极意义。①

1890 年 8 月 23 日，李提摩太还在《时报》基础上，创办《直报》周刊，经常选摘《时报》的重要新闻和时评，配以图表作为特刊发行，"比较世界上不同的民族在人口、铁路、电信和商业等领域所处的相对位置……事实证明，这种图表是促使中国的知识分子倡导改革的最强大力量之一"②。1894 年，李提摩太选取《时报》和《直报》中的 105 篇文章和相关图表，以《时世评论》为题编辑出版，李鸿章和曾纪泽以《西学的重要性》为题作序，后以《时事新论》为题发行单行本，收集在 1898 年广学会出版的《新学汇编》里。

《时事新论》共分为"序""卷一至卷十二""跋""图说"。在"序"中李提摩太首先对西学大加赞赏："欧洲各国新学日出，

①方汉奇主编：《中国新闻事业通史》（第一卷），中国人民大学出版社，1992 年，第 367 页。

②〔英〕李提摩太：《亲历晚清四十五年——李提摩太在华回忆录》，李宪堂、侯林莉译，天津：天津人民出版社，2005 年 5 月，第 195 页。

精益求精，要在熟思审虑，主善惟师，当仁不让，取人之长，补己之短，勿狃于陈言，勿拘于成法，勿因循而误事，勿苟且以图功，广益集思，通权达变，将见持盈保泰之功，长治久安之道。"① 随后又对晚清中国的阶级矛盾和民族矛盾进行了鞭辟入里的剖析："今中国大开海禁，中外一家，为三千年未有之变局。就目前而论，玉帛往来，相敦辑睦，似可不必鳃鳃过计。然强俄窥伺于北，英法侵吞于南，而日本且逼于东，缅甸安南藩篱已撤，高丽西藏觊觎尤深。况乎外忧未已，内患迭乘。"进而指出晚清危局的原因及其解决办法："推原其故，皆由中国新学之未立，闻见之不广，若果以新学为训，不独外患可消，内灾亦可弭。"② 十二卷又分"国政篇""外国篇""新学篇""教务篇"四部分，分别"从各个角度指出新学新法的重要性，每一条都对中国具有借鉴意义，中国实行这些新学新法，能变得更加富强。"③

李提摩太在《时报》撰写的文章颇受欢迎，他回忆说："各日报馆恒取鄙人之新论，屡转于其报。窥各报主笔之心，盖深知富民之新法，实大有造于中国。其重付剞劂氏者，迫欲以广其传与，故屈计前后拙作凡两百余篇，而重登各报者

① 李提摩太：《时事新论·弁言》，光绪二十年上海广学会铸板，第 2 页。参见张涌：《李提摩太的西学著译研究》，安徽师范大学 2016 年博士论文，第 40 页。
② 李提摩太：《时事新论·弁言》，光绪二十年上海广学会铸板，第 3 页。参见张涌：《李提摩太的西学著译研究》，安徽师范大学 2016 年博士论文，第 40 页。
③〔英〕李提摩太：《晚清西学丛书：时事新论》，王雨校注，广州：南方日报出版社，2021 年 6 月，第 230—231 页。

几及其半。由今思之，各报馆主笔计以为有益而录之矣。"①
苏慧廉也回忆，李提摩太的众多文章"在中国各地唤起大家
极大的兴趣，连远在南京的张之洞也打电报要他定期将报纸
直接送几份过去，其他高官也向他订购每周特刊，皇宫里每
天都读该日报，而且其上的内容在皇宫和总理衙门里都经常
被讨论"②，尤其是随着《时事新论》风靡一时，他的威望日增。

第三节　执掌广学会时期

1891年10月，经赫德推荐和上海教会委员会邀请，李
提摩太赴上海接替韦廉臣出任总干事，主持广学会。广学
会前身是1887年韦廉臣（Alexander Williamson）联络赫德
（RobertHart）、林乐知（Young Allen）、慕维廉（William
Muirhead）等西方传教士、领事官员、商人在上海成立的同
文书会，英文名为"The Society for Diffusion of Christian and
General Knowledge Among the Chinese"，赫德为会长，时
称总理，韦廉臣为总干事，时称督办，负责日常工作。诚如

---

①〔英〕李提摩太：《时事新论》《重刻＜时事新论＞序》，光绪二十一年上
海广学会刊本。
②〔英〕苏慧廉：《李提摩太在中国》，关志远等译，桂林：广西师范大学出
版社，2007年12月，第160页。

李提摩太指出："对报纸的巨大影响力有了切身经验之后，我对在中国开展文化工作的价值深信不疑。"① 他上任之后，于1894年将其改称广学会，英文名称为"The Christian Literature Society for China"，任期长达25年，成为广学会历史上最重要的人物，传教士莫安仁就说："当时有这样有毅力、有才干的人来管理，以前无生气的广学会自然是蒸蒸日上。"② 正是在他主持的前十年间，广学会介绍著译西学最多，对中国社会影响最大。

一、组织著译书籍

如《同文书会发起书》指出，"本会的目的归纳起来可有两条：一为供应比较高档的书籍给中国更有才智的阶层阅读，二是为供应附有彩色图片的书籍给中国人家庭阅读……为此，我们的目标是面向公众，包括知识界和商界，在我们向他们提供真科学的同时，要努力使之具有吸引力，以达到他们目前能看得懂的程度。采取此项新措施的理由是：很早以来中国人最大的特征就是注重学问，以及他们对之所树立的荣誉。他们的英雄人物不是武士，甚至也不是政治家，而是学者……每一个观察家一踏上他们的国土就会感触到这些

---

① 〔英〕李提摩太：《亲历晚清四十五年——李提摩太在华回忆录》，李宪堂、侯林莉译，天津：天津人民出版社，2005年5月，第197页。

② 赵晓兰、吴潮：《传教士中文报刊史》，上海：复旦大学出版社，2011年，第174页。

特征，并且导致凡欲影响这个帝国的人必定要利用出版物……士大夫们充斥在帝国各地而且受到高度的尊敬，事实上他们乃是这个帝国真正的灵魂，并实际地统治着中国。这就很明显，如果我们要影响整个中国，就必须从他们下手；只有当我们愈是博得士大夫的尊敬，我们在中国的事业才愈能顺利进行。"① 广学会成立后，宗旨也是面向中国的知识界和商业界，著译出版书刊和编辑发行报纸，向晚清民众传播西方文化，含有"以西国之新学广中国之旧学"之意。

李提摩太到任后的第一件事就是确定官员和文人作为重点工作对象，并通过广泛调查和慎重考虑得出相关人数。他在 1891 年同文书会年会上说："我们的工作重点对象共计 44036 人……要把这批人作为我们的学生，我们将把有关对中国最重要的知识系统地教育他们，直到教他们懂得有必要为他们的苦难的国家采用更好的方法为止。"② 同时，他还为广学会制订了一个长期的发展战略计划：（1）创办一份针对高级阶层的期刊，像克斯尔公司出版的《大众教育家》那样，系统地讨论有关课题；（2）发行丛书和系列小册子，揭示教育和宗教的发展对于工商业、对于国家所有领域的进步所具有的意义；（3）设立奖金，授予中国人所写的、有关社会进

---

① 顾长声：《传教士与近代中国》，上海人民出版社，2013 年，第 133 页。
②《同文书会年报》第四号（1891），载《出版史料》，1988 年第 3、4 期合刊，第 60 页。

步和民众启蒙的各种课题的优秀论文；（4）呼吁、鼓励其他一些有益于民众启蒙的措施，如开办讲座，设立博物馆、阅览室等；（5）在各个考试中心（省会）建立书报销售点；（6）特别是，要在各个方面争取中国人的合作，使他们建立组织，推进学术进步；（7）在举行考试的每一个考场，广泛宣传我们学会的宗旨和目的，因为居住在遥远村落里的那些最优秀的学者都会参加考试。通过这种办法，使帝国的每一个角落都感受到我们的影响。①

根据计划，李提摩太在广学会最重要的工作就是出版西书。据统计，广学会先后著译和出版了宗教、地理、历史、天文、哲理、政治、理化、实业、法律、教育等十几个方面的 2000 多种书籍，其中从 1887 年至 1900 年，广学会出版书籍约 176 种，至 1911 年，共出版 461 种，其中纯宗教类书籍 138 种，约占 29.9%，既含宗教又含其他西学内容的书籍 85 种，约占 18.4%，其他非宗教性西书 238 种，约占 51.6%。②李提摩太自己编著的书籍如表 3-1：

---

①〔英〕李提摩太：《亲历晚清四十五年——李提摩太在华回忆录》，李宪堂、侯林莉译，天津：天津人民出版社，2005 年 5 月，第 201 页。

②熊月之：《西学东渐与晚清社会》，中国人民大学出版社，2011 年，第 440 页。

表 3-1：李提摩太编著一览表

年份	书 / 篇名	出版 / 发表出处	备注
1884	《地球养民关系》	格致书院 《格致汇编》	
1889	《西铎》	广学会	1895 年重版
1893	《华英谳案定章考》	广学会	《万国公报》1892 年第 47 册，原作者哲美森（英）
1893	《养民有法说》	广学会	《万国公报》1893 年第 54 册
1893	《大国次第考》	广学会	《万国公报》1893 年第 54 册
1893	《天下五洲各大国志要》	广学会	原名《三十一国志要》，《万国公报》1893 年第 56—160 册
1894	《百年一觉》	广学会	原名《回头看纪略》，《万国公报》1891—1892 年第 35—39 册，原作者贝拉米（美）
1894	《喻道要旨》	广学会	
1894	《农学新法》	广学会	《万国公报》1893 年第 52 册，原作者贝德礼（德）
1894	《五洲教务》	广学会	
1894	《欧洲八大帝王传》	广学会	1899 年重版
1894	《世界女族进化小史》		
1894	《列国变通兴盛记》	广学会	1898 年重版
1894	《时事新论》	广学会	
1895	《救世有道》	广学会	
1895	《保家经》	广学会	
1895	《泰西新史揽要》	广学会	初译名《泰西近百年来大事记》，《万国公报》1894 年第 62—68 册，原作者麦肯齐（英）

李提摩太与山西大学堂

年份	书/篇名	出版/发表出处	备注
1895	《近代教士列传》	广学会	
1897	《八星之一总论》	广学会	《万国公报》1892年第46—47册
1897	《醒华博议》	广学会	《万国公报》1897年第118—120册
1898	《中西四大政》	广学会：《新学汇编》卷四	《救世教益》第七章"有益于今"《万国公报》1892年第36—37册
1898	《救世教益》	广学会：《新学汇编》	初名《从史实看基督教的益处》，《万国公报》1892年第24—37册、72—82册
1898	《七国新学备要》	广学会：《新学汇编》	原名《新学》，又译名《现代教育》，《万国公报》1889年第2册
1898	《生利分利之别论》	广学会：《新学汇编》	《万国公报》1893年第51、52册
1898	《新政策》	广学会：《新学汇编》	《万国公报》1896年第87册
1898	《地球一百名人传》	广学会	《万国公报》1901年第147—153册部分选录
1899	《性理学列传》	广学会	《万国公报》1899年第128册，原作者浦忒（美）
1899	《欧洲八大帝王传》	广学会	
1899	《英国议事章程》	广学会	
1899	《大同学》	广学会	《万国公报》1899年第121—124册，原作者基德（英）
1908	《预筹中国十二年新政策》	《中西教会报》6月刊	

资料来源：张涌：《李提摩太的西学著译研究》，安徽师范大学2016年博士论文，第28—29页。

此外，广学会还出版了韦廉臣的《格物探原》（1888）、花之安的《自西徂东》（1888）、艾约瑟的《富国养民策》（1893）、林乐知的《中东战纪本末》（1896）和《文字兴国策》（1896）等。

和其他译书机构相比较，广学会出版的西书一是少有译述，多是编著，能够畅所欲言，直抒胸臆，对危机四伏的中国社会进行了真知灼见的批评和讨论。二是偏重于人文社会科学方面的知识，同时注重对中国传统文化的讨论思考，针砭时弊，既呼应了洋务派的经世致用思潮，也启发了维新派呼吁变法以救国富民的政治诉求。三是社会反响比较大，尤其是《泰西新史揽要》《中东战纪本末》《自西徂东》最具有代表性，多次再版，成为广学会的畅销书，甚至坊间还出现了关于这些书籍的盗版。四是开始介绍马克思主义学说，主要是1899年李提摩太的译著《大同学》。该书在阐述了机器大工业生产后，生动形象地描述了资本主义两极分化和无产阶级贫困化，提出了无产阶级领袖是马克思，"其以百工领袖著名者，英人马克思也。马克思之言曰：纠股办事之人，其权笼罩五洲，实过于君相之范围一国。吾侪若不早为之所，任其蔓延日广，诚恐遍地球之财币，必将尽入其手。然万一到此时势，当即系富家权尽之时。何也？穷黎既至其时，实已计无复之，不得不出其自有之权，用以安民而救也。"[①]马

---

① 李提摩太译，蔡尔康述：《大同学》《万国公报》第121册，台湾华文书局影印合订本，1899年2月（光绪二十五年正月），第18287—18288页。

克思的思想："试稽近代学派，有讲求安民新学之一家，如德国之马客偲（马克思），主于资本者也。"① 此书是最早用汉文向中国读者介绍马克思和恩格斯及其著作《资本论》的文字记载，也是最早向中国读者介绍了马克思主义学说，其积极意义是可想而知的。同时，该书还最早向中国人介绍了达尔文的"进化论"和"物竞天择"的学说。

二、领导发行期刊

除了出版书籍外，李提摩太担任广学会总干事后还非常注重发行期刊。其着力最多的当属对其会刊《万国公报》② 的经营。《万国公报》前身是 1868 年 9 月美国传教士林乐知创办的《中国教会新报》，1872 年第 201 卷改名为《教会新报》（The News of the Churches），1874 年第 301 卷改名为《万国公报》，宗教内容比重下降，成为以时事新闻、西学译介为主题的综合性期刊。1883 年因林乐知忙于筹建中西书院而一度停刊，后于 1889 年复刊，虽仍由林乐知任主编，但成为广学会机关报，改为月刊，册次另起，之后在李提摩太的经营下进入一个全新的发展阶段。

---

① 李提摩太译，蔡尔康述：《大同学》《万国公报》第 123 册，台湾华文书局影印合订本，1899 年 4 月（光绪二十五年三月），第 18425 页。

② 康有为、陈炽等 1895 年 8 月 17 日创办了另一份《万国公报》，梁启超、麦孟华担任编辑，是维新派出版的第一份报刊，因广学会林乐知主编的《万国公报》在官府中行销有年，故袭用其名，以利推广，强学会成立以后，于 12 月 16 日改名为《中外纪闻》，梁启超、汪大燮为主笔。

一是栏目扩增。《万国公报》的主要栏目有《中国事务》、《各国新闻》、《时事评述》、《科学知识》、《教义教务》和《人物介绍》等，卷帙浩繁，荟萃西学，不仅广学会出版的书籍多先在《万国公报》连载，而且其新闻报道和时事评述中亦有西学内容。《万国公报》以主要篇幅，介绍了英国、美国、法国、日本、德国、俄罗斯等多个国家和地区的近事、新事，上至国与国之间的战争、政权的更替、条约的签修、总统的轮换、科技发明，下至学校创建、修桥筑路、开挖矿藏、垦田开荒、进出口岸，等等，不仅增长了中国官员和知识分子的知识，开阔了他们的视野，更刺激他们对本国问题的痛彻思考。

二是作者阵营扩大。不仅有李提摩太、林乐知、慕维廉、韦廉臣、傅兰雅、丁韪良、狄考文、李佳白、花之安、玛高温、倪维思、德贞、潘慎文、杨格非等来华传教士，还有五百余名中国报人，如沈毓桂、蔡尔康、林朝圻、王绍福、贾步纬、张萌清、郑雨人、陈鸣鹤、袁克仁、李有美、王次星、杨用之、郭柏荫、曹子渔、杨鉴堂、袁康、王佐才、颜永京、周家树，等等，另外还有晚清思想、政治、外交界的重要人物，如郑观应、王韬、郭嵩焘、胡礼垣、薛福成、曾纪泽、康有为、孙家鼐、孙中山等。文后注明的作者所在地，有上海、南京、北京、天津、广州、重庆、汉口、厦门、无锡、扬州、常州、福州、杭州、宁波、济南、九江、芜湖、奉天、桐城、台北、香港、旧金山等 50 多个城市。①

三是发行量大增。《万国公报》实际发行时间长达 35 年，累计出版 750 卷（复刊前）和 227 册（复刊后），最初印数一直维持在 1000 份左右，1894 年甲午战争爆发后，由于对战事和中日社会比较等问题做了大量及时报道和评论，引起晚清官吏和士绅的注意，增至 4000 份，1897 年为 5000 份，以至于内地的穷乡僻壤，例如川西、滇东都有人订阅，成为广学会的喉舌。到维新变法时期，《万国公报》发行量已经达到 38400 份，成为当时全国销路最广的刊物。庚子新政时期，其发行量再掀高潮，1905 年高达 54400 份。

值得一提的是，李提摩太在《万国公报》上也发表过众多文章，涉及时事、政论、历史、教育、西方科技、人物传记、宗教诸多方面，详见下表 3-2：

表 3-2：《万国公报》上李提摩太发表文章一览表

序号	署名	篇名	原刊卷册	合订本	类别
1	李提摩太	《耶稣教士写书信给中国行善之家》	第 353 卷	3	宗教
2	中西友	《近事要务》	第 664—675 卷	14	宗教政论
3	李提摩太编辑	《新学》	第 2 册	16	教育
4	李提摩太	《富晋新规》	11	17	政论

① 参见熊月之：《西学东渐与晚清社会》，中国人民大学出版社，2011 年，第 324 页。

序号	署名	篇名	原刊卷册	合订本	类别
5	李提摩太	《救世教益》，初名《从史实看基督教的益处》	24—37、72—82	18—20、23—25	宗教政论
6	析津来稿	《回头看纪略》	35—39	19、20	文学
7	李提摩太	《民教相安释疑篇》	37	20	宗教
8	李提摩太敬拟	《恭纪大清大皇帝学习英文事》	37	20	政论
9	李提摩太	《分设广学会章程》	39	20	
10	李提摩太	《五洲教务》	40、41	20	宗教
11	李提摩太	《养民有法说》	54	21	经济
12	李提摩太	《大国次第考》	54	21	历史
13	李提摩太	《拟广学新题征著作以裨时局启》	67	23	征文
14	李提摩太	《新政策》	87	25	政论
15	李修善	《崇实黜浮说》	90	25	政论
16	李提摩太著	《帝王初学》	111—116	28	历史
17	李提摩太	《新字述略》	114	28	语言
18	李提摩太稿	《经学不厌精跋》	114	28	宗教
19	李提摩太节译	《格致书院振兴西学记》	116	28	教育
20	李提摩太菩岳氏译	《上海救牲记》	116	28	宗教
21	李提摩太撰	《新政诀》	117	28	政论

序号	署名	篇名	原刊卷册	合订本	类别
22	李提摩太译	《一月百电》	117	28	科技
23	李提摩太著	《醒华博议》	118—120	29	政论
24	李提摩太选译	《泰西新政记》	121	29	历史
25	李提摩太著	《中国宜于教会主持公道论》	187	36	宗教
26	李提摩太	《仇教会即仇中国论》	215	40	宗教

资料来源: 张涌:《李提摩太的西学著译研究》,安徽师范大学2016年博士论文,第44—45页。

此外,1904年李提摩太等又主办了《大同报》,取代《万国公报》成为广学会的第二份机关报,直至1912年停刊。《大同报》也在晚清高官及知识分子当中广受欢迎,产生重要的影响。

三、主持赠书、征文

除了由美华书局、申报馆,以及广学会在全国的经销处负责出售推广书刊外,李提摩太还多次发起赠书和征文活动以扩大广学会的影响。

赠书主要有两种途径:一是在每次举行乡试、省试、会试科举考试时,派人到考场外向考生赠书;二是利用私人交往,向各级官员赠送书刊。所赠送书籍有宗教宣传品,但更多的还是介绍西方时政和科学知识的读物。如 1892 年春，北京举行会试，李提摩太派员分送考生及周边民众 5000 册《中西四大政》，同时还向中国十八个省的高级官员赠送了《救世教益》。1894 年，慈禧太后六十寿辰，全国加考恩科乡试，李提摩太派员在沿海十省给考生民众赠书 60000 余册，同时重印《自西徂东》2000 册，主要赠送给晚清政府高级官员。①据不完全统计，截至 1900 年，李提摩太主持下的广学会赠送各类书刊共计 302141 册，其中最多的是 1897 年，为 121950册。②

举办有奖征文是广学会扩大影响的另一重要手段。1894年全国乡试期间，李提摩太又在北京、苏州、杭州、广州、福州五地举办征文，英国商人汉璧礼应李提摩太之请，捐银600 两作为经费。题目如下：一、开筑铁路、鼓铸银钱、整顿邮政，为振兴中国之大纲论。附注：日本新设邮政局，请参其成法，以资集思广益之助。二、维持丝茶议。附注：外洋所需丝茶，多仰给于中国，非天气地脉之不尽宜也，人工之贵于中国也。中国亟宜先求各国之良法，以制新机，然后缫丝而经纬愈匀，焙茶而色香俱足……诸君望重乡闾评精月旦，请抒宏议，以牖愚民。三、江海新关考。附注：中国广开江

---

① 〔英〕李提摩太：《亲历晚清四十五年——李提摩太在华回忆录》，李宪堂、侯林莉译，天津：天津人民出版社，2005 年 5 月，第 202 页。

② 熊月之：《西学东渐与晚清社会》，中国人民大学出版社，2011 年，第 441 页。

海各关，稽征来往外洋货船税钞，垂三十余年矣，有益于国计民生者何在，请详考之。四、禁烟檄。鸦片烟久为民害，中国欲禁之意，必有见诸行事、确凿可凭者，谓宜畅发吟微，宣示遐迩，并声明印度禁烟入华后，华民尚复私栽罂粟，作何治罪，庶几名正言顺，外人无可置词。诸君本此二端，作为一檄，诛物而不责人，则无害海邦交，而烟窟化为月府矣。五、中西敦睦策。附注：中西通好以来，间或小有龃龉，今宜操何术以融芥蒂，而使交涉诸事，益敦睦谊，诸君必有良策，愿拭目而观之。①此次征文，要求应征者必须五题全做，每题四五千字，不拘形式，最终收到应征论文 172 篇，其中 70 篇获奖，一等奖 5 名，奖白银 16 两，二等奖 5 名，奖白银 12 两，三、四、五等奖各为 10 名，奖白银分别为 10 两、8 两、6 两，六等奖 30 名，奖白银 4 两。这是广学会举办的影响最大的一次征文活动，其中康有为的文章就获得六等奖，署名为"康长素"。这些征文活动不仅扩大了广学会及《万国公报》在中国的知名度，更是加深了众多中国知识分子对晚清社会危局的认识和对西方先进科学的认可。

诚然，作为一名传教士，李提摩太宣传西学即是为了"以学辅教"，是为适应晚清中国社会形势而采取的迂回策略，试图借此改变中国因循守旧固拒西方的状态，从而为传教事

---

①〔英〕李提摩太：《拟广学新题征著作以裨时局启》，载《万国公报》第 67 册，台湾华文书局 1968 年影印合订本第 23 本，第 14591—14594 页。

业创造有利的外部环境。这一点他也从不避讳。在对山西官员和知识阶层进行科学启蒙时，他就在日记中写道："在每一次演讲中，我都指出上帝是如何赋予了人类无限的权利，以利用自然的伟大力量，倘若对此茫然无知，则只能像劳工和奴隶那样生活……每天困扰我的最大问题是如何引导他们从学习这些自然知识中领会到上帝的力量，尽我们所能来展示世间所有美好的一切，甚至包括我们的身体都是上帝赐予我们的。"[①] 同时，他还发表过众多专论宗教的作品，如他在《万国公报》上署名发表的第一篇文章是 1875 年 9 月第 353 卷上的《耶稣教士写书信给中国行善之家》，向中国推介基督教义，他在《万国公报》上发表的最后一篇文章是 1906 年 12 月第 215 册上的《仇教会即仇中国论》，更是将中国和基督教绑架在一起误导民意。

但是有学者指出："自 19 世纪以来，凡承西洋教士之直接熏陶与文字启示之中国官绅，多能感悟领会而酝酿觉醒思想。"[②] 李提摩太通过介绍基础自然科学和世界史地知识，在西学中探寻中国富国强民之策和未来文化出路，提出了众多具有时代性、先进性和前瞻性的谏言建议，呼应了晚清经世致用思潮、洋务思想、维新思想和人文意识，极大地启迪了

---

① 〔英〕苏慧廉：《李提摩太在中国》，关志远等译，桂林：广西师范大学出版社，2007 年 12 月，第 116 页。
② 林治平主编：《近代中国与基督教论文集·序言》，台北：宇宙光出版社，1989 年。

民智，涵养了近代进步知识分子和开明士绅，掀起了国人学习西方的热潮和审视传统文化的意识，推动了"中体西用"文化观的发展，甚至酝酿了 20 世纪早期新文化运动的萌芽。诚如伯驾医生说："这么多年来，'李提摩太'这个名字和'广学会'一直就是同义词。李提摩太就是广学会。这些年以来，一直和他共事的人、了解他最多的人，爱戴他最深，崇敬他也最深。他一直都是一个充满想象力的人。他过去也是如此……许多人的眼中看到的都是实际的层面，见到的都是具体的事物，人们需要少数人能够站在日常的小事、普通的工作之上，看到生活中的大事，以及时代的大势。李提摩太独特的生活经历，刚好适合这项伟大的工作。他永远都表露出'始终如一的善良与谦恭'，'从来没有武断或专制'，而是'最大程度的尊重、善良和好意'"。①

第四节　李提摩太与中国文化

来华之前，受中国内地会传教士的影响，李提摩太就对中国文化心向往之，认为"中国人是非基督徒中文明程度最

---

① 〔英〕苏慧廉：《李提摩太在中国》，关志远等译，桂林：广西师范大学出版社，2007 年 12 月，第 305 页。

高的民族"①，他在到中国传教的答辩中也提到"以中国文化而论，在未受基督教化国中，算为最高尚文明的大邦"②。来华之后，为了寻找适合中国的传教方式，在中国文化下传播基督教，他进一步展开对中国文化的审视和研究。

一、李提摩太对中国文化的解读与研究

由于近代中国特殊的社会背景和严防夷夏之辨的传统观念，李提摩太来华初期也遭遇了种种敌视、排外甚至打击，但他没有像其他很多传教士一样否定中国文化，而是客观冷静地从中国具体国情、基督教传教局面，以及他历来倡导各教协同劝善的目的出发，提出文化"无畛域之分"的观点，认为中国文化与西方文化各有所长，学无中西，应择善而从，"欲格物必先博学，当不分畛域，无书不读"。③《李提摩太传》也记载"氏素包乐取于人，择善而从的主意看待看儒教道教的劝世篇，有合于真理者，多购求一些广为分散"。④ 在此基础上，李提摩太认为传教士应该精通中国文化，"应有考试制度，每三年一次，考试范围大部分取自中国的语言、历史、

---

①〔英〕李提摩太：《亲历晚清四十五年——李提摩太在华回忆录》，李宪堂、侯林莉译，天津：天津人民出版社，2005年5月，第12—13页。

②〔英〕苏慧廉：《李提摩太传》（国外布道英雄集，第6册），梅益盛、周云路译，上海广学会1924年，第3页。

③〔英〕李提摩太：《近事要务》，《万国公报》第670期。

④〔英〕苏慧廉：《李提摩太传》（国外布道英雄集，第6册），梅益盛、周云路译，上海广学会1924年，第18页。

法政、艺术、礼仪等"，并要和未信主的中国人和睦相处 ①，他自己也展开了对中国文化的解读与研究。

1. 儒学

对于在中国占有统治地位的儒学，李提摩太极为推崇。来华之初就学习了理雅各博士翻译的儒学经典"四书五经"，深受其中孔子就是"宗教祖师"和"上帝的信使"，儒学就是中国古代的宗教，儒学与基督教义有许多相通之处等观念的影响。到山西后他长时间和一位儒家学者共居一处，受其"中国的宗教在很大程度上是通过宋朝一本著名的著作《礼乐》（可以翻译为宗教仪式和音乐）来阐释的"观点的影响，开始研究中国的礼乐，接触到中国的首调唱法体系，他称赞道："欧洲人一直很自豪地认为那是十九世纪新近发明的东西，而在中国，这么长时间之前就广为人知了"。他还与夫人玛丽·马丁编辑出版了《小诗谱》，将西方通用的五线谱与以工尺谱为主的中国传统记谱法对照，并且利用音乐知识帮助张之洞排练孔庙中的乐器演奏节目，"为山西的儒教音乐奠定了一个比较好的基础"。②之后，他进一步撰写文章主张"耶儒合流"，"孔子加耶稣"，有意识地把基督教中的上帝与中国古代的圣人合为一体："耶稣之言天道，即尧舜禹汤文

---

① 林治平主编：《基督教入华百七十年纪念集》，台北：宇宙光出版社，1977年，第97页。

② 〔英〕李提摩太：《亲历晚清四十五年——李提摩太在华回忆录》，李宪堂、侯林莉译，天津：天津人民出版社，2005年5月，第146—147页。

武周公孔子之言天道也。东方有圣人，西方有圣人，其心同，其理同也"①；将中国的"仁"等同于圣经中的"爱人如己"："中国最重五常，唯仁为首，与西教之爱人如己同出一源"；②认为中国宗教和西方宗教是同源的："其道并行而不悖，彼此相助，可两存而不可偏废也"③；提出《圣经》的大旨与孔孟之道相吻合，儒教和基督教"相通"："上帝爱以中国归儒教管理，虽儒教之理与救世教不同，然仁义礼智信五常之大道两教实相通焉。倘再能随时更改，补其所缺，止于至善，自可历久不衰"④；并指出二者具体相通实有四端："孔子曰'鬼神而远之'，又曰'非其鬼而祭之，谄也'，一也。书曰'惟天惠民'，又曰'惟天阴骘下民，相协厥居'，言上帝之爱人也；诗曰'敬天之怒，无敢戏豫，敬天之渝，无敢驰驱'，言人之敬天也，二也。孟子曰'浩然之气，至大至刚，直养无害，塞天地间'，三也。书曰'民惟邦本，本固邦宁'，四也。"⑤在此基础上，他进一步指出基督教能弥补儒教的不足，倘若

---

①〔英〕李提摩太：《经学不厌精》，《万国公报》复刊第114卷，1898年7月，第11页。

②〔英〕李提摩太：《新政策》，朱维铮编《万国公报文选》，三联书店，1898年，第363页。

③〔英〕李提摩太：《说锢》，《万国公报》复刊第117卷，1898年10月，第8页。

④〔英〕李提摩太：《救世教益》，朱维铮编《万国公报文选》，三联书店，1898年，第116页。

⑤〔英〕李提摩太：《东西大教溯源篇》，《万国公报》复刊第164卷，1902年9月，第9页。

儒教"再能随时更改，补其所缺，止于至善，自可历久弗衰"。①

2. 佛教

早在山东青州传教时，李提摩太就已经开始接触佛教，每天都花费大约一个小时来研读和抄写《金刚经》，并在每一段经文之后，都附上对相关术语的简要解释。到山西后他广泛接触佛教僧侣和各派宗教领袖，曾在山西太原当地最大的寺庙住了一个多月，每天和住持方丈一起进餐。1880年6月，他参观佛教圣地之一的文殊道场五台山，详细考察了佛教仪式和音乐。他曾回忆："在那儿，我在他们的祈祷仪式中见到了规模宏大的音乐合奏。一切都令人肃静，给我留下了深刻印象。这音乐强烈地使我回想起格里高利的圣咏和令人感动的古代教堂的颂歌。"②1888年为研究藏传佛教，李提摩太专门拜访了住在北京雍和宫的首席喇嘛，认识到"当我们外国人仅仅依据普通和尚的智力来评判佛教徒的时候，就犯了一个大大的错误。一种宗教，一种赢得了中国最伟大的心灵的宗教，是不可以等闲视之的。"③1895年他又参观了位于浙江省的天台山，拜谒了杭州的弥陀寺、灵隐寺、海潮寺，天台山的清凉寺、华顶寺等多座佛教寺庙，发现天台山的佛

---

① 〔英〕李提摩太：《救世教益》，《万国公报》复刊第37卷，1892年2月，第12584页。

② 〔英〕李提摩太：《亲历晚清四十五年——李提摩太在华回忆录》，李宪堂、侯林莉译，天津：天津人民出版社，2005年5月，第149页。

③ 〔英〕李提摩太：《亲历晚清四十五年——李提摩太在华回忆录》，李宪堂、侯林莉译，天津：天津人民出版社，2005年5月，第192页。

教宗派建立在《妙法莲华经》基础之上，主张"通过信而得拯救"，与基督教的教义惊人相似。

李提摩太还对中国佛经进行了研究，翻译了《佛教起信入门》《大乘起信论》及《出使天国》（《西游记》）等佛教著作，认为大乘佛教与基督教有很多地方不谋而合，"佛教在其高度发展中实际上包含了基督教的一些主要教条"①。他回忆第一次在南京刻售佛教经书的杨先生那里阅读《大乘起信论》时，就与佛教产生了深深的共鸣，认为在博爱教化这一点上二者非常相似，甚至激动地嚷道："听着这是一本基督教的书。他虽然用的是佛教词语，但表达的是基督教的思想"。②他研读《妙法莲华经》后发现，在其生命、光、爱等教义上与《约翰福音》中生命即光、即爱的教义很相似，他希望通过对宗教经典的翻译在东西方宗教、文明间架设一座桥梁。李提摩太相信诸宗教都来自同一个源头，而且相信大乘佛教不是由乔达摩建立的原始佛教，而是指从基督时代开始的佛教，在其高度发展中实际上包含了基督教的一些主要教条，只是现在中国的大多数佛教徒将佛教的老教条和新义理混淆在一起，致使两个教派之间的区别模糊不清，他还认为大乘佛教是基督教在亚洲的表述。李提摩太在《大乘起

---

①〔英〕李提摩太：《亲历晚清四十五年——李提摩太在华回忆录》，李宪堂、侯林莉译，天津：天津人民出版社，2005年5月，第192页。

②〔英〕李提摩太：《亲历晚清四十五年——李提摩太在华回忆录》，李宪堂、侯林莉译，天津：天津人民出版社，2005年5月，第174—175页。

信论》的翻译中又进一步阐述了这一观点，认为大乘佛教是在基督教的影响下产生的。[1] 苏慧廉在《李提摩太在中国》一书中这样评价李提摩太对《妙法莲华经》等佛教典籍的翻译和注释：他的翻译和注释可能经不起比较仔细的推敲，经文的注释更是如此，但是他做了别人所没有做过的工作。他从中国的文献中揭示出一个根本的、无限的佛的概念，佛就是生命、光和爱，这个概念虽然有点怪异，但这个佛看起来比西方的概念更为深刻。[2]

3. 道教

他在青州传教时曾拜访过一位莱阳的道教徒，但是发现他的思想被阴阳五行观念禁锢着；他还参观过道教的祈祷仪式，发现道长只是接受捐献和上香膜拜，没有一句教导或劝勉的话；给江西省的道教大教长写信，讨要道教现代教学的教科书，收到的却是一个护身符；在山西他没有发现任何道教徒接受教育和获得圣职的地方；1913 年他参观道教圣地崂山，觉得更像农家房舍。可见，和对儒教和佛教大力推崇不同的是，李提摩太对道教评价很低，他认为"教者加邪法眩惑人心，并杂以释教规则，如超度轮回等事"。[3] 他提出道教

---

① 参照亓顺美：《李提摩太的中国观（1891—1911）》，山东师范大学硕士学位论文，第 27 页。

② 苏慧廉：《李提摩太在中国》，广西：广西师范大学出版社，2007 年，第 299 页。

③〔英〕李提摩太：《救世当然之理》，《万国公报》307 卷，台湾华文书局影印合订本，1874 年 10 月，第 98 页。

之所以衰弱，是因为道教徒"识见不能随时增长，专恃符箓，不足见信于高明也"。①

不管李提摩太最初的动机如何，他注重了解和探究中国文化，尤其是佛教文化及其在中国的实际影响，为基督教在中国的传播寻找对策和契合点，客观上促进了中国佛教的西传，以及西方汉学的发展，增进了中西宗教文化的对话与交流。

二、对中国文化发展趋势的认识

除了对中国文化推崇、解读和研究外，李提摩太还立足于近代中国大变革的必然趋势和中西文化频繁交流的时代潮流，对中西方文化进行反思，对中国文化应该如何发展提出了自己的观点——新学的"综合融汇说"。

面对古今中外庞杂的文化，李提摩太提出"学者何必学于古，非也。何必学于今，亦非也。盖学无论古今，学其有益于人者而已"，"中国旧学阅数千年，决不可废。今既与万国来往，则各国通行之新学亦不可不知"②，学者应该博览群书，学习古今中外一切有益于中国的文化，建立融汇古今中外文化可取之处的新学，这就是中国文化的出路。

---

① 〔英〕李提摩太：《救世教益》，朱维铮编：《万国公报文选》，三联书店，1998年，第116页。

② 〔英〕李提摩太：《新政策》，朱维铮编：《万国公报文选》，三联书店，1998年，第358、359页。

关于新学，李提摩太提出一个"横、竖、普、专"的知识框架。所谓"横"，是指学习东西方文化，择其善者而从之，即"我国所重之要学学之，即各国所重之要学亦学之"；"竖"指古今一切有益的文化，即"一国要学中有当损益者知之，即自古至今历代之因何而损，因何而益者，一必知之"；"普"则意味着兼容并包，广泛吸收，即"斯人所需之要学无不兼包并举，可以详古人之所略，并可以补近今之不足"；"专"则指专精一学，触类旁通，即"专精一学而能因事比类。出新解至理于所学之中，莫不骛其奇而说其异"。^①也就是说未来中国文化应"分四支，古今一也，东西二也，普遍三也，专门嗣也"^②，这样古今中西一以贯之，何忧广学不兴、利源不广。

虽然李提摩太"对古今中外文化何优何劣缺乏缜密细致的分析，对如何博大、如何精深也缺乏明晰回答，只有形式，而无内容，只有原则而无具体方案"，但是他"为中国设计的新文化是不错的，既有开放性，防止了文化上的盲目排外主义；又有继承性，避免了文化上的民族虚无主义。既突破了夷夏之防和畛域之见，又不至于囫囵吞枣，无所适从，可

---

① 〔英〕李提摩太：《〈新学〉序》，朱维铮编：《万国公报文选》，三联书店，1998年，第518页。

② 〔英〕李提摩太：《泰西新史揽要·序》，上海书店，2002年。参见：亓顺美：《李提摩太的中国观（1891—1911）》，山东师范大学2009年硕士学位论文，第22—23页。

谓'博大精深'"。① 李提摩太不仅向中国介绍了大量的西学，并且肯定了中国文化的价值："中国上古之世结绳而治，后世圣人易之以书契。由是有《三坟》《五典》及经史子集之书，追至庠序学校之教设，而诸子百家之学起。分门别类户诵家弦，此中国之学为之一变。"② 同时，李提摩太还强调新学的实用价值，主张"广学""博学""实学""专学"，学习对社会实践有指导作用的自然科学和社会科学知识，如天文、算学、医学、农学、矿学、格致之学、光学等。对整个社会来说，他要求广学博闻，考究一切实学。对于个人来说，他主张"各按所志，专务一门，始可各明其理，各精其业，方免多不胜读，而蹈涉猎不精之弊"。③

综上，李提摩太实行开明文化政策，主张以和平的方式解决文化问题，以开阔的胸襟和肯定的眼光面对中国文化，主张进行中西方文化的对话，希望中国文化接纳西学，将中外文化融为一体，从而达到改变中国文化的目的，客观上促进了中西方文化的交流和中国文化的现代化。但是我们也应该注意到他虽然也欣赏并曾有意研习中国传统文化，但就具

---

① 王立新：《美国传教士与晚清中国现代化：近代基督新教传教士在华社会文化和教育活动研究》，天津人民出版社，1997年，第197页。

② 〔英〕李提摩太：《〈新学〉序》，朱维铮编：《万国公报文选》，三联书店，1998年，第518页。

③ 〔英〕李提摩太：《近事要务五则》，《万国公报》第669卷，1881年12月，第8631页。参见：亓顺美：《李提摩太的中国观（1891—1911）》，山东师范大学2009年硕士学位论文，第23页。

体问题分析时，他则是一味鼓吹基督教义和宣扬西方文化，并没有对中西文化优劣之处做出缜密分析，诚如有学者批评道："这显然是对一条正确文化融合原则的错误运用"①。

---

① 王立新：《美国传教士与晚清中国现代化：近代基督新教传教士在华社会文化和教育活动的研究》，天津人民出版社，2007 年，第 114 页。

第 4 章

改革理想：李提摩太与中国政治改革

李提摩太在华时期，正值晚清社会"天崩地裂"，中国仁人志士要求变革的呼声越来越强烈，逐渐演变为维新变法运动。李提摩太一方面通过切身体会和仔细观察，结合中西社会思想、科学技术和文化素养的比较，不断向各级官员上递条陈、著译书籍及发表文章，提出了一系列革故鼎新、变法图强的主张，为维新派提供了解外部世界的各种文字资源；另一方面他积极参与了维新变法运动，成为从启蒙者到理论导师和活动骨干再到挽救变法的中枢力量的全方位、深度的参与者，在这场运动中扮演了不可或缺的角色。诚如学者施宣圆指出："尽管他的改革指导思想与康、梁等维新志士不可同日而语，但殊途同归。事实证明，在整个维新变法活动中，他的所作所为是合乎潮流的，因而在变法过程中应占一席之

地，我们应实事求是地恢复他的真面目。"①

第一节　改革理论体系的形成

一、结交官员，建言改革

　　早在赈灾期间，李提摩太就认识到"上等人"掌握着晚清的话语权，改革变法需要"上等人"圈层的认可。为了加强与"上等人"的联系，他通过交谈、赠阅书籍等方式向各级官员提出改革方案。在山东，他上至巡抚丁宝桢，下至地方官员，一有机会就积极建言。如建议丁宝桢从朝鲜和日本进口谷物、修筑铁路、开挖矿产、兴办棉纺织厂。②丁虚心接受了建议，并计划进行改革，但不久因升任四川总督，离开了山东，改革计划遂不了了之。③对于青州知府和益都知县，他建议：采取必要措施以预防饥荒，建立孤儿学校，并"以孤儿中的佼佼者为对象，学生们将被教以英语和各种西方的

---

①施宣圆：《李提摩太与戊戌变法》，《复旦学报》（社会科学版），1988年第 4 期，第 103 页。

②〔英〕李提摩太：《亲历晚清四十五年：李提摩太在华回忆录》，李宪堂，侯林莉译，天津：天津人民出版社，2005 年 5 月，第 168—169 页。

③〔英〕李提摩太：《亲历晚清四十五年：李提摩太在华回忆录》，李宪堂，侯林莉译，天津：天津人民出版社，2005 年 5 月，第 85 页。

学问；而其他智力稍差的孤儿则被教以各种新式的工业技术，以免增加传统行业的竞争"。①

到了山西之后，他结交的官员更为广泛。先是巡抚曾国荃，建议其"大规模向满洲和其他粮价低的地方移民；启动公共工程，如修筑铁路。这不仅能立即给衣食无着的灾民提供生计，而且具有不可估量的长久意义。可以预防将来灾荒的发生；向没有遭灾的省份征收赈灾税"②。可惜最后在其他官员讨论后，以"修筑铁路过于超前"为由被拒绝了。到巡抚张之洞时期，李提摩太备受其重视，据其回忆："上任山西巡抚一开始，张之洞就大力采取富民措施，预防灾荒。在太原府的衙门旧档里，他发现了我给前任巡抚曾国荃提的一些关于修筑铁路、开挖矿藏、开办工业和制造厂等方面的建议，便派一个由三人组成的代表团到我这里来，问我能不能放弃传教工作，参与中国政务，将自己的观点付诸实施"③。李提摩太虽拒绝立即协同张改革，但后来还是自己亲自参与到巡抚主持的一些改革事务中：为防洪勘察地形，考察开矿机器，并向诸人介绍由贝西默在钢铁冶炼方面的发明所引发工业革命的历史，建议山西引进炼钢的设施设备，以期为中国即将建设的铁路

① 〔英〕李提摩太：《亲历晚清四十五年：李提摩太在华回忆录》，李宪堂、侯林莉译，天津：天津人民出版社，2005 年 5 月，第 100 页。

② 〔英〕李提摩太：《亲历晚清四十五年：李提摩太在华回忆录》，李宪堂、侯林莉译，天津：天津人民出版社，2005 年 5 月，第 115 页。

③ 〔英〕李提摩太：《亲历晚清四十五年：李提摩太在华回忆录》，李宪堂、侯林莉译，天津：天津人民出版社，2005 年 5 月，第 150 页。

生产钢轨等，诸如此类提议都得到了张之洞的积极回应。此外，1888 年在北京生活期间，李提摩太还结识了曾国藩之子曾纪泽，不仅向其提供了修筑天津至北京铁路的精确事理和数据，还赠送了他为中国设计的现代教育改革方案，因而受到曾氏的赏识和鼓励。二人交往密切，理查德夫人甚至还担任了曾纪泽家的家庭教师，教授其季子学习英语。值得一提的是，李提摩太还动员外国官员推进中国改革。他曾对英国人赫德建议由其倡导组织一个由政府高级官员如李鸿章、曾国荃、左宗棠等权贵组成的代表团，做一次环球旅行考察，了解各国现状组织……在北京成立专门机构，向各省全面介绍、推广考察的结果。①

二、改革思想的萌芽

1877 年李提摩太在《万国公报》上发表《灾宜设法早救》，当为其第一篇阐发改革思想的文章。1881 年他以"中西友"为笔名在《万国公报》上连载了《近事要务》。该文虽只是变法提纲，但所举天文、地理、历史、物理、化学、法学等各门学科，涉及政治、经济、外交、宗教、文化教育和伦理道德等各个层面，与国家命运、民族前途、百姓福祉等息息相关，前后多达 98 则，提出了"注重教育在中国社会发展中

---

①〔英〕李提摩太：《亲历晚清四十五年：李提摩太在华回忆录》，李宪堂、侯林莉译，天津：天津人民出版社，2005 年 5 月，第 168—169 页。

的作用""推广教育""大力引进西学""重视灾害的防治""重视中外和睦"①等五大改革内容，比较集中地反映了李提摩太早期的变法主张，被学者认为是："近代来华传教士就中国社会、经济、教育、科学、文化诸方面提出的第一份综合性变法建议"。②当时供职于《万国公报》的沈毓桂认为该文于国计民生大有裨益，于是写成了用来解释和论述《近事要务》的《近事要务衍义》。③

1884年李提摩太向当时署理山西按察使的黄照临提出一份全方位改革山西的计划，1889年以《富晋新规》为名刊登在《万国公报》第11册上。文章开篇即通过中西比较，认为中国愚昧落后的原因是："凡事宜务其实，得其实则诸事可兴，窃惟中西全局大约西日富而中日贫，按实相推得失较然西方诸国……当事者拘守成规，必不令西学通行于中国。"④就山西省域而言，李提摩太认为开矿藏、冶钢铁、制机器最为便利，且有修建铁路、提供就业机会、减少运输成本、储积库银等诸多好处，能在全国起到创新示范的作用。"我省先受其益，次可延及他省"⑤，并殷切期望山西可以脱贫致富创造美好未

---

① 康君：《李提摩太在山西活动述论（1877—1887）》，山东大学硕士论文，2020 年 8 月，第 51—52 页。

② 熊月之：《西学东渐与晚清社会》，上海人民出版社，1994 年，第 590—591 页。

③ 参见《万国公报》，台湾华文书局 1968 年影印合订本，719—750 卷。

④〔英〕李提摩太：《富晋新规》，载《万国公报》第 11 册，台湾华文书局 1968 年影印合订本，第 17 本，第 10795 页。

⑤〔英〕李提摩太：《富晋新规》，载《万国公报》第 11 册，台湾华文书局 1968 年影印合订本，第 17 本，第 10797 页。

来:"愚自光绪初年来游晋省,适遇大饥之岁,慨兴救济之思,迟迟七八载,夙志莫偿,此法如可兴行,恭惟翘企而俟。"[1]时任山西巡抚张之洞读到此文,十分赞赏,于是专门就"英国是如何富强的"这一问题详细咨询了李提摩太并得到满意的答复。[2]

三、改革理论体系的形成

1891 年李提摩太接任广学会总干事的职务,确立了向中国官吏和知识阶层传播西方文化的宗旨。他主持广学会伊始便大量发行有关变法思想的书籍,自己也在《万国公报》上撰写文章,极力宣传他的改革主张,志在将《万国公报》办成一份推进维新运动的刊物。

1. 以古喻今,托古改制,假借古圣人"改革"之名,启迪人们变法。李提摩太先是强调了中国古代变革之传统,塑造主张变革的古圣人形象:"后稷树艺五谷,神农始尝百草,有巢宫室,仓颉文字,凡今时之利用,皆先圣人之新法;不有宫室,今犹穴居而野处;不有火食,今犹饮血茹毛;无文字,今犹结绳而野鄙;无舟楫,今犹望洋而兴叹。故创始谓之圣人,后世继作,不亦宜乎?"接着指出中国虽是文明之国,曾强盛于邻邦,但由于因循守旧,技不革新,坐荒岁月,而

① 〔英〕李提摩太:《富晋新规》,载《万国公报》第 11 册,台湾华文书局 1968 年影印合订本,第 17 本,第 10797 页。
② 唐浩明:《唐浩明文集·张之洞》,人民文学出版社,2002 年 7 月,第 226 页。

落后于西人，"今西国之火轮、电报等较之前代已大胜矣"。最后根据中国人崇尚古人的传统，利用古圣人启迪人们变法。他说："幸能自此精益求精，推陈出新，善为制作以利民用，将见一二人之力可胜千万人之力，千万人之遥可作左右邻之近，媲美前圣，孰谓奇技工艺无益乎？"①

2. 根据朝代更迭规律，为变法维新提供理论依据。李提摩太根据唯物主义辩证法的观点，指出随着朝代更迭，人们也随之因时而变、因事而变。"三代以上，以开通为法；三代以下，以闭塞为法。古圣人法与时变，三代之兴也，不相袭而王，夏商之衰也，不变法而亡。器惟日新，而乃不瘀也；识惟日进，而乃不穷也。古圣人之道，可万年而不变，而法则无历久不敝者，惟后人补救耳……伐罪吊民，变古不为怪也。"变法维新既是古圣人的传统，也是历史发展的必然规律，没有永久不变的法，法要因时势的变化而变化，绝不能像"迂儒"般"徒抱遗经，穷年占毕，无非咀嚼古人之糟粕"。②

3. 师法西方，择善而从。李提摩太认为中国变法应实行"两步走"战略，第一步是了解西方，第二步是学习西方。即先认识到"西国有良法"，然后才"能仿而行之"来实现

---

① 〔英〕李提摩太：《近事要务》，《万国公报》第 665 卷，台湾华文书局影印合订本，1881 年，第 127 页。
② 〔英〕李提摩太：《说锢》，《万国公报》复刊第 117 卷，1898 年 10 月，第 18008 页。

政治维新①。因此，他在大规模宣传西学的基础上，建议中国仁人志士通过学习西法，仿效之衍生出中国之法，主张在挖掘中国传统的纹理下，借鉴西方进步知识的基础上，实现"中西汇通"，进行改革。他指出："三人必师，孔圣垂训，今万国通好，史籍具在，治国者稽其古往今来，何国何以兴，何国何以衰，何国何以治，何国何以乱，何国何以强，何国何以弱，前车可鉴，明若观火，择善而从，不善则改"②，"五洲万国，皆真教之所弥纶，择善而从"③，因此，"中国服官之众、读书之士，其于中国之古训，自己烂熟于胸中，若欲博考西学振兴中土，得此入门之密钥，于以知西国之所以兴，与夫利弊之所在，以华事相印证，若者宜法，若者宜戒，则于治国读书之道思过半矣。"④

同时，他还在《列国变通兴盛记》中以俄罗斯、日本因变通而兴盛，缅甸、安南（越南）因守旧而衰败，印度因在英国帮助下正在实行变法而逐步走向富强为例，借以"醒华"，"以为锐意谋新者之嚆矢"⑤。他认为日本明治维新的成功正是善于学习西方的成果。"如今地极各国罗列目前，轮舟电

①〔英〕李提摩太：《中西四大政》，载《新学汇编》，广学会1898年，第5页。
②〔英〕李提摩太：《近事要务》，《万国公报》第668卷，台湾华文书局影印合订本，1881年12月，第8615页。
③〔英〕李提摩太：《广学会第十一届年报纪略》，《万国公报》复刊第120卷，1899年1月，第18243页。
④〔英〕李提摩太：《泰西新史揽要》序言，见《泰西新史揽要》，上海书店出版社，2002年。
⑤〔英〕李提摩太：《列国变通兴盛记·弁言》，广学会，1898年，第2页。

报瞬息可通，理宜博采兼收，各期自强。日本近亦极力讲求，务明西学之要，以尽其长"[1]。中国在极端困苦和落后的情况下，更应该向先进的国家学习。然而，"中国自暴秦以后，古意荡然，儒者规于二千年之敝俗。动曰，西洋之法，我中国不常学也，无论其识之隘而不广也……明知西法之有益于生灵，而故为骄矜闪避，视吾民之颠连困苦而莫之动，则其心之不仁,为何如乎？"[2]对此，他明确主张中国社会必须改革，而且刻不容缓，"如果中国再不思补救之法，譬之血管被伤，终难痊愈，一遇荒岁，饿殍以千万计，尚可缓乎？"[3]

那么中国应当如何变法呢？李提摩太就中国的国政、格学、矿务、通商、筑路、养民、新学、利源、军务、教务等方面提出了其改革见解，具体可归结为以下几个方面。

1.发展农业。李提摩太认为农业为民生之本，中国地虽广而民不富，民愈多则愈贫，愈贫则易乱，清政府应当紧急筹划养民的办法。首先，他把西方"化学农业"介绍到中国，以增加单位面积粮食产量。如他指出化学肥料可帮中国实现"本富"，"地亩言之，无粪之地约可产谷物十二斗者，有

---

①〔英〕李提摩太：《近事要务·序》，《万国公报》第664卷，台湾华文书局影印合订本，1881年，第118页。

②参见杜鹏程：《李提摩太在华教育活动和教育思想研究》，河北师范大学硕士论文，2010年5月。

③〔英〕李提摩太：《近事要务·序》，《万国公报》第664卷，台湾华文书局影印合订本，1881年，第118页。

粪之地可产三十二斗，用化学培植之地可产三十四斗"。① 其次，他还针对"东三省及西北各省，均有闲荒。因为人口稀少，道路不通，成为弃地"，多次建言清政府开垦荒地："夫农桑为务本之图，开一地即兴一利，不必讲外国之开垦也，中国各省乃有多地未垦。"他指出如果修建铁路，移民开垦，及时播种不令其荒废，以无主之地养无业之人，则收获当不止数千万倍，何致流离失所，饿殍遍野？ ②

2. 大力发展工商业。针对鸦片战争后大量外洋产品流入中国，造成白银外流、入不敷出的局面，李提摩太指出要实现贸易平衡，必须学习外国一切有益于国计民生的工艺：广泛建立工艺厂，鼓励民间仿造；奖励新方法或新机器的发明，并且给予生产和销售的专利；大力推广机器生产，一手一足之工仅能糊口，利用机器生产工作效率可增加十倍，获利增多；开采矿藏，"开矿与制造为致富之阶"，"五金之宝产于地，而煤尤为日用之需"③；设立商会，"立会聚议以合办，或上禀国家，或旁通他处之会议妥，著书刊印，以便诸人快睹"④；设五洲各货比较厂，聚集五洲各国土产，排列比较，以备购取，

---

①〔英〕李提摩太：《农学新法小引》，《万国公报》复刊第 52 卷，1893 年 5 月，第 13595 页。

②亓顺美：《李提摩太的中国观（1891—1911）》，山东师范大学硕士论文，2009 年 4 月，第 38 页。

③〔英〕李提摩太：《求儒救民说》，于宝轩编《皇朝蓄艾文编》，上海官书局印，1903 年，第 285 页。

④〔英〕李提摩太：《转移积患养民说略》，夏东元编《郑观应集》上册，上海人民出版社，1982 年，第 486 页。

等等。

3.发展交通运输业。李提摩太认为交通运输对工商业、军事的发展有重大影响，"军粮藉路以速运，商贾因路以利行"[1]，"矿产虽多，无路以通之，则有矿与无矿等"[2]，"遍国之道途犹周身之血管，不流通则病，途有阻隔则疾矣"[3]。其中铁路是中国当务之急的大事，"铁路犹如人身血脉，流通手足灵捷，猝遇意外，呼吸之顷，臂指相使，四肢并举，自无掣肘之患，其未建铁路者，则如瘫废之人，半体不遂、举动不灵，横逆之乘无可相助，亦惟任其侮辱而莫知御也"[4]；水路交通也极为重要，"不特荒歉之年永免斗米千钱之患，即遇粒米狼戾之乐岁，货或恶其弃于地者，皆赖以源源转运，不致有太仓红朽之虞"[5]，可以达到"转东南之米粟，济西北之仓储"[6]的效果；邮政事业也是利国利民，"盖无信局则远近诸货之价，不能预知而为之备。倘商人自命善走者侦探，

---

① 〔英〕李提摩太：《求儒救民说》，于宝轩编《皇朝蓄艾文编》，上海官书局印，1903年，第285页。

② 〔英〕李提摩太：《求儒救民说》，于宝轩编《皇朝蓄艾文编》，上海官书局印，1903年，第286页。

③ 〔英〕李提摩太：《近事要务》，《万国公报》第668卷，1881年12月，第8615页。

④ 〔英〕李提摩太：《铁路侵路说》，麦仲华辑《皇朝经世文新编》卷十三上，台北文海出版社，1987年，第8页。

⑤ 〔英〕李提摩太：《拟广学以广利源议》，《万国公报》复刊第63卷，1894年4月，第14322页。

⑥ 〔英〕李提摩太：《求儒救民说》，于宝轩编《皇朝蓄艾文编》，上海官书局印，1903年，第285页。

则所费较信局多三百倍，故国家代立信局，以便各商之通信焉。每函无论远近只费英金一辨（便）士，约合华钱二十文，省何如之！商人既省，则信件必多，而信局且亦获利"①。

4. 发展军事。李提摩太针对"海禁大开、藩篱尽撤、彼西人之环而相伺者何难长驱直入"②的情况，强调中国应该整顿军队，发展军事。首先提高官兵素质，广开军事学堂以"合中西文武之事而并习之"③，选择优秀的士兵为军官。其次，重视武器的精良，"兵不自强，善其事必先利其器"④，"强兵之要，首在理财，克敌之功，尤资利器"⑤，在引进外国先进武器的同时，要努力自造，"今国家整军经武，凡所用船械，必须自行制造，始可操纵自如。若一一仰给于人，购诸外国，偏一朝有事，局外之国或谨守公法，不肯出售；或敌国行贿反间绝其来源，只奋空拳，何能御敌"⑥；再次，重视练兵，改用西法操练军队，会同中国良将训练海陆各军，"夫兵可

① 〔英〕李提摩太：《转移积患养民说略》，夏东元编《郑观应集》上册，上海人民出版社，1982年，第485页。

② 〔英〕李提摩太：《论水师四》，于宝轩编《皇朝蓄艾文编》，上海官书局印，1903年，第3269页。

③ 〔英〕李提摩太：《说兵》，《时事新论》卷十，广学会1898年。

④ 〔英〕李提摩太：《论水师二》，于宝轩编《皇朝蓄艾文编》，上海官书局印，1903年，第3264页。

⑤ 〔英〕李提摩太：《论水师二》，于宝轩编《皇朝蓄艾文编》，上海官书局印，1903年，第3266页。

⑥ 〔英〕李提摩太：《论水师二》，于宝轩编《皇朝蓄艾文编》，上海官书局印，1903年，第3268页。

百年不用，不可一日而不备"①。

李提摩太还将上述改革设想在《新政策》一文中归结为"教民之法""养民之法""安民之法""新民之法"。"教民之法"即要求中国朝野"能通中西各国之情，并通本国上下之情"，具体有八条："将世界各国政教情况如实地告诉皇帝、选派王公大臣到各国游学、派遣京官及各省督抚子弟出洋读书、选派翰林、知县等官出洋分门学习、立报馆、译西书、建书院、增科目"。"养民之法"有十条：通道路、捷音书、开矿产、垦荒田、劝工作、造机器、开银行、铸银圆、保商贾、刻报单。"安民之法"即和外保内。所谓"和外"，就是要和外国搞好关系，参加万国太平会，联合实力强的国家商议和睦之法、化偏私。所谓"保内"，就是要使士农工商各遂其生，各安其业，要保护、资助、奖励发明创造。"新民之法"就是通过教化改变中国人深恨外人的观念，提出中国人应该多读西书，多阅西报，"借用他国之人，而派本国大臣与之合办，行之十余年，华人一切熟谙，然后自行经理"②。

《新政策》一文还指出中国战败是由于"二三愚人不学泰西养民之妙法，只讲西国枪炮之势力"，"欲使万国举安，必须安中国。今日中国之要事，莫亟于养民，养民之要事，

---

① 〔英〕李提摩太：《论水师二》，于宝轩编《皇朝蓄艾文编》，上海官书局印，1903年，第3266页。
② 参见亓顺美：《李提摩太的中国观（1891—1911）》，山东师范大学硕士学位论文，第42—44页。

莫亟于新政……必须罗致各国至明至正之通才，以广行各国已行已验之良法。不及二十载，中国之大富大强，蒸蒸然日兴，隆隆然日上，巍然焕然，为四海万邦一首国"①。在文末，李提摩太强烈呼吁变法维新，他指出中国在二十年前就该推行上述新政，"延至今日，事机已迫，受害已深，果能迅速举行，中国尚有得半之望，倘再迁延贻误，窃恐燎原之火，立见焦糜，滔天之流，即时昏垫，无穷大祸，尽在目前"②。该文首发在1896年4月《万国公报》第87册上，后由广学会单独刊行，此时正值《马关条约》签订和"公车上书"爆发之后，中国维新思想已经发展成为一场政治运动之际，李提摩太通过研究中国现状，仿效西方经验，为中国制定了维新改良的纲领性文件。不可否认，该文试图通过已经设计好的维新方式，将中国变成英、美等国共管的殖民地，一些方案和主张具有浓厚的殖民主义色彩。但在全国上下强烈要求图存自强的震聋发聩的呼声中，该文提出的主张和方案，由于前所未闻，很容易被激进的中国士人接受和肯定，并有意识或无意识地将其视为改造国家的样板蓝图。

---

① 〔英〕李提摩太：《新政策》，载《万国公报》第87册，台湾华文书局1968年影印合订本，第25本，第15936页。

② 〔英〕李提摩太：《新政策》，载《万国公报》第87册，台湾华文书局1968年影印合订本，第25本，第15945页。

第二节　李提摩太与戊戌变法

一、对维新派的思想启蒙

李提摩太所宣传的西学和所提出的系统改革中国社会的思想，顺应了甲午战后中国知识分子"唯有效西法而改旧制，才能富国强兵，抵御外侮"的呼声，也必然推动着中国知识界人士的觉醒。他曾公开表态要把《万国公报》办成一份维新运动的刊物，以散播传教士们的"维新"主张："我们认为一个彻底的中国维新运动，只能在一个新的道德和新的宗教基础上进行。除非有一个道德的基础，任何维新运动都不可能牢靠和持久。每一个与广学会有关的人士，他的最大目标就是推广基督教文明，只有耶稣基督才能提供给中国所需要的这个新道德的动力。"[①]1889年2月，强学会出版《时论新编》，就收录了31篇李提摩太的文章，仅次于44篇的梁启超和38篇的康有为。维新派成员甚至还向李鸿章建议，将《万国公报》辟为政府的机关报，按期发行，发行量为

---

① 《广学会50周年纪念特刊》，第99页。

李提摩太与山西大学堂

一万份。^① 对此，范文澜在《中国近代史》书稿中断言："变法成为一个运动，《万国公报》是有力的推动者"^②。美国学者费正清说："维新派成立维新团体和利用刊物以唤醒国人，如果不是受传教士榜样的直接鼓励，至少也是受他们的强烈影响"^③。施宣圆也认为："维新派想说而又不敢说的话，由李提摩太主持编译的西书代而言之，维新派欲做而又不敢做的计划，由李提摩太公诸于世"^④。此时段的李提摩太已然充当了变法启蒙者的历史角色，他的诸项活动和中国社会发展的方向在甲午战后汇聚到一点，当时大多数人都广泛认可："这个事业选中了这个人，这个人选中了这个事业"^⑤。

康有为在接受香港《中国邮报》采访时说，"我信仰维新，主要归于两位传教士，李提摩太牧师和林乐知牧师的著作"。^⑥他在自传中道："好浏览西学译本，凡上海广学会出版之书报，莫不尽量购取"。^⑦康有为的变法主张受到李提摩太改革思想

①〔英〕李提摩太著：《亲历晚清四十五年：李提摩太在华回忆录》，李宪堂，侯林莉译，天津：天津人民出版社，2005年5月，第233—234页。

②范文澜：《中国近代史》上册，人民出版社，1962年，第296页。

③〔美〕费正清：《剑桥中国晚清史》（上卷），中国社会科学出版社，1993年，第624—649页.

④施宣圆：《李提摩太与戊戌变法》，《复旦学报》（社会科学版），1988年第4期。

⑤〔美〕杰西·格·卢茨著：《中国教会大学史》，曾钜生译，浙江教育出版社，1988年，第39页。

⑥转引自王立新：《美国传教士与晚清中国现代化》，天津人民出版社，2008年，第241页。

⑦冯自由：《革命逸史》（戊戌变法第4册），《中国近代史资料丛刊》，上海人民出版社，2000年，第240页。

的影响非常明显。他在《公车上书》中提出的富国之策[①]、养民之法[②]、教民之法[③]、惠商之法[④]和李提摩太在《救世教益》一文中列举的西国养民新法二十一条[⑤]大致相同，尤其是惠商之法中的"令各直省设立商会、商学、比较厂"，大致就是直接摘录李提摩太的言论。李提摩太看了康有为的变法计划，亦曾感慨："无怪乎他来拜访我，因为我们有这么多共同点。"[⑥]

梁启超亦深受李提摩太改革思想的熏陶与潜移默化。梁氏曾高度评价："欲知各国近今情况，则制造局所译《西国近事汇编》最可读，癸未、甲申间，西人教会始创《万国公报》；通论中国时局之书，最先者林乐知之《东方时局略论》《中西关系略论》。近李提摩太之《时事新论》《西铎》《新政策》，言论多有可采……西史之属，其专史有《大英国志》《俄史辑译》《米利坚志》《联邦志略》等，通史有《万国史记》《万国通鉴》等。《泰西新史揽要》述百年来欧美各国变法自强之迹，西史中最佳之书也。"[⑦]梁启超在《西学书目表》中所列西政

---

① 即钞法、铁路、机器轮舟、开矿、铸银、邮政。
② 即务农，劝工，惠商，恤穷。
③ 兴办西式学校，开设报馆，鼓励游学等。
④ "令各直省设立商会、商学、比较厂"，宜译外国商学之书，选人学习，遍教直省，知识乃开，然后可收外国利等。
⑤ 其中包括造机器、修铁路、设信局报馆、通商、新学、开矿、行钞法等内容。
⑥〔英〕苏慧廉：《李提摩太在中国》，关志远等译，桂林：广西师范大学出版社，2007年12月，第205页。
⑦ 梁启超：《读西学书法》，中国史学会主编《戊戌变法》（一），上海人民出版社，1957年，第455—456页。

诸书42种，其中英美传教士著作30种，而李提摩太的著作高达6种，分别是《泰西新史揽要》《天下五大洲各国志要》《列国变通兴盛记》《农政新法》《新政策》《欧洲八大帝王传》。

谭嗣同读李提摩太《中国失地失人失财论》一文后，则"深有感触，变法之志更加坚定"。他说："英教士李提摩太者，著《中国失地失人失财之论》，其略曰'西北边地，为俄国陆续侵占者，可方六千里，此失地也；中国五十年前，人民已四百二十兆口，以西法养民之政计之，每岁生死相抵外，百人中可多一人，然至今初无增益也，此失人也；而知之者千无一人也，又以西法阜财之政计，每岁五口之家，可共生利一铤，然中国日贫一日也，此失财也，而知之者竟无其人也。审是，则中国尚得谓有士乎？谭嗣同深有痛于此，常耿耿不能下脐……经此创巨痛深，乃始屏弃一切，专精致思，当馈而忘事，即寝而复兴……因有见于大化之所趋，风气之所积，非守文因旧所能挽回，而必变法始能复古。"[1] 他的一些具体变法主张也多来自李提摩太，如其"通商者，相仁之道也，两立之道也，客顾立，主亦利也。西人商于中国，以其货物仁我，亦欲购我之货物以仁彼也"[2] 的互惠通商思想，就和李提摩太"西人之通商于中华者，固曰为牟利来也，然而以有

① 蔡尚思、方行编：《谭嗣同全集》上册，中华书局，1981年，第226—227页。
② 谭嗣同：《谭嗣同全集》，三联书店，1954年，第44页。

易无，以慕补不足，中华亦何尝不利"①的论调可谓异曲同工。

二、游说政府官员，获取变法支持

除了联络维新派，李提摩太还把培植与中国高官的私人关系作为促进改革的有效方法，利用友谊向他们提出变法意见，尝试进入权贵构建的话语体系，减轻改革的阻力。

《马关条约》签订前后，李提摩太曾三次拜访张之洞。第一次是 1895 年 2 月 5 日，当时张于南京任两江总督，二人交换了对时局的看法，李提摩太提出五项建议："一曰速和日本。二曰今岁必增西学课程，嗣后大小课程，凡不知西学之士子，无论其于中华文理若何，悉屏诸孙山之外。三曰广筑铁路，即马路车路，创立邮政局，遍兴各种新工作均与绅商合办，毋俾隔膜而阻挠。四曰京师阁、部、府、院、寺、监等，外省督、抚、提、镇各衙口，各宜聘一声望素著之西人奉为莲幕上宾，遇有重大事件，必就商之。以视他国妄思强派人员，分别监视，不啻削华官之权者，相去天渊矣。然查西例，遇有一国办理内治外交，不免伤碍他国者，恒有强派人员，往为代治之事，非独苛求于中国也。五曰凡华人久居外洋，并熟谙西法者，亟宜分别录用，力矫昔年外视通才

---

① 〔英〕李提摩太：《泰西新史揽要·序》，见《泰西新史揽要》，上海书店出版社，2002 年。

之弊。"① 第二次会谈是在一周后，张之洞虽然否决了李提摩太提出的"中国授权一强国"的方案，但尤为赞同在不超过十年的时间里，与某个国家结成互惠互利的盟友关系，以便进一步获取修筑铁路、开采矿山和引进工业等收益权。② 李提摩太借请张之洞为他的译作《泰西新史揽要》作序之机，与其进行第三次会谈，向其提交了中国应对甲午战争的方案。张之洞给总理衙门和李鸿章各发了一封电报呈报了该方案。③

9 月 24 日李提摩太又拜访了李鸿章，直接向他提出改革的建议：派遣一百名翰林、十名皇室亲贵去国外考察学习；对所有秀才实施外国式教育；定期在北京举办讲座，讲解当今世界的主题和重大事件；开发资源增加财政收入。④ 李鸿章表示认同，但也指出，面对强大的保守势力，任何改革必须小心翼翼。因为大部分居高位的人都具有排外情绪，他提议李提摩太应该拜访皇帝近臣翁同龢，并就如何拜访提出了建议。

10 月 12 日，在李鸿章的建议下，李提摩太与帝师孙家鼐进行了一个多小时的谈话。孙家鼐告诉李提摩太，有两个月

① 〔英〕李提摩太：《西铎》（一），转引自丁则良：《李提摩太——一个典型的为帝国主义服务的传教士》，开明书店，1951 年 11 月，第 18 页。
② 〔英〕李提摩太：《亲历晚清四十五年——李提摩太在华回忆录》，李宪堂，侯林莉译，天津：天津人民出版社，2005 年 5 月，219 页。
③ 林乐知译：《中东战纪本末》，转引自顾长声：《从马礼逊到司徒雷登——来华新教传教士评传》，上海人民出版社，1985 年，第 341 页。
④ 〔英〕李提摩太：《亲历晚清四十五年——李提摩太在华回忆录》，李宪堂，侯林莉译，天津：天津人民出版社，2005 年 5 月，第 226 页。

的时间，他每天都为皇上读李提摩太翻译的麦肯齐的《泰西新史揽要》，后还推荐李提摩太担任京师大学堂的校长。①

12 月 3 日，李提摩太受到张荫桓的邀请进行会谈，讨论了维新派、革命党与教案的关系，并对朝中弊病进行了剖析：清政府之所以衰弱，主要是恭亲王的多病和翁同龢对外事的无知。御史们的权力很大，他们是朝廷威慑群臣的有力工具。大臣中通晓外国事务的人没有几个，真正有作为的也是寥寥无几。②

李提摩太还两次与帝师翁同龢会谈。第一次是 10 月 26 日，李提摩太专程拜访帝师翁同龢，翁同龢将其领进了与总理衙门同属一所建筑的同文馆的一间房子里秘密会谈，他请李提摩太准备一个折子，"思考一下在这危急存亡的关头，中国最急需进行的改革是什么"③。第二次是 1896 年 2 月 24 日，李提摩太离开北京的前一天，翁同龢亲来拜访，李提摩太颇为吃惊："这是空前的举动，此前没有一位中国的总理大臣曾拜访过传教士的住处。"翁同龢在对朝廷没有颁发关于基督教的布政令表示遗憾后，就请李提摩太帮助强学会，"因

---

① 〔英〕李提摩太：《亲历晚清四十五年——李提摩太在华回忆录》，李宪堂，侯林莉译，天津：天津人民出版社，2005 年，第 239 页。

② 〔英〕李提摩太：《亲历晚清四十五年——李提摩太在华回忆录》，李宪堂，侯林莉译，天津：天津人民出版社，2005 年，第 239 页。

③ 〔英〕李提摩太：《亲历晚清四十五年——李提摩太在华回忆录》，李宪堂，侯林莉译，天津：天津人民出版社，2005 年，第 228 页。

为政府打算恢复它的合法地位"①。李提摩太则进一步建议强学会应该对中国社会做些切实有用的事情。②两次会谈后，翁同龢已然将其视为"挚友"，李提摩太回忆道："他离开后不久，派人送来了四匹丝绸，还有让我路上吃的八盒点心。这些，加上孙家鼐送我的一对花瓶，我倍加珍惜，因为它们是友情的标志。"③

三、献计献策，积极参与维新变法

李提摩太对维新派非常重视，曾明确表示："要把这批人作为我们的学生，我们将把有关对中国最重要的知识系统地教给他们，直到教他们懂得有必要为他们苦难的国家采用更好的方法为止"④。1895年5月2日，康有为在北京发动了第一次公车上书，李提摩太闻讯后即北上，决定改变原来的幕后鼓吹，直接参加到变法活动中去。

1. 直接与维新派人士会面，共商变法大计

李提摩太到北京后，对康有为的《上皇帝书》公开赞叹："余甚惊异，凡余从前所有之建议几尽归纳晶结，若惊奇之

---

① 强学会在1896年1月因为有人告发被朝廷勒令查封，但是因为皇帝和翁同龢的支持，2月又重新恢复活动。

② 〔英〕李提摩太：《亲历晚清四十五年——李提摩太在华回忆录》，李宪堂，侯林莉译，天津：天津人民出版社，2005年5月，241页。

③ 〔英〕李提摩太：《亲历晚清四十五年——李提摩太在华回忆录》，李宪堂，侯林莉译，天津：天津人民出版社，2005年5月，241页。

④ 《中国基督教差会指南》，1896年，第308页。

小指南针焉。吾人之目的相同，宜其亲来访谈"①，已然将其视为同道中人。10月17日，康有为就亲到寓所拜会李提摩太，李提摩太"立即跑出去"②，还在回忆录中详细叙述了这次重要会面："他（康有为）的名片被送到我的面前。在会客室里，我见到了这位身穿黄色丝绸马褂的、蜚声遐迩的学者……他告诉我，他信仰在我们出版物中所启示的上帝那父亲般的爱，以及不同民族间兄弟一样的情意。他希望在追求中国复兴的工作中与我们相互协作"③。此次会面后，李提摩太与维新派交往变得十分频繁。经康有为介绍，李提摩太聘请梁启超作为自己在北京期间的临时秘书，"一直协助工作"。他夸奖梁是康有为最有才气的学生。④康有为也经常向其咨询"改革的方式方法问题"⑤。李提摩太已然成了维新派推行新政的"老师"和顾问。

2.帮助维新派广集社、立团体、办报刊，扩大新政影响

在北京强学会成立后，李提摩太不仅带领李佳白、白礼

---

①〔英〕李提摩太：《亲历晚清四十五年——李提摩太在华回忆录》，李宪堂、侯林莉译，天津：天津人民出版社，2005年5月，第228页。

②〔英〕苏慧廉：《李提摩太在中国》，关志远等译，桂林：广西师范大学出版社，2007年12月，第204页。

③〔英〕李提摩太：《亲历晚清四十五年——李提摩太在华回忆录》，李宪堂、侯林莉译，天津：天津人民出版社，2005年5月，第234页。

④〔英〕李提摩太：《亲历晚清四十五年——李提摩太在华回忆录》，李宪堂、侯林莉译，天津：天津人民出版社，2005年5月，第235页。

⑤〔英〕李提摩太：《亲历晚清四十五年——李提摩太在华回忆录》，李宪堂、侯林莉译，天津：天津人民出版社，2005年5月，第245页。

仁等传教士积极入会，还帮忙修改学会的章程，建议将机关刊物《万国公报》易名为《中外纪闻》，经常参加学会的各类聚会。据回忆，"毕德格先生和我经常被强学会的成员邀请参加他们的聚会，我们也回请他们。在每一次聚会中，人们演讲的内容都是中国的改革问题，在接下来的改革派最感兴趣的讨论中也是如此。他们邀请我在北京多住几个月，以便就如何推进改革随时向他们提出建议"①。当强学会被顽固派关停后，在李提摩太的建议和帮助下，康有为于 1898 年在北京成立了"粤学会"，杨锐组织了"蜀学会"，林旭组织了"闽学会"，杨深秀建立了"陕学会"。由于李提摩太的启迪和促进，各种宣传维新观点的报纸如雨后春笋般纷纷破土而出，有《时务报》《知新报》《广仁报》《新学报》《译书公会报》《国闻报》《渝报》《蜀学报》，等等。② 李提摩太无不欣喜地说："这个时期大有希望的另一个迹象是报纸的突然增多：在三年之内，由十九家增加到七十家。"③ 为了防止顽固派的扼杀，维新派甚至还打出《万国公报》的旗号。对此，李提摩太曾回忆道："知道广学会的月刊《万国公报》多年以来在高级官员之间广为流传，从未遭到过反对，他们便用完全

---

① 〔英〕李提摩太：《亲历晚清四十五年——李提摩太在华回忆录》，李宪堂，侯林莉译，天津：天津人民出版社，2005 年 5 月，第 235 页。
② 施宣圆：《李提摩太与戊戌变法》，《复旦学报》（社会科学版），1988 年第 4 期。
③ 〔英〕李提摩太：《亲历晚清四十五年——李提摩太在华回忆录》，李宪堂，侯林莉译，天津：天津人民出版社，2005 年 5 月，第 243 页。

相同的名字命名他们的报纸。"①

3.周旋各派，为维新派提供情报，减少阻力，争取支持

维新运动期间，李提摩太经常利用传教士的特殊身份，以及自己的私人友谊为维新派多方筹谋。当看到强学会因为李鸿章签订《马关条约》而拒绝其入会，且时常被痛骂时，李提摩太就多次亲自登门向李鸿章解释，并要李鸿章劝说光绪皇帝接受维新派的建议，速下决心，推行新政。事实证明李鸿章后来对变法也助力不少：不仅经常将慈禧、光绪对维新派人士的态度透露给他，且给他推荐了多位实力派人物，如前所述的翁同龢、张荫桓等。李提摩太还极力促成维新派与"帝党"结合。他一方面率领一批有声望的传教士和有见识的西人参加强学会的各种活动，以壮大其声势，吸引"帝党"关注；另一方面游说于"帝党"与维新派之间，陈述利害关系，使"帝党"认识到，为了自己生存和发展，只有联合维新。维新派也认识到，为了促使光绪帝推行变法,只有依援"帝党"。由于维新派与"帝党"的紧密结合，不仅扩大了维新变法运动的社会影响，同时，也使地位低下的康有为及其一班维新志士声名随之鹊起。②当李提摩太从李鸿章处得知慈禧对维新派活动不满情绪日增的消息后，便及时向康有为、梁启超等

第四章 改革理想：李提摩太与中国政治改革

①〔英〕李提摩太：《亲历晚清四十五年——李提摩太在华回忆录》，李宪堂、侯林莉译，天津：天津人民出版社，2005年5月，第234页。
②张伟良等：《试论李提摩太在戊戌变法中的作用和影响》，《清华大学学报（哲学社会科学版）》，1998年第3期。

人发出告诫，规劝他们不仅要着眼于光绪，也要做慈禧的工作，以减少推行新政的阻力。同时，李提摩太还斡旋于各国驻华公使之间，请求他们支持中国的维新变法。英国驻华公使在李提摩太的游说下公开表示：一旦新法颁布，英国政府将表示支持，美国、日本、法国等政府驻华公使也持同样的态度。①

4. 拟就变法措施，鼓动光绪帝速下变法决心

应翁同龢的要求，李提摩太将其改革中国的建议拟定出一份详细的改革方案。该方案序言直陈中国命运已然生死攸关，必须要做四项改革。那就是教育改革、经济改革、国内安定与国际和平、精神的更新。具体措施如下：（1）皇帝聘请两名外国顾问；（2）成立由八位大臣组成的内阁，其中满人与汉人占一半，通晓世界大势的外国人占一半；（3）立即进行货币改革，奠立坚实的财政基础；（4）立即兴建铁路，开采矿山，开办工厂；（5）成立教育委员会，在全国广泛引进西方现代学校及专门学院；（6）成立处理信息的通讯社，由外国有经验的新闻工作者培训中国的编辑记者，以启蒙社会大众；（7）为保卫国家安全，训练足够的新式陆海军。②

我们不难看出这些改革条陈已然突破了洋务时期"师夷长技"的范畴，不再局限于器物方面的改革，而是一份涉及

---

① 施宣圆：《李提摩太与戊戌变法》，《复旦学报》（社会科学版），1988年第4期。

② 〔英〕李提摩太：《亲历晚清四十五年——李提摩太在华回忆录》，李宪堂、侯林莉译，天津：天津人民出版社，2005年5月，第237页。

经济、政治、军事、教育和思想文化的全面向西方学习的改革计划，可谓是当时国内能够拿出来的最完整最系统的改革书。该计划除了聘请外国人没有完全兑现外，其余各项措施日后都变成了光绪帝颁发全国的上谕。据李提摩太回忆录叙述，这份改革方案"由翁同龢上交给光绪帝，得到了他的首肯。不久就被发表在广学会的报纸上"①。光绪帝还打算于9月23日接见李提摩太等人。无疑，正是他所宣传的西学知识和鼓励社会变革的思想契合了积极求变的一批中国人的所求，才得以对晚清政局产生如此重大的影响。孙家鼐就曾告诉李提摩太，有两个月的时间，他每天都为皇上读李提摩太翻译的麦肯齐的《泰西新史揽要》。②据此，施宣圆认为："李提摩太的这一举动，在一定程度上促进了光绪帝决心冲破顽固派的阻拦，加快了维新变法的步伐。"③

四、挽救变法失败的危机

在维新派的强烈要求和李提摩太的积极推动下，光绪皇帝"毅然有改革之志矣"④，于是在1898年6月颁布了"明

---

① 〔英〕李提摩太：《亲历晚清四十五年——李提摩太在华回忆录》，李宪堂，侯林莉译，天津：天津人民出版社，2005年5月，第237页。

② 〔英〕李提摩太：《亲历晚清四十五年——李提摩太在华回忆录》，李宪堂，侯林莉译，天津：天津人民出版社，2005年5月，第239页。

③ 施宣圆：《李提摩太与戊戌变法》，《复旦学报（社会科学版）》，1988年第4期。

④ 梁启超：《戊戌政变记（外一种）》，上海古籍出版社，2014年，第4页。

李提摩太与山西大学堂

定国是"诏宣布变法。李提摩太一方面甚为激动，称该诏书"令人吃惊""不同凡响"，并在自己的回忆录中记下了百日维新期间皇帝的一系列变法诏令的主要内容，^①受康有为邀请担任顾问大臣，准备光绪皇帝接见的事。但另一方面，他也敏锐地感觉到虽然慈禧太后应允颁发诏书，但却暗中掣肘，隐藏杀机。他曾不断告诫维新派不要操之过急，"特别要他的维新派朋友们记住，有必要把变法的影响施加在慈禧太后身上"^②，争取获得慈禧太后和那些守旧派官僚的赞同和参加。

伴随着变法步子的不断加大，帝党、后党矛盾也日益激化。慈禧太后决定废黜光绪帝，另立新君。仓皇之下，维新派一边上书光绪皇帝，要求召见并重用和擢拔握有兵权的袁世凯，以对抗荣禄；一边修书给远在上海的李提摩太，要他火速进京，商议挽救变法的良策；另一边上书光绪帝，要他正式聘请李提摩太和伊藤博文为顾问大臣，以便通过他们的特殊身份，取得各国驻华公使的支持。据程淯记载："时景皇帝（光绪）欲开懋勤殿，拜李君为顾问大臣。戊戌七月二十四日，李君与余（自沪）航海北行，月杪至京。"^③光绪帝很快批准了。李提摩太迅速北上，1898年9月第二次抵达北京。光绪帝根

---

①〔英〕李提摩太：《亲历晚清四十五年——李提摩太在华回忆录》，李宪堂、侯林莉译，天津：天津人民出版社，2005年5月，第243—244页。

②参阅《康有为给李提摩太的信》，王崇武：《戊戌变法与英帝国主义》，载《历史教学》，1953年第6期。

③王崇武：《戊戌变法与英帝国主义》，载《历史教学》，1953年第6期。

据维新派的建议，决定在八月初五（9月20日）召见李提摩太，并拟请他和伊藤博文同为顾问大臣。此举使帝、后两党的斗争进入白热化阶段，慈禧太后决定发动政变。急转直下的政局使得李提摩太来不及失望，旋即投入挽救变法、拯救光绪帝和维新派的活动中，群龙无首情势下，李提摩太已然成了挽救变法的中枢力量。

第一，直接与康有为会面，共商挽救之策。李提摩太到京后，得知袁世凯出尔反尔不能举兵挽救变法，于3月19日上午9时，应康有为的要求，在其寓所与其紧急会面。会面中康有为请求帮助："现在中国真是大难临头了，唯一的希望是贵国政府能够保护我们。"[1]"热切地请求英国政府拯救光绪帝，因为光绪帝已经没有保护他自己的力量了。"李提摩太向康有为保证说他"可以向英政府说项，取得英国的支持"。[2]为此，李提摩太专程去天津求见英国公使窦纳乐，但是由于窦纳乐已于前几日到北戴河避暑，未果。

第二，帮助康有为逃离清政府追捕。在动员袁世凯举兵无望、求助英国驻华公使出面保护未果的情况下，李提摩太劝说康有为离开北京。康有为于戊戌政变的前一天——9月20日乘火车离开北京。21日自天津搭英国太古公司的"重庆"

---

① 参阅《康有为给李提摩太的信》，王崇武：《戊戌变法与英帝国主义》，载《历史教学》，1953年第6期。

② 参见张伟良、姜向文、林全民：《试论李提摩太在戊戌变法中的作用和影响》，《清华大学学报（哲学社会科学版）》，1998年第3期，第30页。

号客轮取道烟台赴上海。慈禧太后对其展开捕杀，一面向烟台、上海的地方官发出密旨，诬称康有为欲进毒丸杀害皇帝，事败南逃，要求他们捕捉康有为，"就地正法"。同时，又急电天津的荣禄派"飞鹰"号快艇从天津飞速追赶"重庆"号，逮捕康有为。李提摩太在北京得知慈禧太后的阴谋后，立即发电报给英国驻上海的代理总领事白利南，请求他设法营救康有为。同时考虑到"康有为是无罪的。西太后的重新当政是一种退步，且对沙俄有利……避免政治犯康有为倘若在英国船上或上海租界被中国官员捕获而可能引起的困难问题"①等因素，白利南在接到上海道台蔡钧要求准许他派人搜捕自天津开来的英国轮船的照会时，直接予以拒绝，并在征得英国政府的同意后，于24日清晨派员乘驳船前往吴淞口迎接"重庆"号，将康有为直接转到停泊在吴淞口外英国轮船公司的"琶理瑞"轮上，康有为得以逃脱清政府的追捕。②

第三，奔走呼号，营救光绪皇帝。9月23日，李提摩太冒着危险与梁启超、谭嗣同等秘密会面，"一起讨论保护皇帝的办法和措施"③，次日，他又在其寓所内举行秘密会议，继续商讨营救光绪帝的方案。关于营救的方案，李提摩太在

---

① 王崇武译：《窦纳乐致英国外交大臣信》，见《戊戌变法资料》（三），中国史学会主编：《中国近代史资料丛刊戊戌变法3》，第528页。

② 参见张伟良、姜向文、林全民：《试论李提摩太在戊戌变法中的作用和影响》，《清华大学学报（哲学社会科学版）》，1998年第3期，第31页。

③〔英〕李提摩太：《亲历晚清四十五年——李提摩太在华回忆录》，李宪堂、侯林莉译，天津：天津人民出版社，2005年5月，第247页。

其《亲历晚清四十五年》中记述如下："我们决定让容闳前去拜访美国公使，因为他已是美国公民，梁启超去日本公使处，而我本人则去会见英国公使：劝说他们立即采取行动，保护皇帝。但不幸的是，美国公使去了山区；英国公使则正在北戴河。"① 李提摩太还专程赶去天津，为求与英国公使会面，"请求他尽最大努力，拯救皇帝和被追捕的改革者的生命"②。

对于戊戌变法，李提摩太可以说"能够做到的都做了"③，变法最终还是失败了。他对于六君子的遇害表示了深切同情与哀思。他写道："9月28日，有六人未经审讯即被处以死刑，其中最值得一提的是谭嗣同……最年轻的是林旭，只有二十六岁……谭嗣同……毫无畏惧地慷慨陈词：'我愿意流血而死，如果我的国家能够得救。但是……'他向法官高呼，'今天死去的每个人身后，都会有一千个后来者继起，继续我们的改革事业，继续忠于皇上，反对篡夺！'……林旭的未婚妻听到他被处死的消息后，立即自杀身亡"。④

变法虽然没有成功，但李提摩太系统的改革思想、巨大的社会威望、卓越的社会活动能力，及其坚定执着、沉稳干

①〔英〕李提摩太：《亲历晚清四十五年——李提摩太在华回忆录》，李宪堂，侯林莉译，天津：天津人民出版社，2005年5月，第247页。

②〔英〕李提摩太：《亲历晚清四十五年——李提摩太在华回忆录》，李宪堂，侯林莉译，天津：天津人民出版社，2005年5月，第248页。

③章开沅，罗福惠，严昌洪：《辛亥革命史资料新编》第1卷，武汉：湖北人民出版社，2006年，第165页。

④〔英〕李提摩太：《亲历晚清四十五年——李提摩太在华回忆录》，李宪堂，侯林莉译，天津：天津人民出版社，2005年5月，第248页。

练、富有同情心的性格在中国政治舞台上得到了充分展示。谭嗣同就曾对李提摩太说过："如果你的建议被采纳，事业可能会成功"。① 可以说"这个时期，传教士对中国的影响达到顶点"②。李提摩太已然成为戊戌变法的"有力推动者"之一。范文澜认为：外国传教士用"汉文字著书介绍西学，改变了一部分士大夫轻视异教的成见。会中出书范围广泛，外国历史及办学校新法影响尤大。如《泰西新史揽要》（李提摩太译）、《列国变通兴盛记》（李提摩太著，记俄国大彼得、日本明治事特详）、《七国新学备要》（李提摩太著，又名《速兴新学条例》）等书为中国维新派议论变法提供了理论根据。1889年（光绪十五年）广学会发行《万国公报》（月报），林乐知主笔，多载时事论文及中外重大政治法令，变法成为一个运动，《万国公报》是有力的推动者"③。

五、对戊戌变法的反思

李提摩太参与戊戌变法的宗教动机与出发点、落脚点不可谓不是善意的，其对变法的诸多推动效果亦是有目共睹。单纯把他看作一个"热心观众"，他无疑是成功的，认为其

---

①〔英〕苏慧廉：《李提摩太在中国》，关志远等译，广西师范大学出版社，2007年12月，第226页。

②〔美〕费正清：《剑桥中国晚清史》（上卷），中国社会科学出版社，1993年，第643页。

③范文澜：《中国近代史》上册，人民出版社，1962年，第296页。

由于多重身份定位和属性特征，注定在晚清变革中大放光彩，在多元领域推动中国历史的巨轮也无可厚非，他"与达官显宦的交往之多，与各种政治力量的接触之广，对中国政局的影响之大，那是晚清任何传教士都不能相比的"。① 李提摩太已然将变法作为"生命的一个部分"②，作为其宣教工作的一个途径，变法的失败对他而言就是现实理想和终极信仰的双重失败。

变法的骤然失败令李提摩太猝不及防，他将原因归结为中国顽固势力的排外和不与之合作，立即于 10 月份在《万国公报》上撰发《说锢》一文，批判顽固派抱残守缺，不愿意向西方学习，"后世迂儒，徒抱遗经，穷年占毕，无非咀嚼古人之糟粕，凡古人所未言而未行者，无论其于天下益焉否也，皆窃窃然怪之，以为是古所未有也……古意荡然，儒者规于二千年之敝俗，动曰，西洋之法，我中国不常学也，无论其识之陋而不广也……明知西法之有益于生灵，而故为骄矜闪避，视吾民之颠连困苦而莫之动"③。12 月 15 日在给友人的信中他再次批判道："满人拒绝接受基督教的荣光，不愿意邀请友好的外国人的帮助。一些中国高官还出书羞辱外国最

---

① 熊月之：《西学东渐与晚清社会》，上海人民出版社，1994 年，第 587—588 页。

② 〔英〕苏慧廉：《李提摩太在中国》，关志远等译，广西师范大学出版社，2007 年 12 月，第 221 页。

③ 〔英〕李提摩太：《说锢》，载《万国公报》第 117 册，台湾华文书局 1968 年影印合订本，第 8 本，第 18008—18009 页。

优秀的人才。他们希望学习外国的陆军和海军知识，想要开拓思维，目的是打击外国人，将外国人赶出中国。这部分满人和高官的不友好，甚至是仇视所有外国人，使得上帝不可能赐予他们力量。正是这些原则毁掉了中国的大部分人。"①

顽固势力的扼杀已然是戊戌变法失败的主要原因。但在李提摩太这里，对排外情绪的过度批判，把戊戌变法失败的主要原因归咎于排外，虽有一定道理却不免有失偏颇。事实上，排外情绪当时在国人当中都不同程度的存在，甚至包括维新派。后来在广学会举行的第一届年会的总结报告上他又提出了对维新派及其他中国人的批评："康有为虽知新法之善，而恐外人之吞噬，又忧古教之凌夷，于是有保国保教之说。又有一类人，亦虞中国之沦亡，亚洲之败坏，更预悲黄种之辱为奴隶，于是创立保国保种保洲等会，类皆召集徒侣，訾言日出。"②诚如有学者说："当传教士在 19 世纪晚期逐渐走出中世纪余荫变得更现代化，也就是更趋于采取和平手段时，受西潮影响的中国士人却返向前近代的征战精神，逐渐得出中西文化竞争最终是一场'学战'的观念"③。我们不难理解时人对李提摩太"善意"的防范与戒备，毕竟他在华活动恰逢西方殖民扩张的高潮，西方国家对中国的侵略，以及

---

①〔英〕苏慧廉：《李提摩太在中国》，关志远等译，广西师范大学出版社，2007 年 12 月，第 227—228 页。

②顾长声：《传教士与近代中国》，上海人民出版社，2004 年 7 月，第 146 页。

③罗志田：《传教士与近代中西文化竞争》，《历史研究》，1996 年第 6 期。

在华传教士不自觉流露出的"欧洲中心主义"的精神气质都是不争的事实。赫德就曾讥讽他："两人（指李提摩太、李佳白）都是可敬的，但是他们改造中国，更新它的机构制度，简言之，操纵它的政府的思想，是想得太美了"①。

此外，李提摩太在回忆录里还总结了变法失败的以下几个原因：第一，维新派的怯懦。他指出维新派不仅把自己创办的刊物借用《万国公报》之名，并且登载的文章，几乎也都是抄自广学会的报纸，可谓"羞羞答答，半遮半掩"。②第二，帝党的软弱。强学会曾被李鸿章的儿女亲家、御史杨崇伊弹劾而遭封禁，但当帝党追查原因时，李鸿章却"拒绝承认他和强学会的关闭有什么关系"。③由此，他颇为赞同张荫桓的观点："都察院的御史们权力很大，翁同龢也怕他们。他们是朝廷手中的得力工具，其作用就是毁掉那些不受欢迎的官员"。④第三，官吏的无知。李提摩太就曾和张荫桓达成共识：北京中国政府的衰弱，归因于恭亲王的体弱多病和翁同龢对外国事务的蒙昧无知……整个国家懂得外交事务的只有他（指张荫桓）和李鸿章。外务部的所有工作都由他一个操持，其

① 施宣圆：《李提摩太与戊戌变法》，《复旦学报》（社会科学版），1988年第4期。

② 〔英〕李提摩太：《亲历晚清四十五年——李提摩太在华回忆录》，李宪堂，侯林莉译，天津：天津人民出版社，2005年5月，第234页。

③ 〔英〕李提摩太：《亲历晚清四十五年——李提摩太在华回忆录》，李宪堂，侯林莉译，天津：天津人民出版社，2005年5月，第235页。

④ 〔英〕李提摩太：《亲历晚清四十五年——李提摩太在华回忆录》，李宪堂，侯林莉译，天津：天津人民出版社，2005年5月，第239页。

他人不过行尸走肉而已^①。李提摩太还回忆大学士刚毅的话："任何涉及花钱的改革措施，都会被他立刻否决，他会说那是对钱的一种浪费，是劳民伤财。在山西，他同那些将古老的天文学和占星术混杂在一起的术士们打得火热……每当接到为士兵演习买子弹的申请书时，他的回复总是，铅子弹太昂贵了，并命令士兵用土块演习。"由此，李提摩太不得不一再提醒："中国不学习其他国家的方式和方法的危险性……强调了外国人的启发的必要性"。^②第四，满汉官吏的互相嫉视。满族官员认为在朝廷内，"汉人按照自己的意思实行一切，甚至恭亲王、礼亲王都是无足轻重的人"，他们对帝党和维新派极为不满，"抱怨皇帝异想天开的改革方案将把中国引向毁灭。他们请求太后把所有权力抓到自己手里"^③，竟是将一场自上而下的维新运动演绎成一次狭隘的民族(权力)斗争。

---

①〔英〕李提摩太：《亲历晚清四十五年——李提摩太在华回忆录》，李宪堂，侯林莉译，天津：天津人民出版社，2005年5月，第239页。

②〔英〕李提摩太：《亲历晚清四十五年——李提摩太在华回忆录》，李宪堂，侯林莉译，天津：天津人民出版社，2005年5月，第240页。

③〔英〕李提摩太：《亲历晚清四十五年——李提摩太在华回忆录》，李宪堂，侯林莉译，天津：天津人民出版社，2005年5月，第24—245页。

第三节　变法期间李提摩太的宗教理想

一、变法期间的宣教

和宣传西学、提出各种改革思想的"间接传教"方式一样，李提摩太积极参与戊戌变法亦是为了宣教，其最终宗旨是"传播基督教看作最终目的"，其首要要义是"希望以西方科学成就为据来证明基督教文化的优越"来传播福音。① 无论是从童年塑造，还是从英国新教复兴运动社会氛围的成长环境角度来看，宣教目的都是理所应当的。尽管有人高度评价，认为他是"维新派的重要启蒙者"，"变法危机的主要挽救者"②。李虽然拥有诸多身份定位和属性特征，但是其第一属性是英国新教传教士。

"公车上书"后，李提摩太北上抵京，诚然是有感于维新派"所倡导的改革的步骤、方式与广学会的出版物中所提出的非常相似"③，但最主要是为解决前期在湖北、福建等地

---

① 罗志田：《新的崇拜：西潮冲击下近代中国思想权势的转移》，《中华文史论丛》第60—61辑，（1999年9月、12月），第39页。

② 张伟良等：《试论李提摩太在戊戌变法中的作用和影响》，《清华大学学报》（哲学社会科学版），1998年，第13卷第3期。

③〔英〕李提摩太：《亲历晚清四十五年——李提摩太在华回忆录》，李宪堂、侯林莉译，天津：天津人民出版社，2005年5月，第233页。

发生的传教士被杀事件，该时期教案问题愈演愈烈。他向中国政府递交"开放教禁"的请愿书，要求"在北京的上层官僚中开展工作，希望他们能对基督教采取友善态度"①。依照其回忆录，我们不难梳理他第一次入京期间的主要交际活动：1895 年 9 月初起草了一份准备交给皇帝的基督教会声明，请人仔细修改并誊抄；9 月中下旬分别拜访美国人毕德格和李鸿章，希望引荐给负责总理衙门的恭亲王；10 月 12 日，拜会帝师孙家鼐，论及慈禧太后对"经费的挪用，以及由此带来的对海军建设的忽视"②是导致甲午战败的主要原因；10 月 17 日，第一次与康有为会面；10 月 26 日与总理大臣翁同龢会谈，得到其"不对基督教进行干涉"③的口头承诺；10 月 30 日前往总理衙门拜见恭亲王及 7 位大臣，请求成立调查委员会以证明他们的无辜，并"让基督教得到与中国的其他宗教所享有的同样的自由"④；此外，他还拜访了英国、美国和德国公使，递交请愿书；12 月 3 日拜会前任驻美大使，论及广东一所基督教堂的谋反事件；1896 年 2 月 2 日与军机大臣刚毅会谈，建议其劝说慈禧太后支持；2 月 24 日，第二次拜会翁同龢，

---

①〔英〕李提摩太：《亲历晚清四十五年——李提摩太在华回忆录》，李宪堂、侯林莉译，天津：天津人民出版社，2005 年 5 月，第 235 页。

②〔英〕苏慧廉：《李提摩太在中国》，关志远等译，广西师范大学出版社，2007 年 12 月，第 208 页。

③〔英〕苏慧廉：《李提摩太在中国》，关志远等译，广西师范大学出版社，2007 年 12 月，第 198 页。

④〔英〕苏慧廉：《李提摩太在中国》，关志远等译，广西师范大学出版社，2007 年 12 月，第 199 页。

论及对维新派的态度。期间李提摩太虽不乏对变法的奔走呼号，但很明显其主要目的和主要精力是放在争取"开放教禁"之上。并且当翁同龢拒绝了他提议的改革委员会四个外国顾问的名单，只是邀请他一个人担任时，他的考虑是"明摆着这些工作需要四个人的力量，一个人怎么能胜任"，于是"经过深思熟虑，打消了任何进入中国政府任职的念头"，原因如他所说："如果我这样做了，我就会由于太忙而抽不出时间从事传教工作了，而传教事业才是我来中国的目的"。[①]他曾提到："此次北京之行令我感到焦虑不安，因为使命重大，这是试着去帮助改变占人类四分之一的人们的思想，使他们从几千年形成的行为方式改变到对于广大世界而言更美好的一种方式"[②]。

维新浪潮的兴起，以及康有为的拜访则是让他看到了实现其宗教目标的另一种路径。所以对康有为的拜访，令李提摩太真正兴奋之处在于"他（康有为）信仰在我们出版物中所启示的上帝那父亲般的爱，以及不同民族间兄弟一样的情意"[③]。基于此，他对这场变法倾注了极大的希望和热情，认为其就像"巨大冰川的消融，像阿穆尔河（黑龙江）坚冰的破裂，

[①]〔英〕苏慧廉：《李提摩太在中国》，关志远等译，广西师范大学出版社，2007年12月，第207页。

[②]〔英〕苏慧廉：《李提摩太在中国》，关志远等译，广西师范大学出版社，2007年12月，第196页。

[③]〔英〕李提摩太：《亲历晚清四十五年——李提摩太在华回忆录》，李宪堂，侯林莉译，天津：天津人民出版社，2005年5月，第234页。

阻碍水流的巨大冰块被裹挟着，冲进大海"①，将维新派称为"一群聪明的年轻人"，将康有为称为"现代中国的圣人"②，不仅甘当他们的顾问和思想资源，并动用其所有私人关系尽一切可能推动变法进行。为了能全身心支持变法，他曾三次拒绝孙家鼐请其就任京师大学堂校长一职的邀请，认为"以独立身份工作比在政府任职更能对中国有所贡献"③。当受翁同龢之邀为光绪帝拟定变法条陈时，他刻意加上"前言"："上帝对任何民族都不会偏袒。无论东方还是西方，那些遵从天意的民族就繁荣昌盛，而那些不遵从天意的就衰亡"，明确了他拟定改革条陈的"法则"。④

李提摩太为"宣教"而开展的诸多活动，包括参与戊戌变法，自有他宗教意义上的成功之处：不仅使传教士对中国政局的影响力发挥到最大程度，使得官教关系在变法前后进入短暂的蜜月时期⑤，并且在很大程度上将西方的"富"和"强"作为价值评判标准植入中国思想界，使中国人开始承认自己

---

①〔英〕李提摩太：《亲历晚清四十五年——李提摩太在华回忆录》，李宪堂，侯林莉译，天津：天津人民出版社，2005年5月，第242页。

②〔英〕李提摩太：《亲历晚清四十五年——李提摩太在华回忆录》，李宪堂，侯林莉译，天津：天津人民出版社，2005年5月，第233页。

③〔英〕苏慧廉：《李提摩太在中国》，关志远等译，广西师范大学出版社，2007年12月，第208页。

④〔英〕苏慧廉：《李提摩太在中国》，关志远等译，广西师范大学出版社，2007年12月，第206页。

⑤陶飞亚、李强：《晚清国家基督教治理中的官教关系》，《中国社会科学》，2016年3期。

文化低劣，并企图通过学习西方以救亡图存，其"中华归主"的目标似乎就近在咫尺。但实际上对于中国思想界而言，他们向西方学习的目的更多是从民族意识出发，是要"制胜克敌"，最后"驾出西人之上"的①。他们接受李提摩太的改革思想和建议是为了中国传统文化的自救，而不是接受西方的基督教文化。这是与李提摩太完全相反的思想逻辑。恰如谢卫楼在 1877 年就已指出的："经过西方科学教育的异教徒比一般异教徒更难接受福音"②。

对李提摩太而言，戊戌变法的失败，不仅是其改革中国社会现实理想的破产，更是其"中华归主"这一终极信仰的一大挫折。李提摩太是以极大热情投入变法的，但是在具体的参与过程中，他越来越清楚地发现中国人在接受其所传播的西学及其改革建议的同时，并没有接受他所暗中"兜售"的基督教：他在读了康有为写给皇帝的请愿书后就颇为失落地发现其中"缺少了一页内容，那就是关于天主教"③。翁同龢前来造访，李提摩太再次提出宗教宽容问题，并请求"不要区别对待基督徒和非基督徒，而应平等对待所有那些享有中国人权利的人"，翁同龢也只是"对于没能使皇帝颁布针

----

① 郑观应：《西学》，《郑观应集》上册，夏东元编，上海人民出版社，1988年，第 202 页。

② 转引自史静寰：《近代西方传教士在华教育活动的专业化》，《历史研究》，1996 年第 6 期，第 30—31 页。

③〔英〕李提摩太：《亲历晚清四十五年——李提摩太在华回忆录》，李宪堂、侯林莉译，天津：天津人民出版社，2005 年 5 月，第 205 页。

对传教士的上谕一事表达了歉意",重点则和其讨论中国政治改革问题,希望其帮助"维新会"。① 他在与李鸿章会面后,重新审视和认知这位总督,"感到甚为失望",因为李鸿章"并不愿承认基督教会为中国带来了任何好处"。② 如果说变法期间李提摩太还仅是感觉到中国人对其宣教工作的不配合,那么变法失败后,随着保守派官员逐步控制清廷中枢权力,最终酿成了庚子事件,则标志着李提摩太等传教士在华的宣教工作的彻底失败。这不仅指官教关系的空前恶化,更是指中国人在信仰层面上对基督教的抵制,直到 1900 年中国新教徒占总人口比例从未超过 1%,梁启超也曾指出:"耶教之入我国数百年矣,而上流人士从之者稀"③。

二、李提摩太与教案

在近代不平等条约的保护下,外国教会势力在中国急剧膨胀,由传教引发的教案也愈演愈烈,从单纯的民教冲突很快就演变成中外交涉的重大政治事件。为了使民教相安,李提摩太一方面不断在《万国公报》等处发表文章,分析平息教案的必要性和方法,希望引起清政府和社会各界的关注;

---

① 〔英〕苏慧廉:《李提摩太在中国》,关志远等译,广西师范大学出版社,2007 年 12 月,第 209 页。

② 〔英〕苏慧廉:《李提摩太在中国》,关志远等译,广西师范大学出版社,2007 年 12 月,第 210 页。

③ 梁启超:《保教非所以尊孔论》,转引自杨天宏:《基督教与近代中国》,四川人民出版社,1994 年,第 27 页。

另一方面呼吁中国政府官员、联络驻华公使，通过宗教交涉，减少冲突。

1.对"息教案之法"的阐述

李提摩太首先强调民教相安是治国第一要务："政与教相辅相成，政教行于何国，何国则兴。政教不行于何国，何国则衰"。他指出传教士来到中国是因为"乐善不倦之故"，并非奉本国政府的命令，清政府应该效法中国古代帝王，实行宗教自由，使中国官民与传教士自由往来。这样不仅教案可以永久平息，并且教士、教民也会对政府忠心，各国有益于民生的方法也会不断地传入中国。否则教案引发后，"深恐各国自爱其民，自来保护将不知作何光景矣"，"必将有害于国，有害于民"，有损于中外邦交的正常化。

为此，他提出了一系列平息教案的措施：清政府设立保护教会章程；依法禁除《海国图志》《经世文续编》等著作中毁谤教会的言语；中国官民不得视基督教为异端，"无论官民，如愿入教，悉听其便"，不要歧视教民；各地官绅采纳各国教养善法，"凡有益于民者，不分中外，务期和衷商办，相助为理实讲修睦"①；中国官吏应平等对待教内和教外人士，诉讼要坚持公平；邀请传教士协助创办学校，并请传教士辅助在京师建立文部，将泰西各国善法传于中国；在京师设立

---

① 〔英〕李提摩太：《陈管见以息教案疏》，李天纲主编《万国公报文选》，三联书店，1998年，第132—136页。

教务部，各省分设教务局，请耶稣、天主两教教士协办①等。

上述民教相安之法，尤其是要求传教士参与创办学校，参与解决民教冲突，虽只是以"协办"为名，但不免有干涉中国内政之嫌。当然其中也不乏合理之处，如革除毁谤教会的书籍、平等地看待教民等。

2. 宗教自由的交涉

随着教案频繁发生，李提摩太除了撰文呼吁外，还奔波于政府官员之间，希望能够保护基督教在中国的传播，实现宗教传播自由。1884年应英国浸礼会传教士协会来信要求，李提摩太到北京会见新上任的英国公使巴夏礼，报告当前教会和传教士的处境，并根据公使要求，起草了一份"申明希望中国政府如何行动，以便在发生更严重的教案时，英国公使可以依据公告照会中国的总理衙门，使之发布命令，并在全国范围推行"的公告。在此期间，李提摩太还写了一本关于世界各国宗教自由观的小册子，发放给帝国的高级官员阅读，"希望他们结束对宗教问题的无知认识，停止对基督教的攻击和迫害"②。

1890年5月，李提摩太应邀参加第二届基督教入华纪念大会，并为大会撰写文章《论基督传教会与中国政府的关系》。

①〔英〕李提摩太：《议息中国教案新章》，《五洲教案纪略》，广学会，1901年，第123页。

②参见何菊：《传教士与清末民初中国社会变革——李提摩太在华宗教与社会实践研究（1870—1916）》，武汉大学2011级博士论文，第203页。

他指出目前宗教关系很紧张，预言一场针对外国人的迫害即将大规模爆发，并建议立即推举成立一个委员会，上书大清皇帝，说明基督教徒的真实目的，请求皇帝立即采取措施制止对基督教的中伤。经过会议讨论，成立以李提摩太为首的七人① 上书委员会，拟就了要求政府保证宗教自由的请愿书。

1895 年 9 月，李提摩太作为上书委员会的全权代表和沃瑞二人抵京，向总理衙门递交了正式上书皇帝的声明。为了投石问路，李提摩太多次拜访了李鸿章。李鸿章不仅给他剖析了整个国家机构和社会的弊端，还就传教士上书朝廷的举动提出了自己的两点忠告："应该向恭亲王赠送一些李提摩太出版的书；接近翁同龢需要做许多准备工作。"并为之详细规划，据李提摩太回忆："他建议我请总理大臣翁同龢引见，拜会恭亲王；并且见到翁同龢后，要把我以前跟督抚们交往的历史向他讲一讲……你应该给翁同龢写一封信，说明你已经在中国待了多年，曾经参加过赈济灾荒和启蒙民众的工作，因而对中国的情况非常熟悉；并且表示，你有一件非常重要、非常紧急的事情必须当面向他汇报，如果在他有空时，定个时间前去拜访他，你将感到非常荣幸。"② 此次会面，李提摩太还认识了李鸿章的私人秘书——美国人毕德格，从毕德格

①李提摩太、林乐知、阿什莫尔、布劳格特、约翰、穆尔、沃瑞。
②〔英〕李提摩太：《亲历晚清四十五年——李提摩太在华回忆录》，李宪堂、侯林莉译，天津：天津人民出版社，2005 年 5 月，第 225—226 页。

那里，李提摩太也得到了许多有用的信息。①

11月14日，李提摩太等传教士一行正式向总理衙门所有官员提交了请愿书，基本内容如下：尽管一千多年以前，中国政府即赋予了儒教、道教、伊斯兰教宗教信仰的自由，但自雍正帝执政以来，一直对基督徒采取迫害政策；甚至自1842年保护基督徒传教自由的《宽容条款》签订以后，情况也没有发生什么变化。在中国政府出版的一些官方报告中，基督徒被指控以各种形式从事恐怖活动。一般官员和知识分子看到这些书是在各地督抚大员们的同意下出版的，自然而然会对它们的内容深信不疑，因而鼓励一般群众采取暴力行动，迫害基督徒，从而导致教堂被焚、教民甚至外国传教士被杀的惨案频频发生。中国人不了解，邪恶的人是进不了教堂的；基督徒对所有国家都有益处。不仅西方文明仰赖于基督教会，就是各个大陆包括所有海岛上的居民都因为基督教而得到提升；日本采用西方文明，在很大程度上是接受传教士影响的结果。即使在中国，传教士对民众也做了很多善事。他们把西方的神圣典籍随同历史和科学书籍一起翻译成了中文，同时把中国先贤的圣书和历史著作介绍给西方。他们也曾在山东、山西、江苏、满洲等地协助救灾。尽管有很多人死于灾荒引起的伤寒，但他们仍然前赴后继地投身于这种义

---

① 〔英〕李提摩太：《亲历晚清四十五年——李提摩太在华回忆录》，李宪堂，侯林莉译，天津：天津人民出版社，2005年5月，第224—225页。

举。他们提出了种种建议，为了把中国从贫穷、软弱、灾荒和战争中拯救出来，使她成为世界上最伟大的国家之一。传教士所希望的只是中国政府能像上帝那样，对所有的教派都宽宏大度、一视同仁。倘若中国政府不能保护前来帮助她的善良的人们，他们自己的国家就会来中国保护他们。如果不能使传教士不受干涉地从事他们的善行，势必引起国际纠纷。因此，我们请求皇帝颁布圣旨，同意我们提出的三项要求。①

根据李提摩太回忆，此次上书之后，光绪下令总理衙门与传教士协商直至问题得到妥善解决。上书委员会与总理衙门的大臣一共会谈九次。但由于汪鸣銮转而反对、沃瑞回美国休假、法国公使质疑传教士拥有直接与中国政府交涉问题的权力等因素，此事不了了之。

庚子新政期间，天主教开始与由总理衙门改立的外务部进行交涉，李提摩太向外务部重新递交上书。1902年7月3日，清政府颁布上谕："谕外务部奏西人传教，分天主、耶稣两门，现在总理耶稣教事务李提摩太来京，请旨办理一折：李提摩太学识优长，宅心公正，深堪嘉尚。著将现拟民教相安条规一并与之商议，以期中外辑和，百姓亲睦。有厚望焉。"② 慈禧太后还准备接见李提摩太。

---

① 〔英〕李提摩太：《亲历晚清四十五年——李提摩太在华回忆录》，李宪堂、侯林莉译，天津：天津人民出版社，2005年5月，第230—231页。
② 〔英〕李提摩太：《亲历晚清四十五年——李提摩太在华回忆录》，李宪堂、侯林莉译，天津：天津人民出版社，2005年5月，第300页。

李提摩太遵旨拟就"民教相安条规"，共七条：（1）任何传教士，倘若散发了轻渎中国宗教的文字，即予撤职；（2）中国的任何官员，倘若怂恿诋毁基督教的书籍报刊的传播，即行解职；（3）任何传教士，倘若干涉中国臣民的诉讼案件，即行撤职；（4）任何中国官员，倘若不能对基督徒和非基督徒一视同仁，即行撤职；（5）各差会的负责人，应每年向所在省份的巡抚提交报告，说明教堂、学校、专业学院和医院的数量，以及他的差会所从事的文字和慈善事业的情况；（6）巡抚应每年邀请其辖区内差会的三名传教士领袖进行协商，讨论如何使教会的工作更有益于社会；（7）各省巡抚和总督应每三年向中央政府汇报一次辖区内教会的情况，以便朝廷能获得正确的信息，而免于被那些无知和用心不良的人所提供的有问题的报告所误导。①

　　李提摩太先将该条规交给时任两江总督的周馥商议，获其肯定，又于 1905 年利用回国休假的机会，以个人名义交给罗马天主教的威斯敏斯特枢机主教。主教答应将亲自呈递教皇，并建议将来在中国执行。②

---

　　①〔英〕李提摩太：《亲历晚清四十五年——李提摩太在华回忆录》，李宪堂、侯林莉译，天津：天津人民出版社，2005 年 5 月，第 301 页。
　　②〔英〕李提摩太：《亲历晚清四十五年——李提摩太在华回忆录》，李宪堂、侯林莉译，天津：天津人民出版社，2005 年 5 月，第 302 页。

下编

李提摩太是不幸的，西方殖民侵略的大背景、中西文化的巨大差异、一些传教士在中国的不法活动，以及中国传统文化顽强的生命力，使得他在维新变法运动失败后不得不陷入现实理想和终极信仰的双重困境；李提摩太又是幸运的，历史不期然再次给了他一个实现教育理想的机会，即效法西方，改革中国教育。教育改革思想是李提摩太中国社会改革思想最为重视的部分。他考察西方各国教育，引进先进教育制度，积极倡导对中国传统教育进行改革，兴办一批新式学校，尤其是创建和经营山西大学堂，更是使其在中国近代教育史上留有浓墨重彩的一笔。正如加拿大学者许美德所说："载入高等教育史册的英国人只有浸礼派传教士李提摩太，他在 19 世纪末 20 世纪初频繁活动于中国知识阶层，利用英国分享的'庚子赔款'，于 1901 年创建了山西大学堂"①。

---

① 〔加〕许美德：《中国大学：一个文化冲突的世纪（1895—1995）》，北京：教育科学出版社，2000 年 2 月，第 36 页。

第1章

教育梦想：李提摩太早期教育改革主张与实践

第一节　向中国官员呼吁变革教育

李提摩太在华教育改革思想由来已久。早在山西赈灾期间，他即向曾国荃、李鸿章、左宗棠，以及外务部建议引进现代教育，认为这是使中国免于战争和被勒索的途径，并提出"组织一个由帝国最优秀的学者组成的代表团，走出去，考察各国的教育制度"①，"在十个主要省份中各建一所学院，

---

① 〔英〕李提摩太：《亲历晚清四十五年——李提摩太在华回忆录》，李宪堂、侯林莉译，天津：天津人民出版社，2005年5月，第169页。

每所学院招收一百名学生,授予三年外国知识课程"①等方案。

1884 年李提摩太向山西省官员呈上的《富晋新规》中,也特别强调学校教育不仅是山西由贫致富的首要之途,也是今中国的第一要政和急务。中国若欲思摆脱落后,就必须师从西方列强,实施全民新式教育,"按教法分有四等:首教官员,次教富绅,三教儒士,四教平民。"为此他针对性提出五条建议:派遣五位官员去西方考察,分别亲查教法、矿法、钢法、路法、机法,回国后各著一书,散发于各省;选拔精明少壮富绅十人,"遣往西国亲目观看诸法,知富有财产宜办何如大事";挑选聪明年少贡生"三十者五十人至西国读书学话","三十者一百人在省垣学西话",五年之后"合此百五十人将西国有益于国计民生诸书翻为华文",并设中西书院以华文教西文;科举之年,策问增西学一条,中试者取;对于平民,"宜设报馆,将各学要义并各国有益新闻机艺订为月报",逢科举考试时分送售卖给考生。李提摩太认为,通过这些措施,"不十数年,上下远近多能明有益于世之书,兼能明有益于世之事……由是国可以强,民可以富。"②

1885 年他写了一本《现代教育》的小册子,分发给清廷的高级官吏,并作为礼物送给直隶总督李鸿章,"介绍世界

---

① 〔英〕李提摩太:《亲历晚清四十五年——李提摩太在华回忆录》,李宪堂、侯林莉译,天津:天津人民出版社,2005 年 5 月,第 172 页。

② 〔英〕李提摩太:《富晋新规》,载《万国公报》第 11 册,台湾华文书局 1968 年影印合订本,第 17 本第 10796—10798 页。

上七个最先进的国家在教育上的进展……强调了四种教育方法：历史的、比较的、一般的、特别的"，建议中国进行教育改革，并为此每年投入一百万两白银。他说这是"种子钱"，二十年之后必将带来百倍的收益。李鸿章的答复是政府承担不了那么大的一笔开销，也等不了那么长的时间。[①]

1895年2月至5月间，李提摩太在与张之洞会面期间也指出："彻底的改革以教育为基础"。对此，"张之洞毫不迟疑地表示赞同，打断我的话发表他的看法"。[②]李提摩太还向其提出了派遣年轻人出国学习的建议。张之洞也赞同该建议，并且希望派遣年轻一些的。李提摩太指出，第一批派往国外的留学生应当是那些几年以后就能掌握高权力的人，否则将错过改革的机会。他建议派20—30岁之间有一些知识储备、明辨是非的人到外接受教育较为合适，对西方的教育模式、政治环境、社会发展会有更大触动，回来后能够更加坚定的实施社会及教育改革。

李提摩太在拜访翁同龢时也提出改革教育的措施，首先，要改革科举制度。他指出科举制，"题目不广，只讲本国之事，不知各国治平之法"[③]，"应增加西学内容，命名为中西科，

---

① 〔英〕李提摩太：《亲历晚清四十五年——李提摩太在华回忆录》，李宪堂，侯林莉译，天津：天津人民出版社，2005年5月，第187—188页。

② 〔英〕李提摩太：《亲历晚清四十五年——李提摩太在华回忆录》，李宪堂，侯林莉译，天津：天津人民出版社，2005年5月，第215页。

③ 《新政策》，《万国公报》，台北：华文书局股份有限公司1968年影印本，1896年4月，第15938页。

每年每府取进中西学秀才约百人；每年每省中式中西学举人约百人，每年中式中西学进士约百人，每年殿试钦点中西学翰林十人。"① 这项建议将西学巧妙地嫁接于中国的科举考试中，中西融合，极富创造性，既不会引起各方强烈的反对，又促进了新式教育的发展。其次，鼓励留学。鉴于中国人大多不通西事，不解外情，他提出："京师各大员及十八省督抚子弟，应各遣派出洋读书数年，周知外事……中国京外正途人员如翰林等，应派通古今、识大体者百人出洋分门学习。"② 再次，设立"学部"。由于中国历朝历代从未有管理各级、各地教育的部门，李提摩太提出"请国家增立广学部，将报馆、译书、书院、科目四者，皆由学部总揽其成，庶若网在纲，有条不紊矣"③，并建议，聘请西人共同办理："学部为人才根本，应请德人某某（花之安）、美人某某（丁韪良），总之，此二人名望甚高，才德俱备，可与中国大臣合办。"④

①《新政策》，《万国公报》，台北：华文书局股份有限公司 1968 年影印本，1896 年 4 月，第 15938 页。

②《新政策》，《万国公报》，台北：华文书局股份有限公司 1968 年影印本，1896 年 4 页，第 15938 页。

③《新政策》，《万国公报》，台北：华文书局股份有限公司 1968 年影印本，1896 年 4 月，第 15938 页。

④《新政策》，《万国公报》，台北：华文书局股份有限公司 1968 年影印本，1896 年 4 月，第 15944 页。

第二节　撰文著书阐发教育改革思想

李提摩太阐发教育改革主要集中在《七国新学备要》《时事新论》《速兴新学条例》三本著作。

1887 年到达北京后，当浸礼会委员会建议他回山东工作时，他提出前提是教会要允许他在首府济南建立一所教会学校，以便能够继续"以学辅教"。在等待委员会答复期间，他开始在《现代教育》基础上撰写《新学》，1888 年完稿，首发于 1889 年 2 月改版后的《万国公报》第 2 册，后修订改名为《七国新学备要》，收录于 1898 年广学会出版的《新学汇编》。该文首次系统提出了其教育改革思想。序言中，李提摩太开宗明义，着重强调新学教育关系到一国千秋万代，对国家发展具有不可替代的作用，"盖国家当有事之秋赖兵法，承平之日赖学校。而兵法或百年不用，学校实不可一日无之。且古学之法逊于新学之法多矣，如兵法中之弓箭与炮相较，其优劣岂待智者而后知哉？苟弃新学之法而不取，尤甚于兵法中之弃炮也，一偏一普，何可同日语也，此新学之所以宜立也。非止此也，人心如镜，愈磨则愈光，不学则无术，学校不立是我国不学，何能敌他国之博学，我国无能，何能敌

李提摩太与山西大学堂

他国之多能。"① 全书共八章，其中第一章到第五章介绍了西方教育概况，不仅介绍了其 21 个学科门类：道书、史书、志书、富国学、交涉学、算学、格物学、化学、电学、重学、制造学、全体功用书、动植学、地学、金石学、书学、音乐学、农学、商学、体操学和外国语言文字学，还介绍了其初学、中学和上学三个层次的学科体制、办学经费、所设新闻报馆和书籍馆。第六章到第八章则是李提摩太对中国教育改革的建言，不仅详细推算出中国宜有初学生 4000 万、中学生 118.4 万和上学生 16.5 万人，应需办学经费分别为洋银 8000 万、300 万和 362 万，应设新闻报馆 2400 座、图书馆 230 座，并且提出了中国教育改革的四个主要举措："一、国家必须先设一教育新部，以专责成，令其于各省要处皆设立新学。二、朝廷宜特赐新部专权于各省，免得督抚升迁调换之际于新学有碍。三、设立新学除现在各省费用之外，计每年至少必须先发银一百万，嗣后再随时酌补。四、朝廷宜饬新部督劝各省绅商富户，令量力捐输银两，以补朝廷发款之不足。"②《七国新学备要》对西方现代教育体制的介绍和改革中国传统教育的呼吁，在晚清中国产生了巨大影响，广学会多次加印仍供不应求，"维新变法运动大有希望的一个迹象是，人们开始

---

① 〔英〕李提摩太：《新学·序》，载《万国公报》第 2 册，台湾华文书局 1968 年影印合订本，第 16 本第 10222 页。

② 〔英〕李提摩太：《七国新学备要·序》，载《万国公报》第 2 册，台湾华文书局 1968 年影印合订本，第 16 本第 10230 页。

认识到……中国古老的教育制度已经远远不能适应现代社会的要求，必须引进西方的学问。"①1898年6月光绪帝颁布的变法诏书中也有一半以上都与教育有关：废除已经实行了五百年的八股考试制度；在北京成立一所大学，研究西方科学；将所有庙宇转变成从事西式教育的学校；成立一个翻译委员会(译书局)，负责将西方的学术著作翻译成中文；成立专利局，鼓励各种有益于国计民生的新式发明；鼓励年轻的满人学习汉语，并到国外观光学习。②

在1895年出版的社论集《时事新论》中，其中也有"新学篇"，占到全部的四分之一。该篇开头就强调中国应"处今之时，为今之学"，应在"五洲互市，声教大通"的当今"竞立新学，择善而从，以为教养之用"。并举印度、日本广兴新学的例子，印度"因定章每年拨银四万为开新学支用"，由"每百人中仅有识字者四人"到"识字者每年增多至一二百万人"。日本也是通过政府拨款、绅宦捐款，设学部书院，学习英文，逐步走向强大。而中国则为新学对国家的发展无关紧要，投资极为有限，"殊非久远育才之计"。他强调教育是根本，务必兴办新学，派亲王游历各洲，考察各国的风俗政事，择善用之，多筹经费，广建学校并逐渐推广，则会"人才辈出，

---

① 〔英〕李提摩太：《亲历晚清四十五年——李提摩太在华回忆录》，李宪堂，侯林莉译，天津：天津人民出版社，2005年5月，第243页。

② 〔英〕李提摩太：《亲历晚清四十五年——李提摩太在华回忆录》，李宪堂，侯林莉译，天津：天津人民出版社，2005年5月，第244页。

为国家宣劳，为海疆保障，大用大效，小用小效"，才能达到开民智，振民心，除旧习，求富强之目的。①

维新变法运动期间，李提摩太又写成《速兴新学条例》一文，刊印在1898年8月《万国公报》第115册。文章开篇对比中西强弱之差距，强调教育尤其是兴办新学的重要性："天下大通，人文蔚起，各国洽闻殚见骎骎度骅骝而前，华人独蛛网尘封，事事相形见绌，内治既衰孱羸弱，外交结束缚拘挛，甚至权不我操，地非我属，羁旅之士累岁著书立说，不惮苦口以献良箴，言者谆谆，听者藐藐，凌夷以至今日竟有迫不及待之势，时艰蒿目不能不扼腕而嗟也"。并提出发展新式教育的建议："居今日而筹急救之法，必合诸学以定课士之程，交邻国而求永好之方，必惜寸阴以广育才之道"，主要有六端：一曰书籍，即"书籍宜亟求善本"，不仅要学传统的经史子集，更要学西学新书，不仅要"备采两（英、美）国人自著之新书"，还要"遍译他国新纂之要册"，并且附录"今泰西各大国之士人无不究心于学问"十二类书籍②。二曰书院学塾，即"学塾书院宜亟定妥章"，建议"每一府之所属，每一大市镇之所聚，必令其各设学塾焉，各设书院焉，塾中院中专以西文西学教

---

① 参见杜鹏程：《李提摩太在华教育活动和教育思想研究》，河北师范大学硕士学位论文，第28—29页。
② 即道学共十支类、风俗通考共十五支类、性学共五支类、世道学共十四支类、地舆人类游历之学共九支类、史学共九支类、古事考共四支类、格致之学共十支类、医学共十六支类、工艺学共十三支类、诸子共十四支类，以及语言文字共十八支类。

人……教士者，西国读书士子也，择其洞谙华事尤长西学者，礼聘以为掌教，实可收事半功倍之效"。① 三曰考政，即"考政必宜更改"，主张改革科举制度，建立新的人才选拔机制。"国家遴选真才万不可限以定额，但视其才，能通何事，即予以何项之功名，其功名之阶级则视其学问之分数以为等差，然后博学多能之士，虽无志于宦途，亦可成专门名家之业……京都则当增立新学部，总理各省之考政及一切与兴学育才之事"。② 四曰新学报，即"新学报必应广布"，创办新学报其益有三：一是刊登各大国新学教育新闻，以感发读书人之心志；二是广采中国各省新学之新事自行鼓励；三是"使人知学之者，于入仕一途而外，尚有无限之事，足以有益于国，有益于己，而不必专恃为官"。③ 五曰立学经费，即"经费必宜筹备"，可从三个方面筹集教育经费：一是国家每年分拨各省帑项十万金；二是允许各省每年科取民捐十万金；三是各级学生入学各付束修大抵十万金。④ 六曰鼓舞人才，即"人才必宜设法鼓舞"，其要者有三：一是每年遴选一百人"资送出洋肄业于各国有名之大书院，以增才智而广识见，学成

① 〔英〕李提摩太：《速兴新学条例》，载《万国公报》第 115 册，台湾华文书局 1968 年影印合订本，第 28 本第 17866 页。
② 〔英〕李提摩太：《速兴新学条例》，载《万国公报》第 115 册，台湾华文书局 1968 年影印合订本，第 28 本第 17866—17867 页。
③ 〔英〕李提摩太：《速兴新学条例》，载《万国公报》第 115 册，台湾华文书局 1968 年影印合订本，第 28 本第 17867 页。
④ 〔英〕李提摩太：《速兴新学条例》，载《万国公报》第 115 册，台湾华文书局 1968 年影印合订本，第 28 本第 17867 页。

回华不囿以小知而予以大受";二是"考取新学诸才,而后凡有官吏缺出,必择深通时事者,依次序补,若无新学功名执照之员,不许滥竽充数";三是保护个人著述作品的知识产权和专利,打击盗刻翻印等不法行为,"凡能成有用之书者,定为数十年专业之例"。李提摩太最后强调指出:"此六端者,皆所以启迪华人速知各国良法之要策也,知之而不急于行,行之而不求其备,不特永绝振兴之望已也,各国日盖东趋如洪水之骤至,仅恃旧堤一线,试问何以御之?势迫时危,不敢再有所忌讳,更就六纲领申陈诸条目,伏顾通权达变之诸君子俯赐采择,不惮穷日之力以迅策乎。"①

此外,李提摩太对教育论述的著作还有《大国次第考》《天下五洲各大国志要》《生利分利之别论》《泰西新史揽要》等,文章更是数不胜数,分别从教育目的、教学内容、选拔机制、学校管理模式、教育范围等系统阐述了其教育改革思想。

1. 教育目的。李提摩太针对中国"学而优则仕"的教育目的,指出要"使人知学之者,于入仕一途而外,尚有无限之事,足以有益于国,有益于己,而不必专恃为官"②,强调新式教育目的应"不只是使读书人能去做官,而是要在社会

---

① 〔英〕李提摩太:《速兴新学条例》,载《万国公报》第115册,台湾华文书局1968年影印合订本,第28本第17864——17868页。

② 〔英〕李提摩太:《速兴新学条例》,载《万国公报》第115册,台湾华文书局1968年影印合订本,第28本第17866页。

的各个阶层中，在男子和女子中间造就更多的有本领的人"①，培养掌握各种新知识、新技术的专门人才。他以西国为例："考西国读书，于可以为官外，兼为有益于各业而设"。②主张改变单一的、以录用官吏为目的的考试制度为选拔有益于国家和社会所需的有用人才的制度。"但视其才，能通何事，即予以何项之功名……博学多能之士，虽无志于宦途，亦可成专门名家之业"③，由此，他主张要"广学""博学""实学""专学"。对于整个社会来说，他要求广学博闻，考究一切实学，学习一切对社会实践有指导作用的自然科学和社会科学知识，如天文、算学、医学、农学、矿学、光学等；对于个人来说，他主张"各按所志，专务一门，始各明其理，各精其业，方免多不胜读，而蹈涉猎不精之弊"④，这样才能达到教育的终极目标，即"每有由故得新，自创一事，为他人所未有者，而学业成矣"。⑤

2. 教学内容。李提摩太首先批判了中国传统教学内容的

---

①〔英〕李提摩太：《中国的教育问题》，陈学恂：《中国近代教育史教学参考资料》（下册），北京：人民教育出版社，1987年，第51页。

②《新政策》，《万国公报》，台北：华文书局股份有限公司1968年影印本，1896年4月，第15938页。

③〔英〕李提摩太：《速兴新学条例》，载《万国公报》第115册，台湾华文书局1968年影印合订本，第28本第17866页。

④〔英〕李提摩太：《近事要务五则》，《万国公报》（合订本14），台北：华文书局股份有限公司，1968年，第8631页。

⑤〔英〕李提摩太：《七国新学备要》，《新学汇编》（卷二），上海：广学会，1898年，第23页。

过时与僵化："中国自汉唐以降，两千年来，风俗政教，莫不拘成见，桎梏亿兆之性灵，塞聪蔽明，一锢而莫之能释"①，"自汉晋六朝唐宋，历元明而至于今，中国之经学可谓昌明极盛矣。然而人心日薄，风俗日坏，政治日衰，一若经术不足以化人，不足以致用也，是非经之过，读经者昧其本原……而莫得其精之过也"②，指出："今之学者不耻不知，顾且为虚矫夸大之辞以自文饰，动曰事非先圣昔贤所论述，物非六经典籍之所记载，学者不得过而问焉"，全然不知"泰西之轮楫旁午……尧舜禹汤文武周孔之所不及见闻"，"顾学校之书，祗知述古，自围方隅，不能通博五洲近达时务为可惜耳"③。在此基础上，他提出要遍学五洲之新学，呼吁对学校的教育内容添加"西学"，"增设中西一科"④。他指出："泰西一切书籍，言养人之法甚备，百姓读之，尽人知其良法，故生财有道，不患困穷。亚洲学塾所读之书，名为道德而言养民实政太少"⑤，"西人之于格致、精益求精，有加无已。

---

①〔英〕李提摩太：《说锢》，《万国公报》，台北华文书局 1968 年影印本，1898 年 10 月，第 18007 页。

②《经学不厌精跋》，《万国公报》，台北：华文书局股份有限公司 1968 年影印本，1898 年 7 月，第 17814 页。

③〔英〕李提摩太：《中国的教育问题》，陈学恂：《中国近代教育史教学参考资料》（下册），北京：人民教育出版社，1987 年，第 54 页。

④李天纲：《万国公报文选》，北京：生活·读书·新知三联书店，1998 年，第 359 页。

⑤〔英〕李提摩太：《续帝王初学》，《万国公报》，台北：华文书局股份有限公司 1968 年影印本，1898 年 7 月，第 17802 页。

声、光、化、电、水、火、气、重诸学，实探造物之秘，而为古之所未有"①。

3. 选拔机制。李提摩太明确提出要改革科举制度："中国科目，意美法良，不可废也，惟题目不广，只讲本国之事，不知各国治平之法。"②1892 年他就曾提出："逢科场之时，除中国科场以外，由广学会人另设西学书院，随科招集，应考各人情愿自到书院考试者，将西国治民四大善政别作一考。初考之时，由西人考取，俟中国人明白后再由华人自考"。③这个建议通过呼吁自愿考试的方式让读书人了解、学习新知，促进了西学的传播，并在当时的晚清社会起到了示范性的作用。除此之外，为了进一步扩大西学的传播，他还建议，"将已译成新翻新著分散各州各县，在考场时发卖，并先出招贴告明情愿赴考西学诸生下次所考各书"④。1894 年他提出科举考试中应增设"泰西史学、格致学、富国学"，取消三年一科的限制，"每年每府，取进中西学秀才约百人；每年每省，中式中西学举人约百人，每年中式中西学进士约百人；每年，

---

① 〔英〕李提摩太：《说锢》，《万国公报》，台北：华文书局股份有限公司 1968 年影印本，1898 年 10 月，第 18009 页。

② 〔英〕李提摩太：《新政策》，载《万国公报》第 87 册，台湾华文书局 1968 年影印合订本第 25 本，1896 年 4 月，第 15938 页。

③ 〔英〕李提摩太：《分设广学会章程》，载《万国公报》第 39 册，台湾华文书局 1968 年影印合订本，1892 年 4 月，第 12724 页。

④ 〔英〕李提摩太：《分设广学会章程》，载《万国公报》第 39 册，台湾华文书局 1968 年影印合订本，1892 年 4 月，第 12724 页。

殿试钦点中西学翰林十人"。这样,"济济多才,方驾大地矣"。①
为了广育人才,他建议:"国家遴选真才万不可限以定额"。
"中国此时亟改为年考一次而拔其尤,此为培养人才之快捷
方式。"②为了保证人才的质量,他还提出,"考官则设立专
员,久于其任"③。

4. 学校管理模式。李提摩太针对以四书五经为主要内容
的传统书院教育,提出要以新式教育和西学为教育的主要内
容,采取西方课堂教学模式,"书中、院中专以西文、西学教人,
俾来学之徒咸得周知遍地球之学业"④。为让学生学习西学,
他建议直接聘请接受过良好教育且精通汉语甚至更多语言的
西方传教士兼任教师,"若忧名师之难得,则各省各府皆有
泰西教士。教士者,西国读书士子也,择其洞谙华事尤长西
学者,礼聘以为掌教,实可收事半功倍之效"⑤,这样,"华
人渐多通西学者,堪为后学之师表,斯无待借才矣"⑥。

---

① 王李金,段彪瑞:《李提摩太的教育主张及参与创建山西大学堂的实践》,
《高等教育研究》,第 32 卷,第 3 期,2011 年 3 月,第 95 页。
②〔英〕李提摩太:《速兴新学条例》,载《万国公报》第 115 册,台湾华文
书局 1968 年影印合订本,第 28 本第 17866 页。
③〔英〕李提摩太:《速兴新学条例》,载《万国公报》第 115 册,台湾华文
书局 1968 年影印合订本,第 28 本第 17866 页。
④〔英〕李提摩太:《速兴新学条例》,载《万国公报》第 115 册,台湾华文
书局 1968 年影印合订本,第 28 本第 17866 页。
⑤〔英〕李提摩太:《速兴新学条例》,载《万国公报》第 115 册,台湾华文
书局 1968 年影印合订本,第 28 本第 17866 页。
⑥〔英〕李提摩太:《速兴新学条例》,载《万国公报》第 115 册,台湾华文
书局 1968 年影印合订本,第 28 本第 17866 页。

5. 教育范围。为改变中国只有达官显贵才可以接受教育的现状，李提摩太呼吁建立广泛的教育，"现代教育必须在全国范围内开始实现"，提倡社会各个阶层均能接受教育[①]。他认为教育分为社会教育和学校教育两种类型。其中社会教育包括孤儿院和教会学校等福利组织、社会舆论教育、留学教育等。他以印度和日本等国为例："印度人两千余年未曾改，迨生灵日繁，时凡养民、安民等法概未之知，而国困矣。日本一千两百余年亦未曾改其学，迨地少人稠，犹不知变通养民、安民等善法，而其国亦弱"。"今日本、印度两国皆极力效法西国教人各法，其国势蒸蒸日上可为明证。"[②]

此外，他还鼓励留学教育，指出中国在政治交涉中没有话语权，屡次碰壁的根本原因很大程度上在于清政府不通西事，不解外情，对于西方国家并不了解，因此主张"宗室近支王公，须选派十人分往各国游学。他呼吁京师各大员及十八省督抚之子弟应各派遣出洋，读书数年，周知外事……中国京外正途人员，如翰林等官应派通古今识大体者百人，出洋分门学习"[③]。

综上，李提摩太来华之后，一方面积极建言各级官吏，

---

① 〔英〕李提摩太：《论新学部亟宜设立》，陈学恂：《中国近代教育史教学参考资料》下，北京：人民教育出版社，1987年，第52页。

② 〔英〕李提摩太：《救世教益——教民》，《万国公报》原刊卷册72到82册，台湾华文书局1968年影印合订本，1892年2月，第12587页。

③ 李天纲：《万国公报文选》，香港：香港三联书店，1998年，第359页。

倡导中国大兴教育，另一方面撰文著书，全方位提出了自己改革中国教育的思想：教育是一国发展的根本，中国近代之所以落后就是由于教育之不兴；教育包括学校教育和社会教育，学校教育是根本，社会教育是提高民族整体素质的主要途径；教育发展多元化，"首教官员，次教富绅，三教儒士，四教平民"，对不同的阶层施以不同的教育；教育应多向各国学习，"各国均有可采之事"，"竞立西学，择善而从，以为教养之用"，并从教育目的、教学内容、选拔机制、管理模式、教育范围等方面分别阐述。诚然，作为一个教育兴国论者，李提摩太不免夸大了教育的作用，并没有考虑到政治、经济对教育的影响，没有考虑到中国当时所处的半殖民地半封建的社会性质，决定了中国的强大发展不只是单靠发展教育就能从根本上解决问题的。但他一系列的教育建言和教育主张在当时的确有其积极意义，一定程度上开阔了人们的教育视野，增强了民智，为我国近代的教育改革提供了方向。

第 2 章

李提摩太与山西大学堂的创建

　　出身农民家庭，渴望接受教育的生活经历，"救赎大众"
虔诚的宗教信仰，从"肉体救赎"到"精神救治"传教方式
的演进，"丁戊奇荒"中奠定的山西情结，在中国"内地
十八省"各建一所大学的教育理想，对教案处理方式的思考，
等等，李提摩太生命前期所有的这些准备，最终都迎来了梦
想的实现：在经济文化不太发达、交通不十分便利的山西创
办近代中国最早的三所高等学府之一——山西大学堂，成就
了他在华事业的最高辉煌。

第一节　处理"山西教案"

　　1900 年，义和团运动爆发。由于清政府的迷信，以及想利用义和团来消灭洋人，抵御外族入侵的爱国主义运动走向了非理性化的局面。慈禧太后密电各省督抚杀绝洋人："凡洋人无论男妇老幼，皆杀之无赦，以清乱源而安民生。"① 时任山西巡抚毓贤遂"命制钢刀数百柄，分赐拳童，勉以杀洋人，大师兄出入抚署，若贵宾"。后来清政府下旨要保护教民，但毓贤还是"承端刚旨，仍置不问"。② 6 月，山西义和团团民焚毁了东夹巷的基督教浸礼会，烧死了持枪反抗的英国女教士，其他传教士和教徒闻风逃避。据记载："庚子年六月，山西巡抚毓贤直接或间接戕害教士一百五十九人，天主教主教、神父、修女三十二人，山西教民六千余人"③，酿成震惊中外的"山西教案"。

　　8 月 14 日，八国联军攻陷北京，接着以"山西教案"为

　　① 景善：《庚子拳乱日记》，左舜生辑：《庚子拳乱资料》，近代中国史料丛刊续编第 37 辑，文海出版社，第 56 页。
　　② 罗惇曧：《拳变余闻》，左舜生辑：《庚子拳乱资料》，近代中国史料丛刊续编第 37 辑，文海出版社，第 110 页。
　　③ 徐士瑚：《李提摩太与山西》，《山西文史资料》（第 6 辑），山西省政协文史资料研究委员会，1986 年，第 118 页。

借口分四路进迫山西。法军司令巴耀扬言："前巡抚毓贤残杀欧美男女至百九十一人，焚毁教堂医院一万一千余间，教民六千六十余命，未筹赔恤一也；贵国朝廷，有捉拿拳匪之谕，而匪首大师兄等仍逍遥于法外二也；各国被害至此，中国官吏竟无一人出名议办，使被害之人稍慰于心三也……"[1]清政府急忙下旨："洋兵西进不已，晋防日紧……着奕劻、李鸿章与法使切实商阻，并告以晋省教案，俟和议定后，再专派大员，持平查办，万勿进兵。"[2]

1901 年 4 月 23 日，局势更加危重，岑春煊电云："洋兵五千余人分三路西进……猛攻娘子关……以致兵勇伤亡甚重……已迫固关。"[3]一旦娘子关失守，西进太原则是畅通无阻。而此前意大利领事馆命令刘博弟驻太原继续办理教案，其竟然公然要求封闭全省最高学府令德堂书院，并且索要官办的机器局和晋祠地区的水利，迫令太原地区官吏在城区猪头巷、大南门和巡抚衙门勒石树碑，刊登主教神甫的姓名，来屈辱求和。[4]

危急之际，1901 年 4 月出任山西巡抚的岑春煊鉴于"晋

① 徐士瑚：《李提摩太与山西》，《山西文史资料》（第 6 辑），山西省政协文史资料研究委员会，1986 年，第 120 页。

② 徐士瑚：《李提摩太与山西》，《山西文史资料》（第 6 辑），山西省政协文史资料研究委员会，1986 年，第 120 页。

③ 徐士瑚：《李提摩太与山西》，《山西文史资料》（第 6 辑），山西省政协文史资料研究委员会，1986 年，第 120 页。

④ 太原市人民委员会办公厅编：《巨变中的太原》，太原：山西人民出版社，1961 年，第 225 页。

省教案之巨"为"各省所仅见",在洋务局督办沈敦和的建议下,急电李提摩太,"来晋任委员之职,负责解决晋省教案与商务问题"。该电称"李提摩太阁下:去岁晋省义和拳闹事……余奉命抚晋,现遵旨负责一切教案,因余对此类事素不熟悉,无法妥善解决,或许反而增加麻烦……因晋省目前无一耶教教士可与商办,素闻阁下办事公允,曾在晋省多年,晋人皆信阁下为人正直。客腊,阁下曾询及晋省耶教士情况,吾等知阁下仍对晋省关心,故十分欣慰。且教案解决以后,商务即可恢复。余拟照西俗,请阁下来晋任委员之职,负责解决晋省教案与商务问题。久闻阁下仁慈为怀,务请勿于拒绝,不胜欣慰之至。何时动身,请先电告,吾将派文武官员往迎。倘阁下不能来晋,请荐一正派人士来晋协助办理有关事务。但余仍盼阁下前来,余已嘱沈道台函请阁下早日来晋。此致,大安。岑春煊。"① 同时,议和全权大臣庆亲王奕劻和直隶总督李鸿章也电请李提摩太"来京协助解决山西教案……希望找到一个除用兵山西外的赔偿办法。"

李提摩太对山西教案也颇为疑惑和震惊,认为之前他在山西"官民接待尚好",直称其为"亘古未有之奇变"②,很快投入积极处理中。1901年5月14日,李提摩太由沪抵京,

---

① 山西大学纪事编纂委员会:《山西大学百年纪事(1902—2002)》,北京:中华书局,2002年,第1页。

② 〔英〕李提摩太:《办理山西耶稣教案章程》,《万国公报》149册第5卷,台湾华文书局1968年影印合订本,1901年7月,第20246页。

先是拜会李鸿章手下的重要官员，还有英、法、美、德四国驻华公使，以及天主教与耶稣教教士，广泛征求解决山西教案的意见，然后会同寿阳教会叶守真与公理会文阿德代表耶稣教山西教会于 5 月 29 日，拟定了《上李傅相办理山西教案章程七条》。全文如下：

　　光绪三年至十二年，太在山西时，官民接待尚好，万不思去岁杀害中外教会人士数千，此真亘古未有之奇变。今杀外国人之罪，有各国钦使与中国全权协商，太毋庸参末议，惟办理耶教受害华民章程，谨拟七条，恭候傅相核夺施行：一、各府、州、县杀害教民甚多，本当按律正法，但太知此辈受官指使，又受拳匪迷惑，不忍一一牵累。惟各府起乱首匪当惩办一人以示警告，若晋抚果能剀切晓谕，使彼等痛改前非，敝教亦将首匪从宽免究。二、晋省地方绅民胁从伤害教民之人，虽宽其死罪，却不得推言无过。凡损失教民财产，必当罚其照数赔还，并无依之父母孩儿寡妇，必为事奉养。三、共罚全省银五十万两。每年交出的款五万两，以十年为止。但此罚款，不归西人，亦不归教民，专为开导晋省人知识设立学堂，教导有用之学，使官绅士庶子弟学习，不再受迷惑。选中西有学问者各一人，总管其事。四、凡教民被害各府州县地方，当立碑纪念，叙明匪徒犯罪源流，教民无辜受害。五、耶稣教五会中人，有杀尽者，亦有回国者，不能一时来华。俟外国再派教士来时，晋省官绅士庶当以礼相待，赔认不是。六、要永息教案，中国官待教民，必如待教外人，一视同仁。如果犯法，自应按律严办，若有功劳，亦应保举做官与教外人同，凡照此办法，无论中外古今，从未见有不相安者。若或不然，欲求无事，恐不可得矣。七、经此次议结之后，凡以前作乱首从之人，皆有名单存案。若不悔过，再行难为教民，必当按律严办不赦。查山西耶教原有五会：一曰浸礼会、一曰内地会、一曰公理会、一曰自立会（寿阳会，后并入浸礼会）、一曰福音堂（又名军学会、救世军）。今商拟以上七条，皆公同叶守真、文阿德各会酌定，非太一人私见。事虽立于保教民，其实保晋省太平之道亦不外此也。若果能再立时，设法请精于铁路、矿务、制钢并商务、农务等学之西人，或总理，或协办，期于必成。如此，则体上天好善之心，联中外种子之局，将来可永息教案，并可讲求一切养生防灾之术，使从前无用之地变为有用，不至困穷，利源外溢，为人侵夺。凡此等事，太前二十七年曾为傅相与张香帅言及，亦以为当办。后因事不果，今祸患愈深，殊可叹息！然亡羊补牢未为晚也。果肯照以上章程办理，大祸犹可转为大福，不知高明以为何如[1]。

---

[1] 《皇朝经世文新编续集》卷19，参见山西大学纪事编纂委员会编：《山西大学百年纪事（1902—2002）》，北京：中华书局，2002年，第1—2页。

接着，他建议"从赔款中拿出五十万两返还山西，每年支付五万两，用来在太原建立一所西式大学——中西大学堂，以克服人们的无知和迷信——这种无知和迷信正是导致对外国人的屠杀的主要原因"[①]。

同时，为了获得更多中国官员的支持，李提摩太还在一次精心准备的午餐会上，做了一个演示，他拿出一个玻璃杯，然后点燃一支蜡烛，并放置其中。这时火焰很旺。随后，他将一个碟子盖在玻璃杯口，火苗渐渐熄灭了。他解释道："这支蜡烛就像我们山西……它需要外面的空气才能燃烧。山西常闹饥荒是因为缺少一条通往外界、能将各地的粮食运进来的铁路。山西人乱杀外国人，是因为他们不了解外面的世界及外国人发明的现代科技……"[②]和天主教提出的解决办法[③]相比，这个章程无论在当时抑或现在看来似无苛求之处，且语态尚为谦逊，字间亦无蛮横无理之辞。护理山西巡抚赵尔巽曾在1902年12月27日上奏言即称"该总教士拟定《章程

---

①〔英〕李提摩太：《亲历晚清四十五年——李提摩太在华回忆录》，李宪堂、侯林莉译，天津：天津人民出版社，2005年5月，第282页。

②沈迦：《西斋十年》，《一条开往中国的船：赴华传教士的家国回忆》，新星出版社，2016年，第70页。

③"叶守真告诉我们，天主教神父们初次见岑春煊时，就提出：一、腾出巡抚衙门或令德堂，以代焚毁的教堂和住宅。二、迁走义和团中心太原县晋祠镇与榆次什贴镇的居民，拨归教徒占用。三、赔抚恤费一千万两。陈守谦的记载是八百四十万两。岑为大局计，忍痛下令令德堂师生腾出该处，经过反复交涉，最终还是付出二百二十五万两银子，分四年交清，才了结天主教案"。见徐士瑚：《李提摩太与山西》，《山西文史资料》第6辑，山西省政协文史资料研究委员会，1986年，第120页。

七条》，甚为公允"。苏慧廉更是认为这"是一个慷慨而伟大的提议，这个建议只有像李提摩太这样有阅历与洞见的人才能提出来。"① 这个章程使山西教案得到合理的解决。关于惩凶、道歉和立碑等事，由在北京的英、美传教士于1901年6月22日前往山西与当地官员商办。而关于第三条，即成立中西大学堂的问题，李鸿章全权交由李提摩太负责，并让他与岑春煊商议具体执行办法。

第二节　筹办中西大学堂

7月9日，耶稣教各教会推出教士叶守真、敦崇礼、文阿德、何斯德、贾德尔、泰勒、史密斯、苏慧廉8人为代表，由清兵护送抵达太原，与山西巡抚岑春煊商谈"开办中西大学堂"，以及山西教案善后事宜。但岑春煊以山西"民穷财尽"为由，对付银五十万两开办大学堂之事表示异议，不同意办理中西大学堂。代表们虽争辩道："晋人每年花在迎神赛会与演戏上的银子远远超过五十万两，而从迎神赛会和演戏中，民智未开，人民百姓也并没有得到什么益处"，但最终还是山西

---

① 〔英〕苏慧廉：《李提摩太在中国》，关志远等译，广西师范大学出版社，2007年12月，第238页。

教案"陆续清结，惟建立学堂一事未与定议"①。

后经李提摩太"叠次催促，函电往返"，9 月，岑春煊派洋务局候补知县周之骧赴沪与李提摩太面商此事。双方面谈最初并不顺利，周之骧提出四个条件：晋省所出五十万两银不称罚款；西教师在校内不得宣传耶教；学堂不得与教会发生关系；西教师不得干预学堂行政。②李提摩太则坚持西人应主持学校事务，同时以东南各省教会学校并没有这种限制为由坚持己见，谈判一度陷入僵局。后经过多次磋商，周之骧才与李提摩太签订《晋省开办中西大学堂合同八条》草案，大致为："晋省筹银五十万两分期交付李提摩太开办中西大学堂，十年以内，学堂课程、延聘教习、考选学生均由李主持；十年期满，学堂房屋书籍仪器交回晋省管理，并不付价。学堂延请总管及大教习中、西各一人；学堂即名中西大学堂；此中西大学堂与晋省大学堂并京师各省大学堂一样看待，学生也一样录用。"③

然而当周之骧将合同草案电呈岑春煊后，岑春煊却认为，虽"其捐已得之资为晋省育才，足见诚心爱晋"，但"惟定课程、

①《岑春煊：奏请将晋省赔款五十万两交英人设学折》，（清）邓实辑：《政艺丛书·政书通辑》卷五第五。文海出版社，1976 年版，见陈学恂：《中国近代教育史教学参考资料》（下册），北京：人民教育出版社，1987 年，第 246 页。

②山西大学校史编纂委员会编：《山西大学百年纪事（1902—2002）》，北京：中华书局，2002 年，第 3 页。

③山西大学校史编纂委员会编：《山西大学百年纪事（1902—2002）》，北京：中华书局，2002 年，第 3 页；行龙：《山大往事》，北京：商务印书馆，2017 年，第 27 页。

聘教习、选学生等项，均由彼主政，未免侵我教育之权"①，一再电饬周之骧"极力磋磨"。周之骧遵令再与李提摩太商议，并将商议结果电复岑春煊，称李提摩太并无侵权之意，若无此条，则学堂不能按西方近代模式办理，若不签署合同，恐有商谈破裂之后果发生。岑春煊考虑到"彼时和议甫成，时局尚未大定，晋省耶稣教案极巨，若与决裂，必致收束为难。且查约章并无禁止教会设立学堂明文，东南各省教会所设学堂甚伙，地方官均不能过问。此次该总教士拟设之中西学堂就使未肯听我主持，不过输出之赔款，未能收回为晋用耳。按之约章，衡之各省，似尚无他大害"，乃"与司道等再四筹商，佥以宜委曲求全"，②最终同意合同草案。

11月，周之骧代表山西当局、李提摩太代表耶稣教山西各教会正式在《晋省开办中西大学堂合同八条》上签字，双方就山西教案赔款办法达成一致，并决定在晋省开办中西大学堂。《合同》对大学堂办学经费、校舍建设、事务管理、学生选拔等均作出了明确规定：

一、山西教案之起由于官绅不达时务，今大局议和非广开民智难保永远太平，此次开办学堂，晋省筹出经费司库

---

① 中国第一历史档案馆，北京大学，澳大利亚拉筹伯大学编：《清代外务部中外关系档案史料丛编——中英关系卷》（第二册留学教育）北京：中华书局，1997年，第337页。

② 陈学恂：《中国近代教育史教学参考资料》（下册），北京：人民教育出版社，1987年，第246页。

平纹银五十万两，于合同画押后两月内先交银十万两，光绪二十八年再交银十万两，作为立学费用，随时在藩库支取。下余三十万两，自光绪二十九年起分六年交清，每年交银五万两，至光绪三十四年为止一律交清。第一期在沪交盘费水脚银两在正项外，第二期至第八期就近在晋交兑。先期照会本教士定夺，均按照库平纹银交收，其每年交银之期以华历六月交一半十二月交一半，如届期不交，应按照所欠银数以八厘行息，何时交清即行停业。二、此次开建学堂，考究中西有用之学，自合同画押之日起，十年以内归本教士总管，一切章程课程均由本教士斟酌妥定，务尽美善。十年限满，交还晋省自行管理，一切章程课程悉听晋省酌量择善而从，其学堂房屋家具书籍仪器等项，一并交还晋省，概不抵价，俾敝教会爱晋之意，永远常留。三、总管学堂一切事务，应用中西各一员必须熟悉中外情形者，意见方能融洽，由本教士选举，由本部院札委。四、学堂延请中西大教习各一员，必须品学兼优者，其余小教习，临时酌定，俱由本教士访荐，由本部院聘订。五、开办学堂之始，必须购置宏广地基为永远计，其购地建堂置备书籍仪器价值，堂中员役薪工及一切杂用均在每期所交经费内开支，其堂中应招应补学生由华洋总办随时禀明本部院出示招考，并晓谕绅民，使知此次立学大有益于山西，不得阻碍疑谤。六、学生毕业由华洋总办考取申送本部院会同学院覆考，至学生如何录用，现已奉旨饬令各省遍设大学堂，应俟政务处颁到章程后照章办理。晋省现已设大学堂，此中西大学堂与晋省大学堂并京师各省大学堂一样看待，学生也一样录用。七、此学堂即名为中西大学堂，原为开启民智联合中西起见，各将此情节，由本部院奏明皇上并钦赐堂额一方，以昭正大。八、总管学堂中西各一员，教习学生华洋各一人，如有意见不同之处，恐生嫌忌，具由本教士做主，会商贵部院秉公办理。①

《晋省开办中西大学堂合同八条》签订之后，根据"大学堂成立后十年内由李提摩太总管，一切章程课程均由其斟酌妥定"②，1901 年 12 月岑春煊交付给李提摩太开办中西大学堂经费十万两。李提摩太在上海开始了中西大学堂的筹备工作。一是聘用教习。鉴于英国人敦崇礼"娴习中国方言，且闻见博洽，尤能热心教育"，李提摩太遂"延君充任大学堂专斋总理兼任教习"③；经美国人巴蕾博士的推荐，李提摩太聘瑞典人尼斯特乐姆（中国名字新常富）为化学教习。此外，李提摩太还专门在《申报》上刊登《山西大学堂访聘教习》的广告，称"山西大学堂拟请中国副教习数人，如精通中西文字者及能以汉文教授医、工、农、商等学者，按执照等次

---

① 山西大学纪事编纂委员会编：《山西大学百年纪事（1902—2002）》，北京：中华书局，2002 年，第 4 页。

② 山西大学纪事编纂委员会编：《山西大学百年纪事（1902—2002）》，北京：中华书局，2002 年，第 4 页。

③ 碑《本校前西学专斋总教敦崇礼事略》，存于山西大学堂旧址，今太原师院附中。

定薪水多寡，上等每月八十至一百二十银圆，次等每月四十至八十银圆。如有愿应此席者，请先将所得执照文凭保单照抄一纸，并开具履历，封寄上海江西路四十一号广学会译书处。准于来年二月初五日晤面，以便订立合同。"① 通过此举聘请了6名华人教习。

二是购置办学所需物资。在李提摩太的安排下，已聘用的总教习敦崇礼编制了所需办学物资的详细目录清单，包括装备实验室所用的仪器、电灯、电话、电线等，以及上课的讲义材料和准备上路的行装。如新常富不仅准备好了上课的讲义材料，还为学校置办了实验室所用的仪器，以及电灯、电话、电线等。他在一封家信中即提道："最近这些日子，我一直在这儿为搞到这些东西而到处奔跑。这就是说，我已经接替了负责整个化学系的工作"。② 经统计，李提摩太购置了乙炔煤气厂设备及器材、250米铁管、一台水泵、水龙头、燃烧器、螺丝帽等办学设备及器材，并经长途跋涉（从上海出发，先乘重庆号轮向北航行，经山东半岛到塘沽，从天津登陆乘火车到北京、保定，再骑马至太原）携运到山西。

① 郎永杰主编：《历史的见证——新闻媒体中的山西大学》，北京：中国社会出版社，2012年，第3页。

② 〔瑞典〕新常富撰，杨迟节译：《中华民国大事记》，2000年8月，山西大学档案馆校史资料室藏，第9页。

第三节　创立山西大学堂西学专斋

基本上在李提摩太与周之骧开始谈判的同时，1901 年 9 月，慈禧太后在"庚子西狩"回京途中颁布了上谕，要求各地兴办学校，"除京师已设大学堂，应行切实整顿外，着各省所有书院，于省城均改设大学堂，各府及直隶州均设中学堂，各州县均设小学堂，并多设蒙养学堂"。[1]岑春煊遂以"方今士习浮嚣，危言日出，全赖昌明正学，救弊扶颠"[2]为念，遵照规定将晋阳书院、令德堂撤销，并向朝廷上奏《设立晋省大学堂谨拟暂行试办章程》共六条，其中第二条"建学舍"云："省城旧有晋阳、令德两书院，令德逼近衙署，局势偏狭，晋阳在城东南隅，旁多隙地，现已就晋阳基址，派员详加勘估需要工料银两，就地实无从筹划，应请恩准作正开销。惟学堂工竣需时，刻下所调各属生徒陆续至省，未便令其久候，拟先借贡院略加修葺，即于四月初一开办。俟学堂落成，再

---

① 汤志钧、陈祖恩：《中国近代教育史资料汇编——戊戌时期教育》，上海教育出版社，1995 年，第 319 页。
② 行龙：《山大往事》，北京：商务印书馆，2017 年，第 26 页。

令迁入"。① 奏折获光绪帝朱批:"照所拟办理"②。岑春煊遂委派山西候补道姚文栋为督办、谷如墉为总理、高燮曾为总教习,以文瀛湖南乡试贡院为临时校址,1902年四月初一,即阳历5月8日正式开办了山西大学堂。

1902年4月30日,当李提摩太带领敦崇礼夫妇、新常富等被聘用之中西大学堂中外教习一行抵达太原府时,发现"有人正在大张旗鼓地筹备一所官立大学,与我负责筹建的大学很相似,并且被置于一位排外的政府官员的控制之下"。③ 虽然他对这一政策是支持的,"为这些大学拨出的启动资金的平均数与我为山西大学要求的一样多,这个计划使中国一时间充满了希望,一种学习西学的热潮迅速蔓延了整个帝国"。④ 但仍然感到十分意外,甚至抱怨山西当局"保守"与"狡猾"。新常富在其回忆录中写道:"在太原已经有一个中国的高等学府(进行国学教育),更狡猾的是,现在他们竟想采取第一个措施,试图把我们的学校拉进他们的学府里去,归它管辖,目的当然是把我们所搞的一切给剌拉掉。这对于我们的建校任务可是一个生死攸关的问题。"⑤

① 行龙:《山大往事》,北京:商务印书馆,2017年,第15页。
② 中国第一历史档案馆编:《光绪朝朱批奏折》(第105辑·文教学校),北京:中华书局,1996年,第489页。
③〔英〕李提摩太:《亲历晚清四十五年——李提摩太在华回忆录》,李宪堂,侯林莉译,天津:天津人民出版社,2005年5月,第283页。
④〔英〕李提摩太:《亲历晚清四十五年——李提摩太在华回忆录》,李宪堂,侯林莉译,天津:天津人民出版社,2005年5月,第287页。
⑤ 行龙:《山大往事》,北京:商务印书馆,2017年,第28页。

"考虑到在同一个城市里建立两所竞争性的学校在实践上是不可行的……既浪费大量经费，又将使中外不和"，李提摩太提议将"中西大学堂"与"山西大学堂"合并："把两者归并为一所山西大学堂，一部专教中学，一部专教西学"。沈道台立即表示了同意，并建议"一部称为中学专斋，另一部称为西学专斋"①。而岑春煊认为"两校合并"这一决定，"事关创举，未敢率允"，于是饬令署布政使吴廷斌、署按察使胡湘林、署冀宁道沈敦和，会同大学堂总理、在籍户部主事谷如墉等省城绅士筹议，商量讨论两校合并办理的流弊。②筹议结果认为：将两所大学合并利大于弊。一是使"西士、晋士日相涵濡，畛域以除，偏畸以化，仇教之端不禁自绝"。两校合并能进一步减少仇教情绪，保证山西地区的和平与安宁。二是"我课中学，彼课西学，各尽所能，同臻精粹，浑融新旧，贯串中西，既无分党之虞，易收达材之效"。同时，也能更好培养出中西会通的人才。三是"西人教习，必皆胜任，所授西学，可得真传"。四是"每年顿增数万金之经费，所缺学科可以增补"。五是"西学专斋所译之新书皆系大学堂之课本"。③接着，岑春煊又"复发策遍询大学堂士子"，

---

　　①《山西文史资料全编》编辑委员会：《山西文史资料全编》第二卷第17辑，太原：山西文史资料编辑部，1999年，第404页。

　　②行龙：《山大往事》，北京：商务印书馆，2017年，第29页。

　　③中国第一历史档案馆，北京大学，澳大利亚拉筹伯大学编：《清代外务部中外关系档案史料丛编——中英关系卷》（第二册留学教育）北京：中华书局，1997年，第337页。

出一道"合并利弊论"，让士子们做。结果在一百零八名士子当中，赞成合并的竟有六十八名之多，而反对合并的只有十三名，"主不归并者少，主归并者多"。①

在此基础上，双方开始了"归并办理"的交涉。无疑，如前所述岑春煊之同意合同草案"实以迅了巨案为心，并非真冀收育才之效也"②，所以他加速改造书院，抢先筹建山西大学堂自有其担心外人侵我教育主权之虑。李提摩太就记述道："一些昧于世界大势和带有偏见的人对岑巡抚讲，我所筹办的中西大学堂仅仅是一个使华人改变信仰的学术机构，以便毁灭儒教，迫使山西学子成为耶稣教徒，并放弃中国最神圣的习俗而去学习邪恶的生活方式。……有人劝他开办一所以儒教为本的敌对的大学。"③

此次商议长达两个多月，双方始终在传教及主权问题上争论不已。敦崇礼曾心灰意冷地对新常富说："现在最好是卷起我们的背包回欧洲去，只要我们不去用这笔钱在这里建什么大学，他们是愿意把钱给我们的。"④最后，山西官绅们确定无传教之嫌，无侵权之嫌，才同意与李提摩太签署归并条款。1902年6月7日，双方在太原府签署《山西大学堂创

① 行龙：《山大往事》，北京：商务印书馆，2017年，第29页。
② 陈学恂：《中国近代教育史教学参考资料》下，北京：人民教育出版社，1987年，第246页。
③ 徐士瑚：《解放前的山西大学》，山西文史资料编辑部《山西文史精选——建国前的山西教育》，太原：山西高校联合出版社，第50页。
④ 行龙：《山大往事》，北京：商务印书馆，2017年，第17页。

办西斋合同二十三条》：

　　查光绪二十七年十月，山西巡抚委候补知县周之骧，在上海原订之合同第六条内晋省已设立大学堂，此中西大学堂与晋省大学堂一样看待云云，语极分明，原系两事。今广学会总办李提摩太因念款系晋省所筹，不如归并办理，庶几用款少而成功多。因与巡抚并通省官绅，和衷商订，拟列条款如下：第一条，商定此后将中西学堂名目改为西学专斋，归入晋省奏设大学堂办理。第二条，前订合同所指定晋省筹出之司库平纹银五十万两，今作为大学堂西学专斋经费，请李提摩太代为经理，以十年为期。自光绪二十七年付款之日起，扣足十年，即为期满。如未届十年，五十万款项用尽，亦即作为期满，交由晋省官绅自行经理。倘已届十年期满，无论款项有无余剩，均即交由晋省官绅经理，以符原议。第三条，西学专斋经费，除光绪二十七年付过银十万两，光绪二十八年再付银十万两为开办经费，下余三十万两，于光绪二十九年起，每年付银五万两，至光绪三十四年一律付清，均在晋省交付。至付款之期，以华历六月付一半，十二月付一半，不误支用。第四条，此合同限期内，所有西学专斋总分各教习、委员司事薪水、饭馔，夫役工食，及建造屋宇，购置图书、仪器、器具、笔墨、纸张，并译书一切费用，统归西学专斋经费项下动用，按年造册，交由总理督办详呈巡抚核销。至西学专斋总理督办各员应支薪水，由中学专斋筹给，不在西学专斋经费内动支。第五条，西学专斋仪器书籍等项，皆系晋省款项所购，应随时立册登载，并盖本斋图记，以便十年后点交。第六条，此次议将拟立之中西学堂归并大学堂，作为西学专斋，既拟并入大学堂，即系中国之国家学堂，专斋课程只讲求各种有益之新学。第七条，西学专斋学科分为五门，一曰文学，内分同文、史记、地理、师范等学。一曰法律学，内分政治、财政、交涉、公法等学。一曰格致学，内分算学、物理、化学、电学等学。一曰工程学，内分机器、工艺、矿路、地质等学。一曰医学，内分全体、内外、大小、男女、居宅卫生、药物等学。第八条，今请巡抚勘明地段，动用西学专斋经费洋四万元，以便酌夺建造西学专斋之讲堂、藏书楼、仪器舍、阅报所、实验场、体操场、客厅、司事夫役住房等屋。该各等房屋尚未建造之先，应请巡抚于半月内酌给公所，暂为开办西学专斋之用。至学生斋舍则均在中学专斋，此不重建。第九条，西学专斋学生饭馔、膏火、煤炭、油烛各项杂费，暨启闭修规，均由中学专斋自行办理。西学专斋概不过问。第十条，各教习西人则由李提摩太荐举，商明巡抚，缮立合同，由李提摩太签字。所有教习西人等与学堂一切交涉，均与李提摩太或敦崇礼商办，概不函电公使等官与闻其事。如不恪守延聘合同，可由巡抚知照李提摩太照延聘合同条款辞退，再由李提摩太另延。至华人则由总教习荐举，会同总理督办缮立合同。第十一条，西学专斋学生以二百名上下为额。应由巡抚会同学政，选取全省中年在三十以下极聪颖、兼已游庠序者，送入西学专斋习专门西学，以期成效迅速，六年后，堪胜本斋及中小各学堂教习之选，并可备国家器使。其开学之初，额数若不满二百名，先送一百名亦可，俟后拔取补足以符原议之数。第十二条，西学专斋遇有商改课程及应办事件，由西学总教习随时与总理督办会商改订。惟课程无论如何商改，均不得与第七条所列各学科稍有违背，及于此外增立别项名目。倘有违背，或别有增立，可由巡抚立时将此合同作废，并将以后应交之款停交。如晋省官绅违背此合同，可由李提摩太将未交款项，立时全取，移作翻译有用书籍之用。第十三条，西学专斋学生，如有违规暴弃等情，即由总教习会同总理督办察看情节轻重，随时开除。另有中学专斋，挑选补额。其有婚丧要事，暨应乡会试者，均照巡抚奏定章程办理。第十四条，大学堂考校章程，已经巡抚奏定。今西学专斋归入大学堂，亦应按照奏定章程办理。第十五条，学生普通学限满，及专门学毕业，应如何分别考试给予凭照优予出身之处，均按巡抚奏定章程，及巡抚奏拟选举章程奏准后遵照办理。第十六条，西学专斋各教习，每届三年，果系认真教诲者，著有成效者，应援照各省大学堂奏准成案择优保奖。第十七条，本省往来文件报销册籍，即用大学堂关防以归划一。若与外省公文，详呈巡抚核转。第十八条，此合同限期以内，如李提摩太有事不能始终经理，由总教习敦崇礼接续办理。

如总教习敦崇礼亦有他事，即由以后之总教习接续办理。第十九条，此次议将晋省大学堂西学专斋归西士经理，系各省未见之事。如合同议定后，应请巡抚奏明请旨，倘不蒙朝廷允准，仍即作废。第二十条，此次合同系山西巡抚与通省官绅暨李提摩太和衷商订，已极周详。所有光绪二十七年十月上海议立之合同，俟奏准后注销，以免歧异。凡此次合同以外，概不牵涉。第二十一条，此次合同奏准后，即勒石大学堂，期内恪遵合同办事，彼此均不增减一字。第二十二条，本合同签字后，由司道呈请巡抚盖印。第二十三条，本合同一式三份，一存山西巡抚衙门，一存山西大学堂，一存上海广学会。[①]

虽然以中学专斋总理谷如墉为代表的一些山西士绅指控该合同对李提摩太让步过多，牺牲华人的权利，[②] 但岑春煊对于该合同是满意的。用他的话说，合并有四"无嫌"："无主权旁落之嫌""无牵涉传教之嫌""无学生根底不深，逐末忘本之嫌""无速成交涉，久假不归之嫌"。[③] 一些士绅对合同也极为满意，认为"他们赢了，因为李提摩太要办的现代大学，最后只成了山西大学堂的一个部分。更重要的是，这所学校还叫山西大学堂。"[④]《山西大学堂创办西斋合同

---

① 山西大学纪事编纂委员会编：《山西大学百年纪事（1902—2002）》，北京：中华书局，2002年，第11—12页。

② 行龙、李豫：《山西大学堂》，太原：山西人民出版社，2002年，第15页。

③ 行龙、李豫：《山西大学堂》，太原：山西人民出版社，2002年，第15页。

④ 沈迦：《西斋十年》，《一条开往中国的船：赴华传教士的家国回忆》，新星出版社，2016年，第66页。

二十三条》签订后，遂注销《晋省开办中西大学堂合同八条》，新合同一式三份，一存山西巡抚衙门，一存山西大学堂，一存上海广学会，并勒石于大学堂内①，成为双方办学之约束，成为山西大学堂创立和发展的法理基础。该合同签字盖章批准后，清廷还在官方报纸《京报》用整期版面对其加以介绍，并发送到全国的大小官员手中。

无疑，李提摩太在两份合同的签订过程中为了坚守自己的教育理想，也有妥协，尤其是在"传教"问题上。据李提摩太回忆，当时山西当局坚持教会不得干预学校，禁止在校内宣讲教义。在商谈期间，沈敦和奉岑春煊之命就极力说服李提摩太在合同加上不许在学堂教授耶稣教教义一条。起初李提摩太坚决不同意，二人竟辩论了整整 8 个小时。李提摩太曾生气地指出："宗教自由问题，是清政府在同好几个国家签订的和约中同意了的。倘若巡抚现在被授予了特别权力，能够凌驾于条约之上，将它们废置不顾，那我们可以讨论这样一条禁止基督教的规定。如果他没有这样的权力，则没有必要就这个建议继续浪费时间了，因为我决不会同意这样的东西。"② 但最终还是做出让步，没有把这个问题写进合同。为此，他还受到了基督教一些激进派的攻击，认为没有能够

————————

① 行龙：《山大往事》，北京：商务印书馆，2017 年，第 31 页。

② 〔英〕李提摩太：《亲历晚清四十五年——李提摩太在华回忆录》，李宪堂、侯林莉译，天津：天津人民出版社，2005 年 5 月，第 283—284 页。

利用赔款把西学专斋办成教会大学，是白白放弃了一个大好机会。

第四节　山西大学堂西学专斋的成立

《山西大学堂创办西斋合同二十三条》签订后，由岑春煊推荐，清廷委派沈敦和为大学堂督办，李提摩太为西斋总理。6月9日，岑春煊下令将太原城内最好的建筑物皇华馆学台衙门拨给李提摩太，作为西斋临时斋舍。至此，诚如苏慧廉指出的，李提摩太早期的两个梦想都实现了："铁路运输可以避免可怕的灾荒再度降临，还能开发山西富饶的自然资源；大学可以培养本地的人来开发自己的土地和人才。"①

6月10日，李提摩太因事务繁忙离开太原，他委托敦崇礼以西学专斋总教习身份具体管理和运营所有校务。同时，在他的指导下，他所聘请的第一批教习立即投入西学专斋馆舍——皇华馆学台衙门的修整。6月12日，敦崇礼指挥数百名工匠开始了对皇华馆学台衙门的修整。为了兑现"在十一天内一切准备就绪，以迎接教学工作的开始"这一承诺，修

---

① 〔英〕苏慧廉：《李提摩太在中国》，关志远等译，广西师范大学出版社，2007年12月，第243—244页。

195

整工作异常紧张忙碌。"每天晨6时,数百名工匠瓦匠木匠就开始工作,有的墙被拆掉,有的墙被建起来,房子清理干净后加以扩大,周围的杂草被清理,路也修了起来"。① 教习们不仅和工匠一样,"每天早晨从7点钟开始……都在皇家花园同瓦匠们一道工作……吃了很多苦",还积极发挥专业优势,"充当了……从建筑师、机械工程师、土木工程师直至电器工程师"。② 如新常富1902年6月16日,带领工人给水井安装水泵,并亲自下到井里将水泵安装好。20日,他又带领工人栽电线杆,安装电铃电线,并亲自爬上电线杆,把绝缘器拧紧,将电线从一个个绝缘器上穿过,把中学专斋和西学专斋连接起来(约1000米左右),在西学专斋接待室里安装了电话机。此举受到岑春煊赏识,并邀新常富也为巡抚衙门安装电话。经过修整,西学专斋馆舍焕然一新:"皇家花园里充满了田园诗般的恬静,这里有高大的垂柳和其他树木,有开花的灌木丛,有叽叽喳喳鸣叫的鸟儿,这一切,只有在这远离铁路和工厂的中国才能找到"。③

6月26日,皇华馆学台衙门的修整工程完工,由学台刘嘉琛通过向各县分配名额调集的优秀士子经考试录取的95名

① 山西大学纪事编纂委员会编:《山西大学百年纪事(1902—2002)》,北京:中华书局,2002年,第9页。

② 山西大学纪事编纂委员会编:《山西大学百年纪事(1902—2002)》,北京:中华书局,2002年,第9页。

③ 山西大学纪事编纂委员会编:《山西大学百年纪事(1902—2002)》,北京:中华书局,2002年,第9页。

新生也已到校，西学专斋举行了开学典礼，全体新生、中学专斋教习学生，以及省城重要官员与士绅参加，岑春煊与敦崇礼分别讲话，宣布山西大学堂西学专斋正式成立。山西大学堂原来部分改设为中学专斋，谷如墉任总理。

第**3**章

李提摩太与山西大学堂的发展

第一节　李提摩太与洋教习的聘任

鉴于当时中国"所延之西教习，恒等上驷无多，此皆有中外隔阂，难知底蕴"的现状，且考虑到"未能多得西师，无有广传西学"，"以西人延西人教习，必能胜任，所授西学，可得真传"[①]，西学专斋的教习主要由李提摩太延聘，"商明巡抚，缮立合同，并由其签字"[②]。李提摩太也曾记述："学堂延请中西大教习各一员，必须品学兼优者。其余小教习，临时酌定俱由本教士访荐，由本部院聘订……如有意见不同之处，恐生嫌忌，

[①] 岑春煊：《奏请将晋省赔款五十万两交英人设学折》，舒新城：《中国近代教育史资料》下册，人民教育出版社，1981 年，第 1094 页。

[②] 陈学恂：《中国近代教育史教学参考资料》下册，北京：人民教育出版社，1987 年，第 249 页。

俱由本教士做主，会商贵部院秉公办理。"[1] 李提摩太在延聘教习方面颇费心力，对于总教习，他直接联系聘请，如鉴于敦崇礼"娴习中国方言，且闻见博洽，尤能热心教育"，李提摩太遂"延君充任大学堂专斋总理兼任教习"[2] 苏慧廉太太路熙也回忆："有一天，我们新安装的电报传来了一个短消息，它写着'你能接受山西大学堂总教习的职务吗'，这个消息使我们很吃惊。"这封电报即是李提摩太的聘请。其他教习，一则他从欧美延聘，如季成信、马尔东、李恒礼、莱门义、卫乃雅等，卫乃雅嫡孙安德鲁·威廉姆斯曾介绍：因其"在威尔士大学学习期间成绩优异"，被一位教授推荐到山西授课。[3] 一则广布消息，积极招揽。如新常富经美国人巴蕾博士推荐，被李提摩太聘为化学教习。

在李提摩太的积极张罗下，山西大学堂共聘请了洋教习17名，按照到校年月，可分为四批：第一批共有7人：敦崇礼、新常富、毕善功、莱门义、李恒礼、马尔东、季成信，由李提摩太聘于上海，并随其于1902年4月30日抵达太原。第二批3人：裴爱仁、燕瑞博、西林泰，于6月30日到校；第三批为后聘的克德莱、卫乃雅、苏慧廉3人，分别于1906年3月和1907年7月到校。第四批为1907年之后来校的欧师德、高本汉、威廉姆斯。详见表3-1：

---

[1] 山西大学纪事编纂委员会编：《山西大学百年纪事（1902—2002）》，北京：中华书局，2002年，第4页。
[2] 碑《本校前西学专斋总教敦崇礼事略》，存于山西大学堂旧址，今太原师院附中。
[3] 据安德鲁·威廉姆斯先生口述，2016年12月12日于山西大学博雅会议中心。

表3-1: 山西大学洋教习一览表

姓名	国籍	任授学科（职务）	每月薪水	在堂年月	履历	官职及荣誉	离堂后经历
李提摩太	英国	西斋节制、总理		1902.4—1911.1	浸礼会传教士、广学会会长、道学博士	钦赐头品顶戴、代正一品封典、二等第二双龙宝星勋章、文学翰林	
敦崇礼（Moir Duncan）	英国	西斋总教习		1902.4—1906.8	浸礼会传教士	钦赐文学翰林、格致举人	1906年8月病逝，太原龙山，清政府追授一品光禄大夫、赏红宝石顶戴。
毕善功（L.R.O.Bevan）	英国	西斋副总教习、法律教习	三百两	1902.10到堂，1906年8月至1907年代理总教习	法律进士	二品顶戴、格致举人、二等第三宝星并二品封典	1912年任山西大学校法科学长，1913年至1941年，任北京大学、燕京大学教授，1945年病逝于澳大利亚。
新常富（尼斯特乐姆 Nystrom,Erik T）	瑞典	西斋化学、图画教员	二百九十两	1902.4—1920	格致博士、工学士（一说工程师和哲学博士）	钦赐三品顶戴三等第一宝星	迁居北京，曾在燕京大学地理系兼课。1937年至1949年任瑞典新闻社驻华通讯员，兼北京瑞典协会会长，1957年去世。

姓名	国籍	任授学科（职务）	每月薪水	在堂年月	履历	官职及荣誉	离堂后经历
季成信	英国	西斋高体操军教员		1902	英国陆军武员		
马尔东（Mardon）	美国	西斋高文教员		1902	哥伦比亚大学文学士		
李恒礼	美国	西斋矿学教员		1902	美国及其矿物公司会员	格致举人	
莱门义	美国	西斋格致教员		1902.4		格致秀才	
裴爱仁	美国	西斋工学教员		1902.6	格致博士		
西林泰（一说华林泰）	英国	西斋物理学教员		1902.6		格致进士	
燕瑞博	英国	西斋文学、地舆、物理	二百九十两	1902.7	格致博士	三品顶戴	后入北京大学执教
卫乃雅	英国	西斋矿学教员		1906	威尔士大学毕业，英国矿物工程研究会会员，格致博士	三品顶戴，三等第一宝星	

姓名	国籍	任授学科（职务）	每月薪水	在堂年月	履历	官职及荣誉	离堂后经历
克德来	英国	西斋文学教员	二百五十两	1906.3	英京师范学堂教员，文学博士		后入北京大学执教
苏慧廉	英国	西斋总教习；地质学		1907.7—1911	循道公会传教士，英国王家地学会会员	二品顶戴并三代二品封典，二等第三双龙宝星助章	1914 年至 1918 年在欧洲做青年会宗教工作。
欧师德	英国	西斋工学教员		具体不详（根据苏慧廉记述，当为 1907 年 7 月之后）		格致博士	
高本汉	瑞典	德语、法语		不详（据瑞典马悦然回忆，当为 1910 年）	乌普萨拉大学毕业		
威廉姆斯	美国						

（根据《山西大学西学专斋教职员题名碑》（宣统三年七月），现存太原侯家巷；《1902、1904年教职员表》，朱有瓛主编：《中国近代学制史料》（第2辑上册），上海：华东师范大学出版社1987年，第999—1005页；王家驹：《山西大学初创十年间》，第89—90页；《学部官报》第十期京外学务报告第56—57页；苏慧廉：《李提摩太在中国》，第250页；（瑞典）马悦然：《另一种乡愁》，北京：新星出版社，2015年，第110页；沈迦：《西斋十年》，《一条开往中国的船：赴华传教士的家国回忆》，新星出版社，2016年。沈迦：《寻找·苏慧廉》，北京：新星出版社，2013年。）

李提摩太聘任的洋教习队伍，和当时其他学堂相比，一者多为英国籍，如李提摩太、敦崇礼、苏慧廉、毕善功、克德莱、季成信、卫乃雅等，占到总数的75%。英国记者莫理循曾称："山西大学堂是一所完全由英国人主办的有声誉的学府"。[1]此说虽不免有夸大之嫌，但山西大学堂与英人关系之密切乃是不争的事实。

二者学历水平颇高，敦崇礼是英国格拉斯哥大学硕士，苏慧廉是英国英京大学堂学士、皇家地学会会员，毕善功是英国法学士、文学硕士，克德莱是英国英京师范学堂教员、文学博士，季成信是英国陆军武员，卫乃雅是英国格致博士、矿务工程研究会会员等。

三者年龄结构相对合理，既有敦崇礼、苏慧廉等教育经验丰富之士，也不乏年轻学人。如敦崇礼陕西传教时，就开办了崇美中学、崇真小学等多所学堂，有着丰富的创办学堂

---

[1]〔澳〕骆惠敏编：《清末民初政情内幕》下卷（1912—1920），北京：知识出版社，1986年，第70页。

的经验。苏慧廉在温州期间也曾创办了近代温州第一所、也是唯一一所教会学校——艺文学校，并在创办艺文学校过程中综合考察圣约翰大学、南洋公学的办学体系、课程设置等，对创办中国近代学堂与传播西学之间的关系有了自己的思考："除了仿效先有的基督教大学，教育改革后，本土化的教育还能成为什么样子呢？"① 而年轻人如新常富就职时仅 22 岁，卫乃雅到堂时也仅 25 岁。

四者工作热情极为高涨。如新常富一接到李提摩太的聘用消息，"没有什么犹豫和讨价"即欣然应聘，并且很快拟就了工作规划："第一段时间，在我的中国话能讲通之前，我将装备实验室和准备讲稿，接下去将对从山西各地矿区采集来的样品进行分析，以便对这些东西有个概念。如果有时间的话，我还打算骑着那匹我对叶达提到过的小马（行按：叶达是新常富的妹妹）出去做几次短途旅行。因此，我做了一件有很多口袋的上衣，就像一件猎装似的。"一到山西新常富就以极大的热情投入教学活动中，"到此为止，我的关于山西省在中国的技术条件下成为现今工业省份的希望暂时得到了落实……我考虑过，最好是抓住机会立马开始。"② 卫乃雅到堂不仅担任西斋机械和矿山工程专业课程的教习，还

---

① 〔英〕苏慧廉：《晚清温州纪事》，宁波：宁波出版社，2011 年，第 136 页。
② 〔瑞典〕新常富撰：《中华民国大事记》，杨迟节译，2000 年 8 月，山西大学档案馆校史资料室藏，第 21 页。

担任了工科采矿冶金学门的教习，除了专业工作外，他还为机器房组装了 25 马力的快速蒸汽机、水管式锅炉、直流发电机等设备，解决了全堂用电问题。

更需一提的则是敦崇礼和苏慧廉两位总教习。英国浸礼会传教士敦崇礼作为第一任总教习在西斋的创建上可谓李提摩太的得力助手，1901 年 7 月代表李提摩太到太原与岑春煊商议办理山西教案善后事宜；1902 年 3 月，以总教习身份在上海开始准备实验仪器、电灯、电话等办学设施；4 月随李提摩太再次到太原，携运了大量办学设备，如乙炔煤气厂设备、250 米铁管、一台水泵、水龙头、燃烧器、螺丝帽等；6 月和李提摩太作为英国代表，随同岑春煊上《为晋省拟将耶稣教案赔款另立学堂归并大学堂作为西学专斋》奏折；6 月 12 日开始指挥数百名工匠修整作为西斋校舍的皇华馆学台衙门；6 月 26 日在西斋开学典礼上作为总教习和岑春煊分别讲话。当李提摩太返回上海后，敦崇礼成为西斋实际负责人，管理着"所有教习西人等与学堂一切交涉""商改课程及应办事件""学生如有违规暴弃之情"[1] 等一切教学工作。如鉴于"堂课过多，每致劳疲，而于自修反不加意"，遂定"每周堂课仅二十五点至三十点钟"；[2] 考虑到中国人"体力远不如"西人，且对

---

① 山西大学纪事编纂委员会编：《山西大学百年纪事（1902—2002）》，北京：中华书局，2002 年，第 12 页。

② 侯景飞：《山西大学堂西学专斋课程表》，《江宁学务杂志》，1908 年，第 19 页。

体育"向不讲求",特加体操、卫生、医学等课,"以谋体育之发达";①采取奖惩并举的方式,与西斋学生签订学习契约保证正常的学业;每月实行月考,采取百分制,对各门功课在80分以上者进行奖励,以保证教学效果;参照京师大学堂章程,要求学生毕业后继续进习专门课,健全了山西大学堂高等教育学制。此外,1902年至1904年他还负责了侯家巷新建校址的设计与规划,对西斋的公堂、藏书楼、实验楼、博物馆等各房屋进行了功能划分,并对工程科、律法科、文科、医科、格致科教学建筑进行了绘图设计。此期敦崇礼已然成了整个校务的负责人。山西巡抚张曾敭就曾指出:"外场科学均卓有可观,实由西斋总教习敦崇礼教导有方、办事精实。三年以来,督促各华洋分教习,始终不懈,故能有所成就……该总教习等殚竭心力,勤劳可嘉"。②李提摩太也指出:"山西大学的成功,在很大程度上应归功于他非凡的工作热情、永不疲倦的精力,关于中国人和中国文字的广博知识,以及他的聪明睿智和处理事务的实际工作能力"③。他去世后山西大学堂为其立碑称其"竭力经营,克尽厥职。大发智力及精

① 侯景飞:《山西大学堂西学专斋课程表》,《江宁学务杂志》,1908年,第19页。

② 中国第一历史档案馆编:《光绪朝朱批奏折》(第105辑·文教学校),北京:中华书局,1996年,第675页。

③〔英〕李提摩太著:《亲历晚清四十五年——李提摩太在华回忆录》,李宪堂、侯林莉译,天津:天津人民出版社,2005年5月,第289页。

神二者，以贯注全校，是即大学堂之厚幸也"。①

英国传教士苏慧廉1907年7月正式到山西大学堂担任总教习，负责西学专斋教学活动。一是亲自担任了西斋地质学课程的教习，并在继续维持预科教育的基础上，积极推进大学堂教育由一般性教育转化为专业性教育。他说："在山西大学，我很难继续追随敦崇礼的脚步。有许多困难不容我慢慢思量，而且只有四年的时间，要完成这样一个已经有了辉煌开端的工作实属不易。在我来校之前，敦崇礼博士、毕善功先生和教员已经计划引进法律、物理、化学和矿业工程等专业课程。后来我们增加了一门土木工程课，由欧师德先生授课。"② 在他的推动下，山西大学堂1908年开办了工科土木工程学门，进一步完善了大学堂专门科的建制，并招收西斋预科毕业生进习专门科，继续深造学业。二是重视教材编译。他在审定教材的过程中，发现了在全国范围内翻译西方著作中存在的术语混乱的问题，于1909年建议清政府成立术语部，以统一翻译过程中特别是在翻译西方科学教材中涉及的专有名词，最终促成了严复筹办并成立编订名词馆，这对清末学习引进西方科学知识的精准化，对新式学堂科学教育开展的规范化有着积极意义。三是积极扩大学堂之影响。苏慧廉在

----

① 碑《本校前西学专斋总教郭崇礼事略》，存于山西大学堂旧址，今太原师院附中。

② 沈迦：《西斋十年》，《一条开往中国的船：赴华传教士的家国回忆》，新星出版社，2016年，第75页。

给其母亲的信中写道："我只需管理教学，同时还需要与官员、士绅等保持密切联系，促进他们对西方文明的兴趣。"①此外，他也非常注重对中国文化的学习与传播，1910年，他将《论语》翻译为《The Analects of Confucius》（《论语英译》），该书译本在英国、美国、日本广泛发行，成为西方解读中国传统文化的重要文本。

李提摩太之所以能够组建出这支优秀的洋教习队伍，除了他的人脉广泛、影响较大、积极延聘外，还与他善于交际，得到各级官员的赏识，从而争取到极为优厚的聘用待遇有关。第一，较高的薪资。大体而言，洋教习薪水比华人教习要高出数倍乃至十几倍。《山西大学堂试办章程》中所定洋教习的薪资为"月支薪水银五百两"，总教习、副总教习应该更多。而华人教习的薪资总教习"拟定月支薪水银三百两"，副教习"拟定每员月支薪水银一百五十两"，中学分教习"拟定每员月支薪水银六十两"，提调"月给薪水银五十两，公费银三十两"。②另以1906年薪水实际发放为例，克德莱、燕瑞博、新常富、毕善功分别各拿到二百五十两、二百九十两、二百九十两和三百两。而西斋中华人教习最多者为叶殿荣，

---

①〔英〕苏慧廉家信[A]. 藏于伦敦大学亚非学院图书馆档案特藏室，档案编号:MMS/Special Series/biographical/China FBN29.
②《晋抚岑大中丞遵旨拟定的山西大学堂试办章程》,《申报》,1902年8月30日。

拿到一百两，而最少者如金萼岫则低至六十五两。[①]

第二，洋教习还能得到政府的官衔赏赐。《山西大学堂创办西斋合同二十三条》第十六条就规定："西学专斋各教习，每届三年，果系认真教诲者，著有成效者，应援照各省大学堂奏准成案择优保奖"[②]。据此章程，1905 年山西巡抚张人骏上奏为西斋总教习敦崇礼请功："该专斋总教习敦崇礼教导有方、办事精实……殚精竭虑，勤劳可嘉"[③]。1907 年山西巡抚恩寿再次上奏为李提摩太等西斋教员请赏，清廷赏赐李提摩太头品顶戴、二等双龙宝星，敦崇礼文学翰林，苏慧廉二品顶戴，毕善功二品顶戴，新常富三品顶戴，燕瑞博三品顶戴等荣誉。1910 年因三年届满，山西巡抚丁宝铨又为洋教习等请奖，李提摩太"拟请赏给三代正一品封典"，毕善功"拟请赏给二等第三宝星并二品封典"，新常富、卫乃雅等"拟请赏给三等第一宝星"。[④]伴随着官衔赏赐，洋教习也普遍受到了各级官员的尊重，社会地位较高。如 1903 年 3 月史料就有记载："护理巡抚、山西大学堂节制吴廷斌宴请山

---

①《学部官报》第十期，《京外学务报告》，第 56—57 页。见朱有瓛主编，《中国近代学制史料》第 2 辑上，华东师范大学出版社，1987 年 6 月，第 1002 页。

②《山西文史资料》编辑部：《山西文史资料全编》第 2 卷，第 14—25 辑，1999 年，第 408 页。

③ 中国第一历史档案馆编：《光绪朝朱批奏折》（第 105 辑·文教学校），北京：中华书局，1996 年，第 675 页。

④ 潘懋元等编：《中国近代教育史资料汇编》（高等教育），上海：上海教育出版社，2007 年，第 77 页。

西大学堂西教习，以促进山西与国外的交往，增进同外国人之间的友谊，并感谢他们对山西大学堂教育所付出的艰辛劳动"。① 当然，山西大学堂对洋教习的管理也较为严格。《山西大学堂创办西斋合同二十三条》中第十条就规定洋教习如果不遵守聘任合同，"可由巡抚知照李提摩太照延聘合同条款辞退，再由李提摩太另行延聘"。

需要一提的是，总教习及洋教习队伍确定后，李提摩太虽很少具体过问教学事务，但基本每年总教习都要给李提摩太汇报办学情况。根据徐士瑚提供的 1903 年汇报总结报告，敦崇礼不仅汇报了山西大学堂中西两斋的师生概况、课程设置、教学方式等，并且还提到了"主管全省教育的机构""81 个初等小学堂""80 所中等学堂""农林学堂""满洲高等学堂""政治学堂""军事学堂"等概况，并总结道："尽管目前山西的教育改革与进步并不是十分明显，但对于有 800 万人民的山西来说，这种改革与进步将是一个良好的开端"，俨然就是一份"关于山西省教育的报告"。

---

① 山西大学纪事编纂委员会编：《山西大学百年纪事（1902—2002）》，中华书局，2002 年，第 17 页。

第二节　李提摩太与英式教育模式的确立

如前所述，来华初期李提摩太就在深刻批判中国传统教育模式的基础上，大力推介和倡导西方的，尤其是英国的近代教育思想和教育模式，积极为推进中国教育改革出谋划策。在他这种教育思想的指导下，以及他所聘任的洋教习，尤其是两任总教习——敦崇礼、苏慧廉等的努力运营下，西学专斋的课程设置、教学管理皆呈现出浓厚的"英国风"。

一、课程设置

李提摩太为了贯彻自己的教育思想，在建校之初就坚持争取制定课程表的权力。他在《山西大学堂创办西斋合同二十三条》的第七条就坚持规定：西学专斋学科共分为五门，一曰文学，内分同文史记、地理、师范等学；一曰法律学，内分政治、财政、交涉、公法等学；一曰格致学，内分算学、物理、化学、电学等学；一曰工程学，内分机器、工艺、矿路、地质等学；一曰医学，内分全体、内外、大小、男女、居宅卫生、药物等学。[①] 为防止日后中国官员删改山西大学堂的课

[①] 陈学恂：《山西大学堂章程》，《中国近代教育史教学参考资料》下，第249页。

程设置，又在第十二条重申："惟课程无论如何商改，均不得与第七条所列学科稍有违背，及于此外增立别项名目"。"如晋省官绅违背此合同，可由李提摩太将未交款项，立时全取，移作翻译有用书籍之用。"①可见，李提摩太对于山西大学堂所设课程内容的重视，也能感受其办学的初心，"设有用之课，育有用之才"。正像他曾反复所说的："讲授的科目，这将不仅是中国的经史，而将是有用的世界知识。"②

西学专斋刚开学时开设的课程有：数学（笔算至命分）、英文（酬应问答、读解、临帖、文法）、化学（有机化学总论、原质之性、化合程度）、物理（动与力之理并算题）、地舆（地理之天文、世界总论、欧洲形势）、史记（泰西新史）、生理、动植学（开端）、绘图（无器自绘）、体操（身操、踢球等）。③1902年8月西斋又开设了数学（命分全部）、英文、化学（试法、呈题）、物理（吸力至流水力）、地舆（美洲形势、亚非利加形势）、史学（美日两国史）、绘图（简易单形图、远近法）、动植物学（全部）等，④之后课程设置基本稳定。⑤

---

① 陈学恂：《山西大学堂章程》，《中国近代教育史教学参考资料》下，第250页。
② 〔英〕李提摩太：《中国的教育问题》，陈学恂：《中国近代教育史教学参考资料》下，第51页。
③ 山西大学纪事编纂委员会编：《山西大学百年纪事（1902—2002）》，北京：中华书局，2002年，第9—10页。
④ 山西大学纪事编纂委员会编：《山西大学百年纪事（1902—2002）》，北京：中华书局，2002年，第15页。
⑤ 山西大学纪事编纂委员会编：《山西大学百年纪事（1902—2002）》，北京：中华书局，2002年，第15页。

西学专斋的学制分两个阶段，第一阶段三年，属于预科，相当于现在五年制中学，学习一般的近代学科，其中以英语、数学为主课；第二阶段四年，属于专科，相当于现在四年制大学，预科毕业后方可升入专科。1906 年 10 月 14 日，专科开始开课。原拟开设律法、格致、工程、矿学四科，但因人数少，只开办了律法、矿学、格致三个专门科。法科四年开设的课程有：法律学、罗马法、国际公法、名法、伦理、英文、财政学、宪法、契约法、刑法、商法、刑事诉讼法、民法、交涉法、国际法制比较、法文、大清律例要义、中国历代刑律考、中国古今历代法制考、海军律；矿学科四年课程有：采矿学、机器制造与绘图、数学、应用力学与实验、化学实验、英文、矿物与地质学、汽学、试金术与实验、测量与实验、矿学测量实验、矿质实验、选矿质、矿地实验、矿学机械、矿学应用电气、冶金学与实验、电化选矿质、矿洞实验；格致科（实验化学科）四年课程有：无机化学与实验、数学（微积分）、机械法与实验、矿质与地质学、物理与实验、绘图、英文、有机化学与实验、分析化学、电气化学实验、应用化学与绘图、应用化学与制造、热学、冶金学、电气化学、化学新理、研究化学新法。1908 年又开办了工程科，四年课程有：机器原理、机械制造与绘图、应用力学与实验、化学实验、机械造法与实验、热机关、材料力学、测量与实验、物理实验、最新机器学、电气工学、水利学。① 上述这些课程，"学生因见所未见、闻所未闻，特别无机化学，化分与配合之实验，立刻兑现，物理算学之种种公式对证有据，引起兴趣，学而不厌"②，学生们学习兴趣浓厚，学习积极性很高。

除了文化课程设置外，西学专斋还非常重视体育活动的开展和体育课程的设置。设斋之初就将周六作为体操、踢足球的固定时间，主要由瑞典教习新常富负责，他带领学生按照瑞典方式上体操课和踢足球。新常富曾记道："如果有位漫画家，将学生甩动着大辫子踢足球的场面画下来，会十分有趣"。"学生通过体操和西学的熏陶影响，在生活和敏捷性方面，具有长足进步"。③ 1904 年，西学专斋预科开设军事体操课程，季成信教授，由新常富专门绘制图纸，做了部分瑞典体操课所需的教材，还给学生发操衣。早期的一份西学专斋呈请巡抚张曾敩"亟应预为筹议"的请折中，曾专列"衣枪"以示重视：查中外各学堂，学生上课时，则各服公衣；体操时，则各服操衣；兵式操，则各执步枪，皆有学堂颁发，所以求整齐而肃观瞻也。敝斋自开办迄今，诸生上课、体操，皆无一定衣服，以致长短阔窄，漫无纪律。至兵式体操，非

---

① 山西大学纪事编纂委员会编：《山西大学百年纪事（1902—2002）》，北京：中华书局，2002 年，第 34 页。

② 王家驹：《山西大学堂初创十年间》，《山西文史资料》（第 5 辑），山西省政协文史资料研究委员会，1963 年，第 82 页。

③ 山西大学纪事编纂委员会编：《山西大学百年纪事（1902—2002）》，北京：中华书局，2002 年，第 14 页。

人执一枪，则更不能演习。可否酌制公衣、操衣及饬借旧枪二百支，俾使教练而资划一之处，应候核示。①从现存的一份《西学专斋呈功课及预备科三年六期课程表折》中可以看出，预科三年六学期每学期均开设体操课程，内容包括"练身、兵式、踢球等法"，内容新颖、形式多样且实用性强。其中一年级每周五个课时；二年级每周两个课时；三年级每周三个课时。②其对体育的重视程度可以说高于我们现在大学的体育课时设计安排。体操课时总数仅次于数学和英文两门主要课程。根据 1907 年预备科三年六学期课程表显示，当时第一学期体操科每周 4km，第二学期每周 3km，第三学期每周 2km，第四学期每周 2km，第五学期每周 3km，第六学期每周 3km，共占上课总时数的近十分之一。体操的考试内容主要是兵操各法，包括：归队、步伐、转弯、转法、改方向、向左右成排、枪法各式、放枪各法等。③

李提摩太曾向山西巡抚岑春煊建言："中国局势严重……如不加速培养人才，中国就会招致巨大的危险。因此，我提出，凡是未进过学的学子都不能入西斋学习。这样，经过 6 年学

---

① 行龙：《山大往事》，北京：商务印书馆，2017 年，第 84 页。
② 李然：《〈张曾敭档案〉所存山西大学堂史料》，《近代史资料》总 118 号，中国社会科学出版社，2008 年，第 36—39 页。
③ 参见常媛媛：《清末山西大学堂西学专斋体育活动考论》，《体育文化导刊》，2016 年，第 3 期。

习而培养出的人才，就会胜过旧制度 12 年培养出的人才。"①
据此，西学专斋第一批学生主要是由岑春煊会同学台刘嘉琛
从各县秀才、举人和令德堂 20—30 岁学生"极聪颖兼已游庠
序者"②中选拔而来，都有一定中学功底。同时，西学专斋也
打破了当时流行的半天学中学、半天学西学的制度，让学生
全天学习西学，上课时间比中斋要多许多。每年分两学期，
第一学期从正月开印日入学起，至小暑节休学停课止；第二学
期从立秋后十日入学起，至十二月封印日休学停课止。周一至
周六上、下午各 3 个课时，周日休息，每周共计 36 课时。此外，
鉴于"学生们没有一人学过数理化，甚至连数理化的名称都不
曾听过，至于英语更是一窍不通"③，为了解决洋教习的语言
问题，更大限度地发挥洋教习们的功用，李提摩太"从上海、
天津聘请一些精通英语，不会讲山西方言，而会讲北京话的中
国人来任译员。直到后来外国教授的汉语水平和学生的英语水
平都相当的时候，教学方面的语言困难才得到了克服。"④

①徐士瑚：《解放前的山西大学》，山西文史资料编辑部《山西文史精选——建国前的山西教育》，太原：山西高校联合出版社，第 50 页。

②崔平生、周伟躬：《山西大学堂西学专斋与中学专斋教育考》，《山西高等学校社会科学学报》，2003 年，第 8 期。

③山西大学校史编纂委员会编：《山西大学百年校史（1902—2002）》，北京：中华书局，2002 年，第 13 页。

④徐士瑚：《解放前的山西大学》，山西文史资料编辑部《山西文史精选——建国前的山西教育》，太原：山西高校联合出版社，第 50 页。

二、教学组织

在英式为主的西式课程设置的基础上，李提摩太委托总教习主持教务管理时，也按照英国教学管理模式开展具体教学。一是实行班级授课制，实行分班教学。和中学专斋授课时"不分教室不分班……上大课，课无定时……教习全体出席，按照品第坐中央暖阁之前，学生分坐东西两侧，学生与教习必须穿戴整齐"①的循规蹈矩授课不同的是，西学专斋师生关系平等融洽，互相切磋、质疑问难，"教习学生穿着随便，课后接触频繁，在一起交谈，并一起在操场蹦跳"②，学生们亲切地称总教习敦崇礼为"三快"（吃饭、讲话、走路急急忙忙、干脆利落），教习毕善功为"毕太太"，斯瓦尔洛夫为"小引"（年轻），苏慧廉为"苏妈妈"，卡特雷洛特为"长腿"（个子高），新常富为"冒失鬼"。③

二是注重实验教学。化学教习新常富在教学过程中非常注重化学实验的作用，他坚信学生们"只要闻到气味，听到爆炸的声音，那他们就觉得有意思了"④。针对开学之初因为

① 山西大学纪事编纂委员会编：《山西大学百年纪事（1902—2002）》，北京：中华书局，2002年，第10页。
② 山西大学纪事编纂委员会编：《山西大学百年纪事（1902—2002）》，北京：中华书局，2002年，第10页。
③ 山西大学纪事编纂委员会编：《山西大学百年纪事（1902—2002）》，北京：中华书局，2002年，第17页。
④ 新常富撰，杨迟节译：《中华民国大事记》，2000年8月，山西大学档案馆校史资料室藏，第28页。

"那些实验仪器还没有从沿海地区运过来",化学课"极为无聊"①的现状,新常富常常因陋就简,自制一些化学小游戏以吸引社会各界对化学的关注。如1902年9月30日晚,他为中斋教习、省城重要官吏,以及学生们表演了电石汽灯、迷宫灯等游戏,并展示了一些机器。实验在新常富的课堂教学中占有很大比重。10月29日,他在给西斋补录的100名新生上的第一节化学课,就"是用巨大的爆炸效果和释放难闻的气体开始的",给学生们以极大震撼。据新常富回忆,他们是"以一种复杂的心情在观看实验的,看上去像是准备好了,如再出现新的爆炸效应时,他们就冲出教室,到校园里去"②。同时,为了激励学生们对化学实验的关注,新常富在考试中也非常注重对学生实验动手操作能力的考察。如11月17日的化学月考试题共有四个:1.氯气制法与性能;2.氟制法和特点;3.火柴制造的化学工艺过程;4.可溶解盐与不可溶解盐。其中除第四个为理论性解释的题目外,其余三个均是实验类题目,要求将"制法过程用公式和画图表示"。③另外,1902年暑假他带着全部家当去晋祠做"民间漫游"。这种教学模式改善了我国传统教育中只读书的弊端。在新常富的努力下,

① 新常富撰,杨迟节译:《中华民国大事记》,2000年8月,山西大学档案馆校史资料室藏,第25页。

② 新常富撰,杨迟节译:《中华民国大事记》,2000年8月,山西大学档案馆校史资料室藏,第28页。

③ 新常富撰,杨迟节译:《中华民国大事记》,2000年8月,山西大学档案馆校史资料室藏,第29—30页。

到 1903 年 2 月，山西大学堂西斋化学实验室成立，新常富在此为新学期 200 多名新生，"开始做些比较简单的实验"。[1] 1905 年 12 月，学校建成机器房为各种实验设备提供动力。同时，大学堂博物馆也建成，分类收集了各种各样的矿石标本[2]，山西大学堂的实验教学逐步得到了完善。

三是注重实地调查。新常富首次来晋即为山西的地质结构深深着迷，他在一封家信中有过这样的描述："黄土地被垂直、狭窄的千沟万壑给割裂开来，沟壑里有着条条道路，而从侧面看不到的人、畜却列着长队向前走动。从这些真正的鼹鼠似的通道，可以去到中国人的住宅。这就是说，这些住宅是处在他们自己的田野下面的。这种地理结构造型，经常形成台地梯田，每一层台地都构成了向上的巨大台阶，阶梯的上面是绿色的，而从侧面看则是棕色的"[3]。因此，在从保定骑马至太原的途中，他不仅走在队伍的最前面，并且沿途不断地拍照。其中"几千头骡子和驴子，托着从山西运来的一些可怜的煤炭（最优质的无烟煤）"这一景象对他影响至深。到山西大学堂的第一年，即 1902 年 11 月 14 日，他就借助地图为新入学的 100 名学生用汉语作了关于铁路的报告。

---

① 新常富撰，杨迟节译：《中华民国大事记》，2000 年 8 月，山西大学档案馆校史资料室藏，第 32 页。

② 山西大学纪事编纂委员会编：《山西大学百年纪事（1902—2002）》，北京：中华书局 2002 年版，第 28 页。

③ 新常富撰，杨迟节译：《中华民国大事记》，2000 年 8 月，山西大学档案馆校史资料室藏，第 13 页。

根据他的工作规划，要将"从山西各地矿区采集来的样品进行分析，以便对这些东西有个概念"，新常富不仅通过巡抚丁宝铨"通饬各县知事"、"函致各处教士"、自己"专使探险游历"等途径搜罗各处矿石，并且还发动所有化学班的学生回到家乡进行搜罗，由"堂内酌给川资"，以至于"虽高山峻岭，亦且搜罗殆遍"。从1910年秋至1911年6月，新常富带领西斋学生郭显廙、刘世勋、王缙云、郭刚、柴麓鹰、杨朝显、杨仁显、潘连如、杨朝相、张篪、赵国佐、郭象易等在山西大学堂化学实验场对搜罗的矿石逐个进行"化分"。为了得到"确定之方针"，他们还对矿石进行"多方之考验"，"每得一矿，必与邻境各县之矿，互相比较以研究之"。①

四是重视体育运动。除了开设体操课外，西学专斋还非常重视全体学生的体育运动。建斋当年年末就举行了体育运动会，中西两斋学生与教习们都参加了各种项目的活动。②之后一年一度举办，到1908年推广到省城各级各类新式学堂。1908年9月30日《晋阳公报》曾记载："本月初三日大学堂西斋联合各项学堂开运动大会，自午前八钟起至下午两钟散会"，"是日各大宪暨来宾参观者约万人，各生皆精神活泼，

① 新常富著，赵奇英等译，张尔侯校：《晋矿》，太原：山西大国民印刷厂出版发行1913年，第19页。

② 山西大学纪事编纂委员会编：《山西大学百年纪事（1902—2002）》，北京：中华书局，2002年，第15页。

竞显所长，颇极一时之盛"。参赛的运动员涉及省内的大学堂，以及各类中、小学堂，比赛项目包括长跑、短跑、跳高、跳远、投掷、足球、脚踏车赛等，来宾众多，观众约万人，可谓是"盛极一时"。[①]

西学专斋还非常重视学生们的日常体育运动，将星期六上午 9 点至 11 点列为学生体操课和足球锻炼的专用时间，以增加学生体育兴趣。新常富和毕善功曾利用大学堂附近结冰的湖面穿上冰鞋滑冰，引起学生极大的好奇；西斋教习们在校园打网球，网球运动在山西第一次出现；新常富为开展大学堂体育活动，还曾专门绘制图纸并制作体操专用教具。[②] 有记载学生们"每天傍晚，都聚集在一起踢足球，西教习佩克和新常富也参加了他们的队伍，似有一种不够玩的思想支配着他们，新常富描述道'这足球正在把孔夫子'从他们身体里勾了出来"。新常富也曾描述体育运动让学生们"通过体操与西学的熏陶，在生活与敏捷性方面，已有长足的进步"。1902 年 11 月，大学堂节制山西巡抚赵尔巽在学生考试颁奖仪式上不无感慨地讲道："西学对中国来说是一服不可少的良药，体育运动在我们读书的时候，是连想都不敢想的事，可是在山西大学堂却在积极从事此项运动，有三个足球被踢破就是

---

① 行龙：《山大往事》，北京：商务印书馆，2017 年，第 87 页。
② 行龙：《山大往事》，北京：商务印书馆，2017 年，第 87 页。

最好的证据。"①

三、教学管理

和课堂组织生动活泼、丰富多彩对应的是，西学专斋的
教学管理非常严格。一是学生管理。如前所述，李提摩太在
签署《山西大学堂创办西斋合同二十三条》时就奠定了严格
的学生管理制度，如第十三条就规定："西学专斋学生，如
有违规暴弃等情，即由总教习会同总理督办察看情节轻重，
随时开除"。建斋之初对在校学生的日常学习与生活的各种
规定就已明确："遵守作息时间，按时上课，不得稍有延误；
课外不得议论喧哗，要认真复习和预习功课，不得随意会晤
亲友，不得干预国事；对师长必须恭敬，要有礼貌，不得妄
出轻言；要爱护公物，损坏图书要照价赔偿，注意公共卫生，
严禁烟酒赌博等"。②各教习对学生要求也极为严格，"常因
学生不认真听课训斥学生"③。据资料统计，从建斋到 1903
年 3 月底，西学专斋共招收学生 353 人，其中就有 165 人因
屡次告假而被开除，余 188 人。到 10 月底，又因不少学生被
开除或除名，西学专斋仅留学生 174 人。④

---

① 行龙：《山大往事》，北京：商务印书馆，2017 年，第 85 页。
② 行龙：《山西大学校史三题》，《山西大学学报》，2002 年，第二期，第 98 页。
③ 山西大学纪事编纂委员会编：《山西大学百年纪事（1902—2002）》，北京：
中华书局，2002 年，第 10 页。
④ 山西大学纪事编纂委员会编：《山西大学百年纪事（1902—2002）》，北京：
中华书局，2002 年，第 17 页。

　　针对当时"虽学风扬厉，然科举未废，大学生于校舍攻策论、习殿白折者亦所恒有，乡、会试期届，校舍辄空其半"①，总教习敦崇礼在建斋之初又与所有学生签订了一份契约并相互签字，学生须保证三年内在大学堂听课、做练习，不许逃学旷课，否则将由政府进行严厉制裁，"投进大牢"。此举被不少学者认为是中外历史上最为严厉的校规②。同时，李提摩太为解决学生的升学和出路之忧，约束学生赴外地赶考，还协同晋抚张曾敭先是"上奏折给皇太后、光绪帝请示"，再得到"学务大臣议奏"的批复后，又积极向学部活动，最终争取到：西斋学生普通科毕业后继续进习专门，而专门毕业在京城大学堂考试入第后，授以进士，同进士出身。这在全国当为首例，极大稳定了人心，调动了学生的学习积极性。

　　二是考试制度。为了提高学生们学习的积极性，西学专斋确定了严格的考试制度：每月月考一次，问答题多，对则百分，不对则无分。根据各门考试的平均成绩划为三个等级：80分以上的，为上等，奖励大洋8元，不限名额；50到70分为中等，没奖励也没有处罚；50分以下视为不及格，受记

---

　　① 潘懋元主编：《中国高等教育百年》，广州：广东高等教育出版社，2003年，第5页。

　　② 沈迦：《西斋十年》，《一条开往中国的船：赴华传教士的家国回忆》，新星出版社，2016年1月，第59页。

过处分，两次不及格则开除学籍。①特别规定考试不得借故请假，凡考试作弊，一经查出立即开除。

西学专斋考试要求也极为严格。第一，科目较多。如首季预科班第一期甲班学生毕业会考，科目就达19种之多："品行、英文、中文、代数、形学、八线、化学、化验、史学、政治、财政、公法、物理、地舆、地理、地质、图学、医学、动植"②，以至于次季第二期预科班毕业会考就从1905年12月29日一直考到1906年1月3日，持续了5日。第二，试题灵活开放。如前所述新常富教授的化学月考试题，除了第四个解释"可溶解盐与不可溶解盐"外，其余三个均是实验类题目，考察氯气、氟、火柴的制法过程，突出学生的理论与实践相结合的能力。第三，赏罚分明。山西巡抚恩寿曾上奏朝廷指出："西学专斋三次毕业均系从严，定以五十分为及格"③，并且只有"凡三年均分数、大考均分数，均在百分制之五十分以上，准发文凭……所获文凭，在抚衙发给，然后发榜鼓吹，送至抚衙前贴于照壁之上榜示"，而不及格者，"均留补习，

---

①王家驹：《山西大学堂初创十年间》，山西文史资料编辑部《山西文史精选——建国前的山西教育》，太原：山西高校联合出版社，第6页。

②山西大学纪事编纂委员会编：《山西大学百年纪事（1902—2002）》，北京：中华书局，2002年，第25页。

③山西大学纪事编纂委员会编：《山西大学百年纪事（1902—2002）》，北京：中华书局，2002年，第33页。

李提摩太与山西大学堂

一年后再行大考"。①1905 年 7 月西学专斋预科甲班 30 名学生中就有 5 人因三年均分和大考均分未达及格分数五十而被劝退补习；1906 年 2 月预科乙班 65 名毕业生中有 8 人被劝退补习，9 月预科丙班 40 名学生中有 9 人被劝退补习。第四，规格较高。西学专斋"大考各科由抚宪学使亲试，英文化学试卷则由大学堂教习评阅"。② 在 1906 年预备科第三期学生毕业会考时，山西巡抚恩寿就"亲赴该专斋，将毕业各学生糊名编号，分别内外场，按其所学程度当堂发题严密考试"。试卷在西教员会同校订分数后，恩寿又"参校分别优劣，并遵章加入三年与品行分数，平均计算仍以五十分为及格"。③

四、留学教育

山西大学堂首批派遣留英学生始于 1906 年，至 1912 年，共派出三批留英官费生 39 人，自费生 4 人。1906 年，山西地方当局保送山西大学堂西斋学生王宽、常子成、武尽忠（杰）、王酉辰、刘宝华 5 人赴英国伦敦帝国科学技术学院等高等院

---

① 山西大学纪事编纂委员会编：《山西大学百年纪事（1902—2002）》，北京：中华书局，2002 年，第 25 页。
② 山西大学纪事编纂委员会编：《山西大学百年纪事（1902—2002）》，北京：中华书局，2002 年，第 25 页。
③ 山西大学纪事编纂委员会编：《山西大学百年纪事（1902—2002）》，北京：中华书局，2002 年，第 32 页。

校留学。[1]一说是王宪、常子成、武尽杰、王酉辰、王梦龄、刘宝华等 6 人去英留学。[2]一说是上述 6 人考取了英国"庚子赔款"奖学金，前往英国学习。[3]

1907 年，山西大学堂派出第二批留英学生。实际上，此批派遣的学生早在 1904 年 2 月即已考选。据《留学教育——中国留学教育史料》记载，"山西大学堂为造送事，谨将本学堂考选游学英国专习路矿学生姓名年岁籍贯三代，分别官费自费，造册呈送"，其中官费生 23 人，自费生 2 名。[4]详见表 3-2：

① 参见《山西大学一览》，1932 年。高圣恩：《清末山西的官派留学活动》，《晋阳学刊》，2003 年第 6 期。董琪珩：《山西教育大事记》，山西高校联合出版社，1996 年，第 23 页。

② 王春菁：《我的网球生活》，《山西文史资料》编辑部：《山西文史资料全编第 2 卷第 14—25 辑》，1999 年，第 1028 页。山西省地方志编纂委员会编：《山西通志（第四十二卷）体育志》，中华书局，1995 年，第 200 页。

③ 张晓瑜主编：《黄土地的女儿》，山西人民出版社，2003 年第 1 版，第 293 页。

④ 刘真主编：《留学教育——中国留学教育史料（第 2 册）》，国产编译馆，1980 年，第 626—627 页。

表 3-2：山西大学堂第二批留英学生

姓名	年龄	籍贯	出身	类别	留学学校、专业	回国时间
王宪	20	宁武	西斋预科毕业、举人	官费	皇家格致学校，采矿科	1913年
赵廷雅	17	宁武	西斋预科毕业、举人	官费	先入英国伯特西工业学校机械科，后转入伦敦大学工科	
梁济	25	右玉	西斋预科毕业、举人	官费	南威尔斯大学，矿学	1912年
王嘉瑞	25	平鲁	西斋预科毕业、毕业举人	官费	先入英国塞菲尔大学冶金工程科，后转入英国维多利亚大学电学与机械科	1914年
赵奇英	21	赵城	西斋预科毕业、举人	官费	康蓬矿业学校，矿学	
郑承锡	23	定襄	西斋预科毕业、毕业举人	官费	英国塞菲尔特大学，铜铁科	
王录勋	24	临汾	西斋预科毕业、举人	官费	英国伦敦大学工程科科学士毕业，后考入英学京部博士毕业	
郑宝善	24	屯留	西斋预科毕业、举人	官费	英国塞菲尔特大学，冶金科	
庞金(全)晋	26	河津	西斋预科毕业、举人	官费	英国格兰斯哥专门学校，工程科	1912年
耿步蟾	21	灵石	西斋预科毕业、举人	官费	英国国立专门理科大学，采矿科	1913年
高时臻	27	襄陵	西斋预科毕业、举人	官费	先入英国皇家科学院，后转入英国曼彻斯特务专门学校采矿科	1910年
杨维翰	25	泽源	西斋预科毕业、举人	官费	英国卡比大学，矿学	

227

姓名	年龄	籍贯	出身	类别	留学学校、专业	回国时间
马骏	25	晋城	西斋预科毕业、举人	官费	英国国立专门理科大学、冶金科	
白象锦	25	兴县	西斋预科毕业、举人	官费	英国卡比夫大学、采矿科	1912年
申湘	22	高平	西斋预科毕业、毕业举人	官费	英国塞菲尔大学、土木工程科	
武尽杰	28	霍州	西斋预科毕业、举人	官费	英国康奈耳大学、工程科	1914年
李蒙淑	24	定襄	西斋预科毕业、举人	官费	英国塞菲尔大学、工程科	
兰锡魁	23	河津	西斋预科毕业、举人	官费	英国格兰斯哥专门学校、工程科	
张增	25	五台	西斋预科毕业、举人	官费	英国塞菲尔特大学、冶金科	
李建德	24	榆社	西斋预科毕业、举人	官费	皇家矿学校、矿学	1912年
张静山	20	闻喜	西斋预科毕业、举人	官费		
杨长煜	23	万泉	西斋预科毕业、举人	官费	英国国立专门理科大学、机械工程科	
梁上栋	20	峰县	西斋预科毕业、举人	官费	英国伯明翰大学、工科	
李道在	22	万泉	山西大学西斋预科学生、附生	自费	格拉司勾大学、电学工程科	
李道行	19	万泉	山西大学西斋预科学生、附生	自费	格拉司勾大学、电学工程科	

（资料来源：刘真主编：《留学教育——中国留学教育史料（第 2 册）》，国产编译馆 1980 年版，第 626—627 页。刘晓琴：《中国近代留英教育史》，南开大学出版社 2005 年版，第 74 页。王李金：《中国近代大学创立和发展的路径——从山西大学堂到山西大学（1902—1937）的考察》，人民出版社 2007 年版，第 330 页。）

另据《山西大学百年校史》记载，这批留英生于 1906 年 12 月通过巡抚衙门审核，于 1907 年 3 月被派遣出国。[1] 此处颇有争议的是自费生人数和名单，据《清末山西留学生》记载，"学生解洁身（字子清，一说是随同第三批学生自费留英[2]）、李道行、李道在、谷炳焘等 4 人自费留学，随同赴英"。[3]

1912 年 4 月，一说是 5 月[4]，山西大学堂派出第三批留英生。和第二批一样，此批学生名单也已在 1911 年即已核定，共有官费生 11 人。详见表 3—3：

表 3-3：山西大学堂第三批留英学生

姓名	字、号	籍贯	资格	留学学校	回国时间
潘莲如	泰初	临汾	专门理化毕业	伦敦帝国大学理化科硕士	
王绶云	夏卿	襄垣	专门理化毕业	伦敦帝国大学理化科	1916 年

---

[1] 山西大学校史编纂委员会编：《山西大学百年校史（1902—2002）》，北京：中华书局，2002 年，第 15 页。

[2] 山西大学纪事编纂委员会编：《山西大学百年纪事（1902—2002）》，北京：中华书局，2002 年，第 52 页。

[3] 郭荣生：《清末山西留学生》，山西文献社，1983 年，第 50—51 页。

[4] 山西大学纪事编纂委员会编：《山西大学百年纪事（1902—2002）》，北京：中华书局，2002 年，第 52 页。

李提摩太与山西大学堂

姓名	字、号	籍贯	资格	留学学校	回国时间
杨朝相	辅卿	临汾	专门理化毕业	英国赫直大学制皮科	
温承让	揖轩	文水	西斋专门矿学毕业	英国克德夫大学矿学工程师	
杨仁显	筱沅	榆次	专门理化毕业	伦敦帝国大学化学专科博士	1919 年
王庆祚	锡廷	赵城	西斋专门矿学毕业	南威尔斯大学矿科毕业	
常克勤	子成	宁武	西斋专门矿学毕业	南威尔斯大学矿科毕业	
孙晋祺	维庭	平定	西斋专门矿学毕业	伦敦理工大学矿科地质博士	
刘世勋	实举	神池	专门理化毕业	英国利治大学制革科学士	
赵铮	铁卿	宁武	西斋专门矿学毕业	英国克德夫大学矿学工程师	
张景良	亦房	介休	西斋专门矿学毕业	南威尔斯大学矿科毕业	

（资料来源：郭荣生：《清末山西留学生》，山西文献社 1983 年版，第 54—55 页。刘晓琴：《中国近代留英教育史》，南开大学出版社 2005 年版，第 75 页。王李金：《中国近代大学创立和发展的路径——从山西大学堂到山西大学（1902—1937）的考察》，人民出版社 2007 年版，第 331 页。）

另据《山西大学百年纪事》，此批学生中还有一名自费生解子清（资料不详）。[①] 上表中有争议的人物有赵铮，一说赴英后，"在南威尔斯大学专攻冶金"。[②] 杨朝相，一说

① 山西大学校史编纂委员会编：《山西大学百年校史（1902—2002）》，北京：中华书局，2002 年，第 52 页。
② 阳泉革命老区建设促进会编：《阳泉革命老区概览》，山西人民出版社，2006 年，第 541 页。

1907 年赴英国留学，入曼彻斯特市利兹大学化学系。[①]

西学专斋的留英规模在清末留英学生派遣省份中仅次于江苏省。[②] 这对于一个内陆省份来说，是一个值得关注的历史现象。究其原因，除了山西近代工矿业的发展、山西地方当局对留学活动的积极提倡与鼓励支持外，李提摩太的个人提倡之功也不可忽视。早在 1895 年，李提摩太就指出中国"今日中西交涉，隐受巨亏"的根本原因在于中国不通西国之情，主张"京师各大员及十八省督抚之子弟应各派遣出洋，读书数年，周知外事"。[③]1906—1910 年 11 月间，李提摩太担任山西大学堂西斋学监、节制和总理，他的提倡和支持乃是山西大学堂大规模派遣留英生的一个直接促成因素。王家驹就曾指出："李提摩太野心勃勃，为养成英人统治中国经济之准备，兼而钻入政治最高之领导部门，更提倡西斋毕业生到英国留学，将来毕业后取得进士之高级官吏之资格，养成英人在中国的高等代理人（英奴）。清政府不察，果然接受其建议，于是有留英学生之保送。"[④] 此言固然有政治因素考虑在内，但李提摩太客观上促成山西留英教育确是不容置疑的。

---

① 丁天顺、许冰编著:《山西近现代人物辞典》,山西古籍出版社,1999 年第 1 版,第 630 页。

② 参见田晶洁:《近代山西留学生研究》,天津师范大学 2012 届硕士论文,第 54—55 页。

③ 李天纲:《万国公报文选》,香港三联书店,1998 年,第 359 页。

④ 王家驹:《山西大学堂初创十年间》,《山西文史资料精选（9）:建国前的山西教育》,山西高校联合出版社,1992 年,第 9 页。

李提摩太还全程关注留英活动，并在关键时候积极呼吁，力挽狂澜，保证了留英教育的完满收官。1907年，留英学生为了声援山西争矿运动，在伦敦举行游行活动。时驻英钦使李经方怕得罪英国当局，先停发了留学生的学习和生活费用，后又奏请撤回留英学生。李提摩太先是分析了洋务运动期间幼童赴美留学活动失败的原因，指出主要在于监督陈兰彬、吴子登等人对学生们平日游戏动多、无师生之礼、改易服装等行为实存鄙夷之思。"每遇极正当之事，大可著为定律，以期永久遵行者，陈辄故为反对以阻挠之"，"吴既任事，对于从前已定之成规，处处吹毛求疵，苛求其短。顾有所不满意，又不明告予，惟日通消息于北京，造为种种谣言。"①为了防止历史重演，他向外务部飞函："贵国至今有乏才之虞，岂可一误再误乎……太竭六七年心力得此尺寸可造之才，李使乃欲使之半途而废，是不特害学生也，又必害山西，使复黑暗，又必害全国，使无人才。"②同时，针对李经方所奏"该学生程度浅，在英用费不如归国用省"之见，李提摩太阐述了在国外学习的益处："太以为程度即不及，亦必不容归。既已到英，则补习语一年，足抵在山西数载。较之徒费用资，

---

　　① 容闳：《容闳自传》，北京团结出版社，2005年，第135—136页。
　　② 中国第一历史档案馆，北京大学，澳大利亚筹伯大学编：《清代外务部中外关系档案史料丛编——中英关系卷》(第二册留学教育)，北京：中华书局，1997年，第337页。

坐荒岁月，孰得孰失哉？"[①] 他提出建议："太以为派中国人为监督固于约束学生一面有效力，而于学生如何使学问长进，居处、饮食得便益恐不能知，因其于留学国之情形不熟也……鄙意以为，可另托英国有名誉、道德之一人关照，较为得益。"[②]

在李提摩太的全力支持下，西学专斋的留英教育成效颇著。大部分学生在民国初年学成归来，他们积极投身山西地方事业的改革之中，对推动近代山西教育与实业发展起到了十分重要的作用。

首先，有力推动了山西近代教育事业的发展。留英学生多数选择了服务山西地方教育界。如杨朝相任山西省立公专教授，庞金晋兼任山西省农业专科学校和山西省商业专科学校英文教员，梁济任实业学校校长[③]，杨仁显任教太原工业专业学校，并编有《有机化学讲义》三卷[④] 等。更多的留英学生则选择了山西大学校。根据《民国时期山西大学教授、副教授及讲师（1912—1937）》的记载，高时臻、王录勋分别担任了民国时期山西大学校第二、三任校长，潘莲如、温承让、

---

① 中国第一历史档案馆，北京大学，澳大利亚拉筹伯大学编：《清代外务部中外关系档案史料丛编——中英关系卷》(第二册留学教育)，北京：中华书局，1997年，第337页。

② 中国第一历史档案馆，北京大学，澳大利亚拉筹伯大学编：《清代外务部中外关系档案史料丛编——中英关系卷》(第二册留学教育)，北京：中华书局，1997年，第339页。

③ 中国人民政治协商会议山西省右玉县委员会编：《右玉文史资料第2辑》，1987年，第57页。

④ 榆次市地方志编纂委员会编：《榆次市志》，中华书局，1996年，第1103页。

王庆祚、常克勤、谷炳焘、解洁身、杨长煜、张增、白象锦、杨维翰、庞金晋、赵廷雅、王嘉瑞、申湘、武尽杰、耿步蟾、李建德、刘世勋等则充实到山西大学校工科教师队伍之中。此外，包括地质学教授孙晋祺、理学院院长张静山、土木工程系主任兰锡魁，以及电学教授张景良、杨仁显、郑永锡等在内，留英学生回母校工作的竟有 28 人之多，占到山西大学堂留英学生总量的 70%。[①] 所以郭荣生指出："中国人自英人手中接办山西大学，主持校务的人大都是这两批留英学生，他们成为山西大学的基干。这种情况一直持续到民国二十六年抗战发生。"[②] 这批学生选择回母校工作，与高时臻、王录勋两位校长的努力不无关系。高时臻任校长期间，曾"给其在英国留学的同学写信，希望他们返回学校，共图发展"。[③]值得一提的是，高时臻、王录勋两位校长还积极参照英国教育模式，锐意改革，实现了山西大学校的大发展。高时臻主持开办了预科二部（一部主科为文、史、地，二部主科为数、理、化；一部升学文、法科，二部升学理、工科），并根据教育部《大学令》主持成立校评议委员会与教授会，初步奠定了山西大学校法、工、文，以及预科全面发展的学科格局。

---

　　① 山西大学校史编纂委员会编：《山西大学百年校史（1902—2002）》，北京：中华书局，2002 年，第 551 页。

　　② 郭荣生：《清末山西留学生》，（台）山西文献社，1983 年，第 51 页。

　　③ 山西大学校史编纂委员会编：《山西大学百年校史（1902—2002）》，北京：中华书局，2002 年，第 30 页。

王录勋校长则主持筹办了理科，使山西大学校逐步发展成一所学科门类齐全的综合大学；又大力倡导开展科学研究与学术争鸣，开山西大学校学术创新与学术自由之先河。

其次，极大促进了山西乃至全国近代采矿业的发展。1914—1915 年间，耿步蟾主持了全省矿产资源勘查工作，并办理矿业注册，写成《山西矿产调查化验成绩报告书》二册。该书"以产矿之县为纲，所产之矿为目，以产地、形色、化分、开采、交通邻近按号分注"，是最早分门别类整理山西矿产资源的科学著作。在此基础上，他还综合山西矿业历史、地质资料、矿类，以及矿场分布等著成《山西矿务志略》。此外，他还著有《验矿学大意》《国民化学常识》《定性分析冶金概论》等，也都是中国较早的矿学著作，对山西矿业开发和近代验矿学的发展都作出了先驱性的贡献。[1] 李建德更就全国的矿业进行勘查，1914 年写成《中国矿业调查记》，提出振兴中国矿业的四个方案，即"创办矿业宜以国家全力经营""矿业人才宜速设法培植""矿师资格宜严定""借款办矿宜防流弊"。[2] 这些方案是基于"中国今日矿业大半均在外人掌握之中"的危机而提出来的，在当时具有振聋发聩的作用。

留英学生也积极主持矿业实务。根据《山西通志·经济

① 温泽先主编：《山西科技史》（上部），山西科学技术出版社，2002 年，第 462 页。

② 李建德《近代中国史料丛刊第三编·中国矿业调查记》，文海出版社，1912 年，第 1—3 页。

管理志》之"山西煤矿注册情况表"，兰锡魁、赵廷雅、张增、王宪、梁济、白象锦、庞金晋、谷炳焘等 8 人共同注册并勘探了 13 处煤矿，开采了 12 处煤矿，面积从 132 亩到 432 亩不等。[①]留英学生还曾长期担任山西保晋矿务公司的重要职务，皆有重大业绩：1913 年赵奇英担任矿师；1913 年—1916 年间武尽杰担任矿师，王宪为测绘师，测绘了阳泉剪子沟、铁炉沟、燕子沟三大矿区共计 29 方里多；1916 年李建德任矿师兼测绘师；1917 年温承让任矿师兼测绘师，通过在铁炉沟西的旧平窑上修路排水，日增产煤数 10 吨；1917 年后，张景良继任工程师兼铁炉沟平窑管事；[②]1918 年白象锦任大同分公司副经理，建成了山西第一座近代化采矿竖井——忻州窑，1925 年投产后日产煤炭五六百吨，大部分远销外地。大同分公司成为当时山西民族资产阶级企业的翘楚。同年，白象锦升任大同分公司经理和总公司协理，对总公司进行了改革，通过圈卷铁管，引沼气于窑外，使日产千余吨的燕子井恢复生产，为总公司的巩固与扩大打下了基础[③]。1919 年杨仁显任总公司总稽核兼任外交工作，经其努力，公司所产无烟优

---

① 参见山西省史志研究院编：《山西通志第三十一卷·经济管理志工商行政管理篇》，中华书局，1999 年，第 26—67 页。

② 参见《山西文史资料》编辑部：《山西文史资料全编第 1 卷第 1—13 辑》，1998 年，第 298 页。

③ 参见《山西文史资料》编辑部：《山西文史资料全编第 3 卷第 26—37 辑》，1998 年，第 1245 页。

质煤炭居全国之首，外销甚畅，赢得国内及世界多国信誉。[①]

此外，留英学生在交通、水电和军工等领域也都有卓越建树。比如王录勋1918年设计修建了太（原）—汾（阳）公路，以其速度之快、费用之省开创了山西筑路史上的新纪元。他还主持设计900余千米的同蒲铁路，以及太—运、太—同、运—风、阳—辽、忻—台、岱—台等10条公路线。王录勋还设计兴建了临汾下靳、新绛南梁、河津等三处灌田场，灌田数万亩，使山西省机械提水灌溉居全国之首。[②] 李蒙淑、王嘉瑞、郑永锡等改组山西军人工艺实习厂，健全弹药与军器管理制度。李蒙淑还在育才炼钢厂采用德国1.5吨电弧炼钢炉，并聘请挪威籍工程师指导，将成品率提升到80%，钢种亦由碳素钢发展到了工具钢、合金钢。[③]

正如有学者指出："（山西大学堂）留英生是个精英群体，无论是在英学业水平，还是归国后成就，他们都可圈可点"。[④] 山西大学堂留英学生经历了严格考选，所学专业亦多为适应山西采矿业需求的重工业。留英学生在英期间，发奋读书，还积极支援国内革命活动；毕业归国后，他们又积极投入山西的教育、实业第一线，对民国时期山西经济、文化的发展

---

① 榆次市地方志编纂委员会编：《榆次市志》，中华书局，1996年，第1103页。
② 宸晓红编：《临汾历代人物》，山西人民出版社，2006年，第201页。
③ 山西文史资料编辑部：《山西文史精选——建国前的山西教育》，山西高校联合出版社，1981年，第224页。
④ 高圣恩：《清末山西的官派留学活动》，《晋阳学刊》，2003年第6期。

产生了较大影响。三批留英生的派遣，在山西，乃至中国教育史、经济史上占有重要地位。

五、教材编译

李提摩太一直将翻译西书视为开展新式教育的前提。早在给翁同龢提的改革建议中，他就呼吁："应先设局筹款，延聘通人，将西学由浅而深，由约而博，由粗而精，广为翻译，俾不识西文者，亦可深通西学，则译书其要图也。"①西学专斋创立之初，各种课程均无中文教本，由教习用英语讲课，译员译成汉语，学生做笔记，下课互相核对补充，教材编译问题就成为山西大学堂必须首要解决的问题之一。李提摩太立即规划："购置图书仪器器具笔墨纸张并译书一切费用统归西学专斋经费项下动用，按年造册。"同时，为了"教材的翻译筹集一些资金"，李提摩太在《山西大学堂创办西斋合同二十三条》签订后，东下途中还专门拜访了时任直隶总督的袁世凯，就"办学中遇到的一个主要难题是缺少合适的中文课本""打算从山西大学的基金里每年拿出一万两用于学生准备课本"等问题进行咨询寻求支持。袁曾承诺"愿意资助一万两，并且动员北京的管学大臣张百熙资助同样的

---

① 〔英〕李提摩太：《新政策》，载《万国公报》第87册，台湾华文书局1968年影印合订本第25本，1896年4月，第15938页。

数目……山东和河南的巡抚也会每人资助一万两"。① 可惜后来并没兑现。

通过多方考察，李提摩太决定从西学专斋办学经费中，每年拨出 1 万两白银，于 1902 年 8 月在上海江西路惠福里口 210 号，设立了山西大学堂译书院。它附设于西学专斋，是继同年 5 月由京师大学堂上海译书局与南洋公学译书院合办的大学译书院之后的中国第二所大学译书院。由于当时李提摩太主要在上海主持广学会的工作，便于就近指导，再加上上海经济发达、交通便利，易于聘请译员，出版印刷条件也较优越，故译书院设在上海。

译书院成立后，李提摩太交由李曼教授负责，随即又聘请了美国人窦乐安博士主持，并先后聘用英、日译员及校阅者 10 余人：张在新（上海人）、许家惺（浙江上虞人）、朱葆琛（山东高密人）、范熙泽（上海人）、黄鼎（湖北同安人）、梁澜勋（广东三水人）、许家庆（浙江上虞人）、夏曾佑（江西钱塘人）、叶青（上海吴县人）、郭凤翰（山东蓬莱人）、苏本铫（上海人）、西师意（日本人）。其中，夏曾佑、许家惺、朱葆琛均为翻译界名流。

李提摩太还为译书院多方奔走。鉴于大量的欧洲教材已经被译为日文，并认识到"这些日文的教材再翻译成中文，

---

① 〔英〕李提摩太著：《亲历晚清四十五年——李提摩太在华回忆录》，李宪堂、侯林莉译，天津：天津人民出版社，2005 年 5 月，第 287 页。

要比直接从西文翻译成中文快得多，因为日本早在1000多年前就采用中国的文字，虽然某些地方有所修改，但是古典的风格，两国受过教育的人都能理解"。①1903年5月，李提摩太专程赴日"寻找合适的教材，并聘请日本和中国学者进行翻译"②。在日期间，他不仅拜会了文部大臣菊池大麓男爵、帝国大学校长、教材部负责人和教育界的其他一些首脑人物，还特意参观了东京的贵族女校，观摩了高年级学生的体操课、阅读课和幼儿园的软体体操课，参观了学生们的宿舍和画室，同时成功聘请到西师意到译书院担任译员。

1908年秋，鉴于西学专斋要加设工程学科经费紧张、京师学部开始统一审定国内各学堂所使用教材、山西大学堂办理移交时间已近等因素，李提摩太决定停办译书院。诚如《山西大学堂设立西学专斋始末记》记载："其附设于西学专斋而补助教育者，则有山西大学堂译书院，自壬寅在上海开设以来，延英儒窦乐安君总理译务，成书二十余种，足供师范高等各学校之用"③，从1902年到1908年，译书院在6年时间里，翻译23种25册国内急需的教材，对山西大学堂及全

---

① 〔英〕苏慧廉：《李提摩太在中国》，关志远等译，广西师范大学出版社，2007年12月，第258—259页。

② 〔英〕李提摩太著：《亲历晚清四十五年——李提摩太在华回忆录》，李宪堂、侯林莉译，天津：天津人民出版社，2005年5月，第303页。

③ 柴善济所撰：《山西大学堂设立西学专斋始末记》碑，清宣大清宣统三年七月吉日立石碑。存于太原侯家巷原山西大学堂旧址。现存山西大学堂西斋工科大楼大厅西墙。碑文内容见王杰、祝士明著：《中国近代高等教育初创之研究》，天津大学出版社，2010年5月，第174页。

国高等、中等教育起到了巨大的推动作用，乃至辛亥革命后，全国许多学校仍然采用译书院出版的教材。详见表：3—4

表 3-4：山西大学堂译书院出版教材

适用范围	译著名称
高等学堂（8种8册）	《天文图志》《地文图志》《迈尔通史》《俄国近史》《世界商业史》《克洛特天演学》《美国法律学》《气象学》
中等学堂（9种11册）	《藤泽算术教科书》（二册）《代数学教科书》（二册）《植物学教科书》《动物学教科书》《矿物学教科书》《物理学教科书》《生理学教科书》《地文学教科书》《十九周新学史》
师范学堂（1种1册）	《应用教授学》
参考书（5种5册）	《世界名人传略》《中西合历年志》《世界轶事》《万国纪略》《插图惊奇轶事》

其中影响较大的当属《迈尔通史》和《天文图志》。《迈尔通史》，美国人迈尔著，为 1900 年美国新版的高等学校教科书，该书凡七卷，分上中近世记，上世记三卷：东方各国记、希腊记、罗马记；中世记二卷：黑暗时代记、中兴时代记；近世记二卷：宗教改革时代记、国政改革时代记，迄至 19 世纪下半叶。体裁也别具特色，"上世诸记，国别体也；大事诸记，纪事本末体也。凡有影响于历史之人物，上自帝王，下至杂伎，或表，或附见，则纪传之体具焉。强国帝王，著其统系，为之年表，各国学问艺术之源流，国制民风之得

失，择其要者，具著于篇，则表志之体寓焉"。① 正是由于该书"简不病略，详不伤烦"，李提摩太很欣赏此书，特别嘱咐窦乐安对原书进行了编辑，黄佐廷、张在新两人译出此书，"将以备我国学校之用"，其中黄佐廷口译，张在新笔述。1905 年该书由山西大学堂译书院出版，上海华美书局代印。《迈尔通史》译出后在中国教育界影响颇大，夏曾佑曾为译本校阅删润。书中提到了"文艺复兴"一词，"第十四周初，意大利人喜观腊丁，希腊之文学、技艺，于是两国之文艺复兴"，随着该书在全国范围的发行，"文艺复兴"的用词也为越来越多的人所采用，在普及欧洲历史知识和规范用语方面颇有贡献。② 当时出身不同地区的学人，都回忆在学生时代时曾读过此书。蒋廷黻就自述早年在湘潭长老会学校时，用的西洋历史课本就是《迈尔通史》，从这本书中学到了西方的"文艺复兴"③；吴宓回忆 1915 年他在清华大学读书时，"本学期，清华课程中，有新来美国教师 Dittmar 先生，讲授《欧洲中世及近世史》课，用迈尔《通史》为课本"④；茅盾则回忆他在北京大学读预科时，"教世界史的，是个英国人，用的课本

---

①《迈尔通史·序》，见李孝迁：《西方史学在中国的传播》，华东师范大学出版社，2007 年，第 32 页。

②张椿年：《从信仰到理性》，《意大利人文主义研究》，北京：方志出版社，2007 年，第 276 页。

③蒋廷黻：《蒋廷黻回忆录》，岳麓书社，2003 年，第 42 页。

④吴学昭整理：《吴宓自编年谱（1894—1925）》，三联书店，1995 年，第 143 页。

是迈尔的《世界通史》"[①]；赵元任说1907年至1910年他在南京江南高等学堂学习期间，也读过迈尔所著的《通史》，但"忘记是历史课本呢，还是课外读物"[②]。郭沫若也回忆他在四川高等学堂成都分设中学念书时，读的第一本西文书是从一位罗姓同学那里借来的英文《迈尔通史》，"这部书或者怕是我开始读真正的'洋书'的第一部罢"[③]。

英国爱丁堡皇家天文台助理希特所著《天文图志》一书，原著于1903年出版，1906年即为译书院翻译出版，基本与西方国家天文学研究的最新成果保持同步，可谓极具时效性。译著共计十九章，内容涵盖天象、气候、日地测量等，对恒星、彗星、行星运行及对地球的影响进行了阐述，并配有日食图、月食图、星球运行图、位置图等，翻译简明扼要，知识通俗易懂。李学勤曾不无深情地描述《天文图志》："16开，精装。封面为深绿色，右上角饰以烫金的太阳光芒，下方以黑色阔带表示夜空，有木星、土星等图形"，书中"图志对参，注释明晰，五彩制图，十分精美，为我国前所未有之佳本"，"出版之后，很长时间，没再出版过类似水平的天文图谱，这就是1942年前后像我这样的小孩还要读1903年出原本、

---

① 茅盾：《茅盾回忆录·我的学生时代》。孙中田、查国华编：《茅盾研究资料》上册，中国社会科学出版社，1983年，第167页。茅盾1913年进的北大预科班，上课读的是英文本，他说："后来有人译为中文出版，即名《迈尔通史》"。他不知道《迈尔通史》翻译出版早在此之前。

② 赵元任：《从家乡到美国：赵元任早年回忆》，学林出版社，1997年，第96页。

③ 郭沫若：《反正前后》，上海现代书局，1929年，第40页。

1906 年出译本的图谱的原因”。①

①李学勤：《记山西大学堂译书院版〈天文图志〉》，《山西大学学报》（哲社版），1998 年第三期。

第4章

李提摩太与山西大学堂的互相成就

如前所述，李提摩太之于山西大学堂，是从动议者到创建者和组织者，再到办学过程中的规划指导者和多方开拓者。可以说，正是有了李提摩太才有了山西大学堂西学专斋，才为我们今天山西大学奠定了最初的辉煌。而山西大学堂西学专斋的成功创办，是戊戌变法失败后李提摩太于现实政治理想和终极宗教信仰双重困境中觅到的新的理想支点，也可视作其戊戌理想在新的历史条件下的延续与发展，从这个意义上来说，山西大学堂西学专斋的确是李提摩太"梦想实现的地方"①。

---

① 〔英〕苏慧廉：《李提摩太在中国》，关志远等译，广西师范大学出版社，2007 年 12 月，第 237 页。

第一节　西学专斋的交接

　　根据《山西大学堂创办西斋合同二十三条》规定："西学专斋经费，除光绪二十七年付过银十万两，光绪二十八年再付银十万两为开办经费，下余三十万两，于光绪二十九年起，每年付银五万两。至光绪三十四年一律结清，均在晋省交付"。又"如未届十年，五十万款项用尽，亦即作为期满，交由晋省官绅自行经理"，1910 年秋，山西巡抚丁宝铨通省咨议长梁善济电邀李提摩太来太原。11 月上旬，李提摩太到达太原，因为"深信现代教育已在山西省深深扎根了"①，他在丁宝铨率省城官员及全体师生为其举办的欢迎会上，决定西学专斋不必等到十年期满，就交付中国政府，并立刻辞去大学堂督办之职。丁宝铨接受了李提摩太的辞呈，并承诺继续执行他与西学专斋教习签订的延聘合同，以及继续扩充西学专斋的建议。

　　之后，丁宝铨一方面于 1911 年 1 月 26 日上"大学堂西学专斋合同期满，接收自办折"，另一方面，"督同提学使

---

①〔英〕苏慧廉：《李提摩太在中国》，关志远等译，广西师范大学出版社，2007 年 12 月，第 250 页。

骆成骧及咨议局绅等与该总理筹商接收办法"，选定接收日期。[①]2月7日，山西学台宝熙上《将山西大学堂西斋接收自办》折，称："查该斋自开办以来，教授适宜，成绩甚众。各科学生先后毕业经部核奖者180余名，及格能升学者61名，专科成立后，进习专门者80余名，留学英国者20余名。十一日接学部电咨，李提摩太即日赴晋，所有接收学堂事宜，由晋按照合同办理。经双方议定，以十一月十三日（12月25日）为收回接办之期，并订立合同九条，以资遵守。"[②]1911年2月，苏慧廉正式办理移交手续，6月，全部交接完毕。

西学专斋收回自办后，学部专门出台了《山西大学堂西学专斋整顿办法》，在同意之前"预科毕业各生此次复试及格，回省进习专门，四年毕业，果能程度相当，自当一体予以进士出身各规定"的基础上，另行规定：现在法律、矿学两班系于上年毕业，既在原订合同十年期内，自应查照前学务大臣两次奏案奖给进士出身，惟不再给实官，以示区别。至该斋于本年收回以后，所有未毕业之各班学生，自应切实整顿，庶足以杜有名无实之弊。拟由臣部将京师分科大学及北洋大学堂所用讲义、书籍发交该斋，其三、四年级学生令其参照此项程度酌量补习，以资深造。其一、二年级学生即改用京

---

①潘懋元等《中国近代教育史资料汇编·高等教育》，上海教育出版社，2007年，第80页。

②山西大学纪事编纂委员会编：《山西大学百年纪事（1902—2002）》，北京：中华书局，2002年，第46页。

师分科大学等处之讲义教授，俾底完全。俟毕业时考验程度，如果均与京师等处大学毕业相当，即与京师分科大学一体奖给进士，并授实官，以昭公允。[1] 但由于辛亥革命爆发，该整顿不了了之。中华民国成立后，山西大学堂改为山西大学校，西学专斋和中学专斋的建制被废除。

第二节　西学专斋的历史贡献

从 1902 年 6 月 26 日成立到 1911 年 2 月，存在了近十年的西学专斋不仅以独特的办学模式、教学风格和组织形式为中国大学教育的创制及发展进行了有益探索，并且通过对大批新式人才的培养，为山西地方社会，乃至全国的近代化都作出了重大贡献。

一、推动近代教育体制变革

1896 年清政府开始筹办京师大学堂，拉开了近代学制改革的帷幕。适逢其时，西学专斋不仅积极参与，且在很大程度上推动了近代教育体制变革。一是西学专斋的创办使得山

---

① 《政治官报》，宣统三年三月二十五日第一千二百四十八号，折奏类第 6 页。见潘懋元、刘海峰编：《中国近代教育史资料汇编·高等教育》，上海教育出版社，2007 年，第 82—83 页。

西大学堂成为壬寅大学堂中仅存的硕果。如前所述，1902年全国许多省份奉诏先后将省城书院改为大学堂，此批学堂约20所，被称为"壬寅大学堂"①。1903年《奏定学堂章程》出台，规范了"大学专门分科"，即政治科、文学科、格致科、农业科、工艺科、商务科、医术科及经学科八个学科。提出了大学堂设置的基本标准，即"以上八科大学，在京师大学堂务须全设，若将来外省有设立大学堂者，可不必限定全设，惟至少须置三科，以符学制"，且明确要求，各省只能在省城设高等学堂一所，以教大学预备科为宗旨，而大学堂目前只能"今先就京师设立大学一所，以为之倡，俟将来各学大兴，即择繁盛重要省份增设，并以渐推及于各省"②。当时各省新改设的大学堂多数还在筹备中，就因不符合大学堂设置的基本条件而被迫改称高等学堂，或被迫停办。而山西大学堂由于拥有西学专斋，具有与西方传教士签订合同的特殊背景，更重要的是西学专斋的学科专业设置基本符合了《章程》中关于大学堂设置标准的基本要求，所以，山西大学堂得以和京师大学堂一起保存下来，成为壬寅大学堂中仅存的硕果。

二是开省内创建大学之先河。受到西方列强入侵中国线路的影响，中国的近代化，包括大学创建的进程都呈现出明

---

①1902年为农历壬寅年。

②璩鑫圭等编：《中国近代教育史资料汇编：学制演变》，上海：上海教育出版社，2007年，第340—341页。

显的地域不平衡特点："中国首批现代大学都极其自然地建在了沿海城市。1895 年的北洋公学建于天津，1896 年的南洋公学建于上海，1898 年的京师大学堂建于北京……直到抗日战争时期，现代大学才得以进入中国的中部、西部和西南的内陆地区。"①山西作为内陆省份，四面环山，交通不便，信息闭塞，文化思想保守而落后，尽管在历史上曾经有过晋商创造的辉煌，但到近代以后已是"物是人非"，近代化进程非常缓慢。在如此不利的地理与社会经济条件及文化氛围下，山西巡抚岑春煊和李提摩太能够抓住教案处理和清末新政实施的机会，闻风而动，创办大学堂，确实可以称得上是一个了不起的大胆创举。与山西大学堂同期由省城书院改设的大学堂，"事实上，绝大部分还在筹备过程中即遵章改称高等学堂或专门学堂。真正属于这一时期创立并长期存在下来的是山西大学堂"②。仅从这一点来说，山西大学堂无疑就开启了中国内省举办大学教育之先河，或者说为中国内陆地区创办近代大学树立了一个成功的样板。③

　　三是提供了英式办学模式的范本。如前所述，西学专斋设立后，在课程设置、教学组织、教学管理、留学教育、编

---

①〔加拿大〕许美德：《中国大学 1895—1995：一个文化冲突的世纪》，北京：教育科学出版社，1999 年，第 308 页。

②田正平：《中国教育史研究》（近代分卷），上海：华东师范大学出版社，2001 年，第 183 页。

③王李金：《从山西大学堂到山西大学（1902—1937）》，山西大学 2006 届博士学位论文，第 74 页。

译教材等全方位引入英国教育模式。加拿大学者许美德在《中国大学》一书中强调：“1902年和1903年颁布的钦定章程中含有高等教育的有关条文，这些条文在多大程度上受到了山西大学模式的影响，仍是一个有待研究的问题。”[1]首先，西学专斋学制分预科、专科两个阶段，先设预科，待掌握西学基础知识并经过考核合格后方可升入专门科，与壬寅学制规定高等教育分预科、本科两级，“如无西学知识基础合格的学生，暂可从缓招生，宜先设大学预备科”大致相同。其次，西学专斋所开设的数学、物理、化学、矿学、地理、格致、博物等课程，与壬寅癸卯学制所规定的预备入格致、工科等大学预科生所设课程基本相同。再次，西学专斋注重实验和实地考察，壬寅癸卯学制也规定在讲授物理、化学、地理等课时，应注重实验与实地练习。还有，西学专斋建斋之初就配备有实验室、图书馆、体育场、博物馆等设施，壬寅癸卯学制中也规定大学应设“图书室、器具室、药品室、标本室”，“所用器具、标本、模型、图画等物，均宜全备，且须结合教授中学堂程度者”。[2]此外，在应对西学教科书缺乏的问题上，各省学堂可“择各科学教员之学望素著者，中学用中国教员，

①〔加拿大〕许美德：《中国大学1895—1995：一个文化冲突的世纪》，北京：教育科学出版社，1999年，第36页。
②参见史降云、申国昌：《李提摩太与山西大学堂》，《山西师大学报（社会科学版）》，2006年第4期。

西学用外国教员"①编订科学教材，也体现了对山西大学堂在上海设立译书院编译科学课程急需教材做法的认同。

四是促进了山西省各地新式教育的发展。西学专斋成立后，全省各府、州、县遵照清政府改制规定也成立了中学堂、小学堂共计109处。如1902年成立的山西农林学堂和复课的山西武备学堂，1905年成立的太原师范学堂、山西陆军小学堂，1906年成立的山西医学堂，1907年成立的山西政法学堂、山西中等实业学堂、山西警务学堂、铭贤学校，1908年成立的山西陆军测绘学堂、山西省立工业专科学堂等。这些学堂都参照山西大学堂的模式进行了教学规划，引入西方教育，成为兼习中西之学的新式学堂，在全省形成了小学堂、中学堂、专业类学堂、大学堂的递进式的近代教育体系。另外，山西大学堂的毕业生也有很大一部分担任了山西各级各类学校的教师，为山西近代教育提供了有力的师资，促使山西的教育事业逐渐走在了全国的前列，"一旦输以新学知识，遂一跃而入文明之域，士气学风且驾它省之上"②。英国洛克司比教授曾评价山西教育："从教育方面而言，山西是中国最为先进的省份。"因为"在山西50%的乡村都有小学，所有男孩

---

① 璩鑫圭等编：《中国近代教育史资料汇编：学制演变》，上海：上海教育出版社，2007年，第501页。

② 柴善济所撰：《山西大学堂设立西学专斋始末记》碑，清宣大清宣统三年七月立石碑。存于太原侯家巷原山西大学堂旧址。现存山西大学堂西斋工科大楼大厅西墙。碑文内容见王杰、祝士明：《中国近代高等教育初创之研究》，天津大学出版社，2010年5月，第174页。

和绝大多数女孩都有机会接受近代教育……这种情况在中国绝无仅有。"[1]陶行知在 1925 年也讲过："山西是中国义务教育策源地"。[2]当代学者杨东平也说："民初新教育的发展，产生了一些先进地区和典型。在兵荒马乱的 20 年代，山西省成为社会稳定、教育发达的'模范省'……山西省的教育原来并不发达……从 1918 年起，山西教育便在全国居于领先地位，超过清末教育最为发达的江苏省。1923 年，山西省据说'已使 60% 的学龄男童和 11% 的女童上了小学'。当年山西国民学校学生数达 1089141 人，为江苏省的两倍多，而山西省的人口仅为江苏省的一半。山西教育的这种先进地位一直保持到 30 年代初。"[3]

二、促进山西工矿企业的发展

西学专斋设立后，引入英式教育模式，开展系统的科学教育活动，极大促进了山西科技和工矿企业的发展。一是西学专斋开展的科学教育活动对山西工矿企业的促进。在 1901 年李提摩太开始筹办中西大学堂之时，便十分注重科学实验，从上海和国外大量采购科学实验室建设所需设备，建设了物理实验室、化学实验室等，为工业发展培养掌握科学技术的

---

[1]《华北先驱报》，1922 年 1 月 9 日。
[2] 陶行知:《陶行知全集》第二卷，成都: 四川教育出版社，1991 年，第 245 页。
[3] 杨东平:《艰难的日出: 中国现代教育的 20 世纪》，上海: 文汇出版社，2003 年，第 34—35 页。

实用性人才打下基础。针对山西资源大省的情况，西学专斋专门开设了矿学科，主要课程有采矿学、机械制造与绘图、数学、应用力学与实验、化学实验、英文、矿物与地质学、汽学、试金术与实验、测量与实验、矿学测量实验、矿质实验、选矿质、矿地实验、矿学机械、矿学应用电气、冶金学与实验、电化选矿质、矿洞实验等。专门科成立后，又开展了大量的实习和实践教育活动，采矿冶金学门的学生曾到河北开平煤矿实习，对煤矿的选址、地质考察、煤层分布等进行实地学习，并对煤矿开采所用的设备如汽机、绞轮、滑车、倒车架、钢筛等进行了系统性考察。西斋教习还对山西的地质条件和矿产资源进行了考察与化验，为山西工业发展提供了大量专业性基础资料。在学科行业领域，经新常富与西斋工科采矿学门学生的共同努力，在万国地质会和瑞典皇家博物馆的资助下于1920年成立了"瑞华地质调查会"，成为中瑞地质学研究与合作考察的重要平台，为培养地质学人才和搜集化石标本作出了贡献。如山西大学校毕业生孙健初即为瑞华地质调查会会员，他在考察山西五台山地区的地质后，写成了地质学方面的研究成果《论山西太古界地层之研究》，提出与美国地质学家不同的论断，把滹沱群岩石层位由太古代更改为元古代，这一成果在《瑞华博物考察会会刊》上顺利发表。孙健初也因其地质学知识的扎实根基，成为中国石油地质的奠基人。瑞华地质调查会等科学机构的成立也推动了地质学研究的科学建制化。

二是西学专斋培养的科学人才对山西后续科技和工业发展的影响。西学专斋通过预科和专门科教学，尤其是格致学门、采矿冶金学门和土木工程学门的专业设置，以及如前所述派遣英国留学生的做法，培养了一大批掌握科技知识的人才，为民国初期山西的地方科技工业发展提供了人才支撑。据不完全统计，山西大学堂西学专斋预科累计培养毕业生达到 310 余名，专门科培养毕业生达 50 名，官派赴英国留学生达到 34 人。这些科技人才毕业后多从事了与科技、工业等相关的行业，或利用所学专业知识，或引进西方科学技术，对山西电力、水利、矿产开发等行业的技术进行改造升级，"这些人把在大学堂和在国外学到的先进管理知识和科学技术运用到具体的生产和管理实践中，为山西工业和近代化事业发展做了大量有益的工作，也使山西省的近代工业有了长足的发展"。①

经过民国时期 20 余年的工业发展，山西在抗战爆发前工业建设取得较高成就，"惟炼钢工业、机械工业、电气工业，至抗战前夕，已发展至最高顶峰。山西的重工业建设，至民国二十六年，全国已居于首位。"②

---

① 王李金：《山西大学堂对山西近代化事业的人才贡献》，《教育理论与实践》，2010 年 7 月，第 7—10 页。

② 吴文蔚：《阎锡山传》，台中：台众教育机构出版，1982 年，第 369 页。

李提摩太与山西大学堂

三、传播西学，影响山西政治文化发展

山西作为内陆省份，接触和了解西方思想相对滞后，传统文化的观念尤为根深蒂固。如前所述"山西教案"的发生便集中反映出民众对西方文化的一种更为极端的敌对态度。李提摩太在筹办中西大学堂之初就把"开启民智"作为创办学堂的目的之一，主要的手段便是通过展示西方科学技术的先进性，开拓士绅百姓的眼界，达到民众对西方文化的认同乃至对宗教教义的认同。建斋之初他就面临重重困难。先是招生的困难。尽管办学者对此已经有了充分预估，"西学专斋学生以二百名上下为额……额数若不满二百名，先送一百名亦可，俟后拨取补足以赴原议之数"①，但在实际开始招生时，熟悉西学的学子几乎没有，就是普通学子也大多持观望态度，报名者寥寥，有的甚至敌视西学，将进入学堂学习西学之人称之为"数典忘祖"，"将来不免为后人所唾骂，视为名教中之罪人"。"人们都以（山西大学堂）洋学堂看待，青年士子犹多存观望态度，不肯投入，尤其是不肯入西学专斋"。②后经首任中学专斋总理谷如墉多方设法，通过私人函说、以令德堂高才生崔廷献、刘绵训等进入大学堂学习为号

---

① 中国第一历史档案馆编：《光绪朝朱批奏折》（第105辑·文教学校），北京：中华书局，1996年，第489页。
② 王李金：《山西大学堂对山西近代化事业的人才贡献》，《教育理论与实践》，2010年7月，第7—10页。

召等，中、西两斋才凑足一班学生之额。[①] 接着是来自传统科举的晋升之路对学子的吸引和诱惑。尽管学习了科学知识，"学而优则仕"的文化观念依然影响着大部分求学学生，以学习科学为名实现升官晋级目的的人不在少数。在开学授课西学的前两年，中学专斋累计有 70 余名学生参加科举考试并退学转为官吏，西学专斋累计有 165 名学生或退学或被开除。对西学知识的排斥严重影响了办学招生的正常进行，以至于西斋总教习敦崇礼被迫与所有学子签订契约来保证教习秩序，违反者将严格惩罚甚至"投进大牢"。[②]

西学专斋科学与教育活动的开展对于民众思想观念的改变是显著的。如化学实验课的开展，"西斋新常富与助手叶殿荣上的第一课是用巨大的爆炸与难闻的气味开始的"[③]，给学生展示了西方科学直观生动的案例，在很大程度上是对学生以往所受传统教育的巨大冲击，让学生在思想上起了大变化。在 1904 年中、西两斋课程渐趋统一后，学堂内部鄙视西学的氛围一扫而空。此时的大学堂学生，尽管有着传统中学的根底，但在学习和认知西方科学的过程中，尽量与西方国家的科学教育模式保持一致，学子对科学的自觉兴趣和对科

---

① 朱有瓛主编：《中国近代学制史料》第 2 辑上，华东师范大学出版社，1987年 6 月，第 1007 页。

② 山西大学纪事编纂委员会编：《山西大学百年纪事（1902—2002）》，北京：中华书局，2002 年，第 100 页。

③ 山西大学纪事编纂委员会编：《山西大学百年纪事（1902—2002）》，北京：中华书局，2002 年，第 14 页。

学的支持成为科学教育活动持续开展的重要因素，在客观上也加速了中学西学之间的交流融合。

西学专斋创办后的影响由学堂而至社会，对山西地方的政治、文化产生了广泛影响。大学堂为官员士绅开展的科学讲座，如地理学、法律学等知识，极大开拓了士绅民众的眼界。关于电的实验，如电话安装、大学堂用电设备、电石汽灯等，打破了民众对西学的排斥态度，社会各阶层开始从思想上对西方科学逐步接受。正是西学专斋科学教育的广泛影响让西方科学思想深入社会民众当中，认为"西学对中国来说是一服不可缺少的良药"[1]。

诚如新常富所言："山西大学堂者，晋省创办学堂之起点也……是校（山西大学堂）建于省垣之东南隅，地势宽展，规模宏大，诚不愧为大学之名焉。校内分中西两斋，中斋属华人办理，西斋为西人之管辖。中斋之内，学生之膳宿附焉。西斋之内，有大礼堂、博物院、藏书室、办公室、应接室各一所，其构造不为不善矣。它如教员之住宿舍、休息室等，亦无一不备，其布置不为不工矣。西斋之经费，每年需银五万两，由藩库发给，所谓庚子之赔款也，以十年为限，限满归山西自办，其经费不为不多矣。两斋学生约有四五百之数，挨班上课，按钟听讲，其人才不为不众矣。千九百零七年间，西

---

① 徐冠华：《山西大学堂科学教育活动研究（1902—1912年）》，山西大学2020届博士学位论文，第127—128页。

斋又购电机一副，以供西斋内外院舍一切电光之用。从此大学堂内更觉辉煌异常，明亮夺目，其建造不为不精美矣。本斋化学房之东，于千九百零七年，又续修一特别化学房，以备高等化学试验之用，厥后山西各矿之化分，赖其此耳，其功用不为不广矣。总之，大学一堂，建设完全，已无遗憾，人才荟萃，大有可观。科学之发达基于此，实业之振兴基于此，异日促文明之进步，俗渐改良，普教育于家庭，人皆知学，蒸蒸日上，使数千年守旧之习惯，一扫而清之。"[①] 新常富还给予了最富深情的评价"山西大学堂被认为是亚洲最好的大学之一"[②]。

第三节　李提摩太威望的进一步提高

山西大学堂的影响有多大，李提摩太的威望就有多高。1902 年 6 月 9 日，当李提摩太离开太原时，岑春煊就专门在巡抚衙门为其举办了颇具规模的饯行宴会，中斋教职员、省城政府官员、绅士多人，以及正在筹建山西农业学校的三位

---

① 〔瑞典〕新常富：《晋矿》，山西：山西大国民印刷厂，1913 年，第 136—139 页。

② 参见张民省：《山西大学：创中西教育合璧之路》，《中国高等教育》，2002 年第 5 期。

日本教习出席，菜单也极为丰富："一品燕菜、青豆油鸡、五香炸鸽子、鸡粥扒鱼翅、洋蘑广肚、烧烤鸭子、白汁竹笋、炸熘板鱼、洋鲜蜜桃、茄梨笋汤、洋鲍鱼汤、烧烤方肉"①。在丁戊奇荒刚过山西颁布《节制饮食度过灾荒》告示的情况下，这次宴会的举办足见岑春煊对李提摩太的敬重。席间他还亲自评价李提摩太："这两项伟业②都应归功于你！倘若没有你在这里，这两件事是不会付诸实施的。"③1907年山西巡抚恩寿上奏为李提摩太等西学专斋教员请赏，清廷赏赐李提摩太头品顶戴、二等双龙宝星。1908年，李提摩太回到山西，原大学堂学生、时任省咨议局议长的梁善济召集省城所有中等以上学校的师生在广场举行盛大的欢迎大会。梁善济致辞："今日欢迎先生的学校师生来自军事、农林学校，来自普通中学，来自大学堂，那些学校的校长几乎都是山西大学堂昔日中西斋的毕业生，这不仅在太原府，而且山西的许多县城，正由于大学堂毕业生们的努力，各类学堂似雨后春笋般在山西大地上出现，给山西教育注入生机，这一天，我们均应感谢尊敬的山西大学堂西斋的创立者，尊敬的李提摩太先生。"④

---

① 山西大学纪事编纂委员会编：《山西大学百年纪事（1902—2002）》，北京：中华书局，2002年，第8—9页。

② 即开办山西大学堂和修建铁路。

③〔英〕李提摩太：《亲历晚清四十五年——李提摩太在华回忆录》，李宪堂、侯林莉译，天津：天津人民出版社，2005年5月，第285页。

④ 沈迦：《西斋十年》，《一条开往中国的船：赴华传教士的家国回忆》，新星出版社，2016年，第83页。

1910 年 11 月 12 日，李提摩太再次回到太原。据记载："李先生由沪至晋，欢祝之声盈于道路，至以一见其面为荣。"①山西巡抚丁宝铨率省城官员及全体师生于 11 月 13 日在山西大学堂礼堂召开欢迎会，并在会上对大学堂的贡献赞不绝口。同时，丁宝铨还为李提摩太请奖，"赏给三代正一品封典"。②1911 年，梁善济亲撰《山西大学堂设立西学专斋始末记》，指出："山西之有西学专斋也，自英儒李提摩太先生始。夫非常之举，黎民所惧，以民俗伊塞习安固有之区，一旦输以新学知识，遂一跃而入文明之域，士气学风且驾它省而上之，是非李先生之力乌能及此，然使非当时巨公硕彦有以独见其大，而知斯举之不可缓，则其效果亦未必有如今之卓著。天下事易于乐成，难于图始，古今人情不甚相远也……先生诚我晋之功人哉。"③此文被刻入碑石，与《山西大学堂西学专斋教职员题名碑》一起立在校园里，并保存至今。李提摩太回国后，梁善济还仿照此碑，以银为质，专做了两块长一米见方的银牌，交苏慧廉带回英国赠李提摩太作为纪念。苏慧廉也多次指出："1920 年英国驻华公使朱迩典先生在退休之前，来到山西。他说，他发现山西省是中国最发达、管

① 王杰等著：《学府典章：中国近代高等教育初创之研究》，天津大学出版社，2010 年，第 174 页。

② 潘懋元等编：《中国近代教育史资料汇编》（高等教育），上海教育出版社，2007 年，第 77 页。

③ 王杰等著：《学府典章：中国近代高等教育初创之研究》，天津大学出版社，2010 年，第 174 页。

理最好的省份。英美调查委员会调查中国教育状况后报道，在李提摩太来山西之前，山西省是中国最落后的省份之一，如今，山西省的教育是全国最发达的……李提摩太的梦想实现了。很明显，若非李提摩太住在那里，若非山西大学的创立，如今的山西省是不会比其他落后的省份强到哪里去的。"①

①〔英〕苏慧廉：《李提摩太在中国》，关志远等译，广西师范大学出版社，2007 年 12 月，第 251—252 页。

第5章

李提摩太之纪念

第一节　李提摩太与山西大学的办学传统

百年校庆前夕，经过广泛征求意见、集思广益，山西大学总结出了十六字办学传统，即是现在广大师生和海内外校友都耳熟能详的"中西会通，求真至善，登崇俊良，自强报国"。中西会通就是本土文化与外来文化的融合；求真至善就是科学精神与人文精神的融合；登崇俊良就是知识传授与道德养成的融合；自强报国就是学校发展与民族崛起的融合。作为一所大学的文化积淀，办学传统是其在长期的办学实践中所形成的办学经验、办学理念、办学风格和办学精神等社会因素，是从历史上继承下来的办学因素。作为创始人之一的李提摩太，无疑和这十六字办学传统休戚相关。他于中华民族觉醒的二十世纪初，将"兴学育才"的理念植根于深处内陆的山西地方社会，并与当地悠久而厚重的历史文化相融合，从而给山西大学的发展提供了源远流长的文化汲养，孕育了别具特色的优良文化传统。

一、中西会通

山西大学堂的建立不仅是李提摩太基于山西情结应对"山西教案"的积极举措，更是他一直以来中西文化观和教育改革思想发展的必然产物。根据前述，李提摩太初到中国，就提出文化"无畛域之分"的观点，认为中国文化与西方文化各有所长，学无中西，应择善而从，"欲格物必先博学，当不分畛域，无书不读"。[①]他不仅积极学习中国儒学、佛教、道教思想，还对中西方文化进行反思，提出应该建立一种"综合融汇"的新学。在这种中西文化观的指导下，李提摩太在提倡教育改革、兴学育才的过程中，其思想的核心就放在了要多向各国学习，"各国均有可采之事"，"竞立西学，择善而从，以为教养之用"，"集思广益，故能日起有功也，中国自古迄今但究心于本国之学明哲诸钜公，及今而犹不速加整顿，亘古著名之大国，将奈之何？总之，人不囿于古而

---

① 〔英〕李提摩太：《近事要务》，《万国公报》第 670 卷，台湾华文书局影印合订本。转引自郭汉民：《郭汉民文集》，湘潭大学出版社，2015 年 10 月，第 232 页。

共知新学之大有关系国势，必浡然而兴"。① 由此，李提摩太动议在山西创建一所大学堂的初衷就是"专为开导晋省人知识设立学堂，教导有用之学"，采中西，分别取中西文化中之真学问，融会贯通，中西合璧。关于如何"教导有用之学"，他讲得很明白，"选中西有学问者各一人，总管其事"，并特意将学校命名为"中西大学堂"。

带着这种中西会通的视野，当李提摩太看到岑春煊先他一步创设山西大学堂时，并没有像其他随行洋教习一样懊恼，甚至愤怒，而是冷静分析："考虑到在同一个城市里建立两所竞争性的学校在实践上是不可行的……既浪费大量经费，又将使中外不和"，提议将"中西大学堂"与"山西大学堂"合并："把两者归并为一所山西大学堂，一部专教中学，一部专教西学"。② 经过长达两个多月奔走与协商，双方在太原府签订《山西大学堂创办西斋合同二十三条》，规定："此后将中西学堂名目改为西学专斋，归入晋省奏设大学堂办理。"③ 之后，山西大学堂原来部分改设为中学专斋，中、西两斋并存，中学专斋由中人主持、西学专斋由西人经理，即一校以两种办学体制或两种办学模式运作，亦可谓之"一校

---

① 〔英〕李提摩太：《速兴新学条例》，载《万国公报》第115册，台湾华文书局1968年影印合订本，第28本，第17869页。

② 《山西文史资料全编》编辑委员会：《山西文史资料全编》第二卷第17辑，太原：山西文史资料编辑部1999年版，第404页。

③ 陈学恂：《中国近代教育史教学参考资料》下册，北京：人民教育出版社，1987年，第249页。

两制"的办学模式。这一办学模式或办学体系在当时中国高等教育办学体制中并无先例。

伴随着两斋并存，一校两制，山西大学堂开启了中国传统文化和西方文化从碰撞、斗争走向融合、会通的历程。中学专斋一切均沿袭"令德堂"旧制，在办学体制上保留了浓厚的封建教育色彩，而西学专斋在李提摩太的运营下，教习多为外籍教师，用的是以英国为主的西方教育模式。不同的教育方式必然产生不同的教学效果：西学专斋学生入学后"孔夫子"味道不断淡化，生活上语言自由、无所忌讳，衣着随便、师生无别；中学专斋学生则传统的封建思想依然十分浓重，生活上言行保守，衣着规矩、师生有别。这种差异使得两斋学生在一段时间内矛盾丛生，相互鄙视攻击。西学专斋学生对中学专斋学生志在科甲，且不晓世界大势之顽固保守思想加以诽谤和蔑视，而中学专斋学生则对西学专斋学生衣冠不整、师生无别、操场蹦跳、语言无忌多有不满表示，经常批评他们西学专斋学生"数典忘祖""舍己之地而耕人之田"，将来定为后人唾骂，并视之为名教罪人。

1904年发生的两件大事可谓是中西两斋逐步走向融合的转折点。一是山西新任学台宝熙对山西大学堂的改革，不仅通过在督办之下增设监督一职，取消总理职位，将总教习和副总教习统一改称教务长、提调改称庶务长、堂舍监督改称斋务长等措施，使大学堂管理层次得到简化，称谓得到规范；

并且通过在中学专斋分高等科为文、理两类，增设英文、日文、法文、俄文、代数、几何、物理、化学、博物、历史、地理、国文、图画、音乐、体操等新课程，取消经学外所有旧课程。聘请英文教习杨培根、日文教习小金龟次郎（日籍）、法文教习吴渭滨、代数教习王俊卿、化学教习刚田（日籍）、数学教习董化时、国画教习柯璜、西洋史教习傅岳棻、物理教习任钟澍、历史教习张友桐、地理教习汪翙銮、经学教习段洙、兵学教习温寿泉等一批新式教师，调整课时配置及作息时间，统一两斋学生服饰为蓝洋缎操衣操裤及皂布操靴等措施，使中西两斋在课程设置及教学内容上日渐趋同，同时也奠定了清末民初学堂学科专业发展的基本格局及其办学特色。二是 8 月 11 日，侯家巷新校址建成，中西两斋师生全部迁入并开始在此上课、办公及食宿。此后每逢月朔望，两斋师生齐集学堂大成殿前举行祭奠大礼，学生除向孔子像行叩拜礼外，还须向中西两斋教员分别行鞠躬礼，两斋学生则互行一鞠躬礼。在共同的生活环境下，中西两斋学生逐渐亲密起来，中学专斋学生观念也日渐开放，思想意识逐渐向西学专斋学生靠近，鄙视西学的空气渐渐扫光。

1905 年 9 月，清政府颁布废止科举的谕令，"原有的一套功名头衔还和过去一样，但现在要得到这些名分则要接受新的学校教育，学习新的知识，这意味着，中国在能力报酬和认可方面，发生了永久性的制度变化"①。至此，教育形势为之一变，"科举未废之前，人人竞尚科举，科举即废之后，则人人重视学堂"。②中学专斋学生对西学专斋的新知识教学也日渐由"心向往之"，而身体力行。至此，一体化的山西大学堂基本形成。到民国元年两斋取消前，尽管山西大学堂在名义上仍有两斋之分，而其实则早亡。

诚如同济大学章仁彪教授指出："'文明的冲突'阴影不散，'全球化'下的文化认同困惑着多元文化共处下的世界，'交往'是当今时代精神的要求。大学有何可为？大学的特殊性正应该无可替代地承担起这一最为重要、也是大学最具魅力的方面所在，大学历来是不同文化和文明交流的殿堂，大学又是在某种程度上最富有交往传统、又最能影响未来的场所，她又具有可以超越政治观点歧见、经济利益竞争而能充分展开深入坦诚对话的场所，所以，大学责无旁贷、义不容辞。"③加强大学的国际交流与合作功能，将大学的教育改革和发展置于整个世界中，不仅可以广泛汲取、借鉴国外先进教育经验和科学文化成果，而且可以对外传播本国教育和文化精华，培养能够在国际竞争和合作中发挥积极作用的人才。山西大

①〔美〕吉尔伯特·罗兹曼：《中国的现代化》，江苏人民出版社，1995年，第292页。

②故宫博物院明清档案部编：《清末立宪档案史料》上册，中华书局，1979年，第231页。

③章仁彪：《守护与创新：现代大学理念与功能》，《高教发展论坛》，2004年第3期。

学"中西会通"的办学路径早在 120 年前就书写了中国近代大学的开放性特征。

穿越百年时空，山西大学"中西会通"的办学传统在今天更为广阔的全球化格局中，得到了新的彰显和扩充，尤其是在 2012 年 110 周年以来，学校紧紧围绕高水平大学建设的目标任务，秉持开放办学理念，国际化办学水平持续增强，国际交流日益密切，国际合作成效日益显著。学校举办高端国际会议 3 场，如 2012 年召开的"原子分子与光物理研讨会"和"科学解释与科学方法论"会议、2016 年召开的"第八届东方美学国际学术会议"；和国内外近 20 所高校建立合作协议，如香港科技大学、法国留尼汪大学（2013 年）、爱尔兰国立科克大学、英国伯明翰城市大学、华沙大学（2014 年）、挪威东南大学（2016 年）、英国利兹大学、澳大利亚阿德莱德大学（2017 年）、美国北卡罗来纳大学艺术学院、澳大利亚联邦科学与工业研究院、美国加州大学河滨分校、美国北卡罗来纳大学夏洛特分校、法国格勒诺布尔———阿尔卑斯大学、德国埃森造型艺术学院（2018 年）、法国巴黎高等学院（2019），等等；如今她已成为山西首批招收外国留学生和拥有外贸进出口权的高等院校，与美、日、韩、英、法、德、加等国家和地区的近 100 所高校及科研院所建立合作关系。长短期在校国际留学生达到近千人。她还成立了国务院准许的专门服务华裔子弟的华文教育基地，建有美国北卡罗来纳大学夏洛特汉语中心、东帝汶商学院孔子课堂，迄今为止培养了来自世界各地的留学生几千余人。学校还积极拓展本科生国际交流渠道，与十多所国外知名大学建立了合作培养机制，为学生出国深造创造了良好条件，最近十余年来，学校共派往 20 余个国家、地区进行合作研究、进修访学、学术交流的约 3000 人次。应邀来校讲学访问、学术交流和科学研究的专家学者约 2000 人次。授予、聘请海外著名学者和知名人士荣誉学衔的近 100 人次。

二、求真至善

求真，意近"求是"，即追求真理，实事求是。至善，"则事理当然之极也。言明明德、新民，皆当止于至善之地而不迁。盖必有以尽夫天理之极，而无一毫人欲之私也"①。"求真至善"事实上一直是李提摩太教育思想的一个重要组成部分。1898 年他在《速兴新学条例》一文中就提出"书籍宜亟求善本""学塾书院宜亟定妥章"的思想，"塾中院中专以西文西学教人……教士者，西国读书士子也，择其洞谙华事尤长西学者，礼聘以为掌教，实可收事半功倍之效。"② 为了达到"求真至善"，他还非常注重科学仪器，曾专文介绍显微镜、望远镜："有极大显微镜，将一滴水摊开如一地球之大，内

① 南怀瑾：《原本大学微言》，上海：复旦大学出版社，2016 年，第 37 页。
② 〔英〕李提摩太：《速兴新学条例》，载《万国公报》第 115 册，台湾华文书局 1968 年影印合订本，第 28 本，第 17866 页。

中各阿屯，亦不过如高粱粒之大小耳"。"今借千里镜窥之，始知金木水火土五星，实与我等居之地球相似，亦皆各成世界。不但如此，此外更有无数世界"。① 筹备中西大学堂之初，李提摩太就将科学仪器及实验室的建设纳入规划，"专斋诸生习艺术门、格化诸学者均以考验实事为主，学堂内机器药料实验场皆备"。② "动用西学专斋经费洋四万元，以便酌夺建造西学专斋之讲堂、藏书楼、仪器舍、阅报所、实验场、体操场……"。③ 在李提摩太等赴晋创办中西大学堂之时，便带着"电灯电话、乙炔煤气厂设备、250 米铁管、水泵、水龙头、燃烧器、螺丝帽"④ 等设备，随后还陆续从国外或上海购买仪器设备，为大学堂建设实验室和开展科学实验打好了坚实的基础。

在李提摩太的指导下，山西大学堂尤其是西学专斋非常重视科学实验和研究。敦崇礼在规划新校区建设时，除了大礼堂、图书馆、阅览室、博物馆、体育馆外，对实验室的建设也明确提出了具体内容，要建设"化学实验室、物理实验室，工程与绘画教室配备有专用设备。"⑤ 新常富不仅在自己的课

---

① 〔英〕麦肯齐：《泰西新史揽要》，上海书店出版社，2002 年，第 29 页。

② 《晋抚岑大中丞遵旨拟定山西大学堂试办章程》，《申报》，1902 年 8 月 29 日。

③ 《升抚岑中丞奏订本专斋合同》，《万国公报》，1902 年，第 163 期。

④ 山西大学纪事编纂委员会编：《山西大学百年纪事》，中华书局，2002 年，第 7 页。

⑤ 山西大学纪事编纂委员会编：《山西大学百年纪事》，中华书局，2002 年，第 9 页。

堂教学和考试中都加大实验比重，还积极参与各种实验室的筹建。1903 年 2 月建成化学实验室，"开始做些比较简单的实验"。①1905 年 12 月建成机器房为各种实验设备提供动力。同时，大学堂博物馆也建成，分类收集了各种各样的矿石标本。1906 年建成定量分析和有机合成实验室，配备了试验台、药品柜、药剂瓶、仪器台等，并且考虑了用电、通风等基础设计，在实验室布局和操作试验台等方面已经完全体现出现代科学实验室的雏形。1907 年又续建了一座"特别化学房"，专为开展高等化学实验所用。

在注重实验的实证教学基础上，西学专斋的教师们科研成果丰硕。以李提摩太亲聘的新常富为例，自任教之始，即开始自编英文化学讲义——《无机化学教程》。1905 年 6 月 3 日，该讲义经西斋学生徐鸿宝、习观枢、王成瀹、石广垣等翻译为中文，由山西大学堂活版部以《无机化学》为名出版发行。1908 年 6 月，新常富在石瑞垣、朱炳瀛协助下，对《无机化学教程》进行增补，由商务印书馆再版，大 32 开本，分上、中、下三册，"麟脐犀角，务得其真"②。该书出版发行在当时影响颇大，山西大学堂监督杨熊祥、山西学政宝熙、山西巡抚张曾敭等皆为其作序。1908 年 6 月，《无机化学教程》

①新常富撰，杨迟节译：《中华民国大事记》，山西大学档案馆校史资料室藏，2000 年版，第 32 页。

②山西大学纪事编纂委员会编：《山西大学百年纪事（1902—2002）》，北京：中华书局，2002 年，第 39 页。

增订本出版，在山西全省相当受欢迎，除了原序外，蒙古宝棻、子常锡暇、大学堂监督解荣辂、丁宝铨又为其作序。

1913 年 2 月新常富在实地调查的基础上著成《晋矿》，由山西大国民印刷厂公开出版发行。该书主要分为导言（包括山西地理、黄土、农事、天气、人口、商务、人之特色、地质）、化分章（包括无烟煤、烟煤、铁矿、铜矿、铅银矿、铁硫矿、石膏、钡硫矿、火泥、石英、花岗石、青石、石灰石、盐、苏打、火硝等）、附则（包括对山西大学堂、保晋公司、山西交通的介绍，以及山西现有之成绩及其将来之希望等）三部分，并对未来山西开发矿产资源提出具体建议与设想。该书的出版，更是引起山西矿产界的极大关注。山西财政司司长张瑞玑就指出该书"颇详明可资考证"，并鉴于其"为英文，不能便披览"，指令山西大学堂毕业生矿物工程师赵奇英、矿物测绘师高时臻，铁路工程师王录勋、杨长煜，矿产测绘化分局庶务陈义和予以翻译，这部著作对山西乃至全国的矿业发展产生了重要影响。张瑞玑为该书题词并作序。1920 年"瑞华地质调查会"成立，新常富不仅亲自主持，任该会会长，且会址即设在他居住的小二楼上，多次组织会员们去五台山、吕梁山等地进行长时间实地考察，在地质学等方面取得了巨大的成就，造就了一大批人才。被誉为"中国石油地质学的奠基人"、"中国第一个现代化石油基地玉门油矿创始人"、中科院专门委员孙健初即是代表人物之一。至此，新常富地

273

质学"专家"的地位已然奠定。

李提摩太及其所聘的教习们坚守的"求真至善"科研思想观开启了百廿山大始终以科研为主的发展路向。山西大学堂分成中、西二斋，前者设立经、史、政、艺四科，后者专讲文学、医学、法律、格致、工程等五学，奠定了以后综合大学的基础。抗战前夕，山西大学已颇具规模，拥有5个学院（文学院、法学院、工学院、理学院、教育学院）、17个系。多学科交叉渗透，科学精神与人文精神融合，学校的学术氛围极为浓厚。邓励豪曾不无自豪地回忆说："校内科系林立，在思想见解，竟可分歧对立，文科学长与法科学长，常因学术问题发生争辩，甚至怒目相向；学生与教授辩论问题，在教室不得下台。鼓荡相习，蔚成校风。其培植之学子，绝无一个思想模式脱出者"[①]。中华人民共和国成立后，山西大学大力提升科研实力，在全国率先成立研究部，自编教材180余种，其中32种成为国家高校通用教材。改革开放以来，特别是近十余年来，山西大学获得了长足的发展，已经成为一个拥有文学、历史学、哲学、经济学、管理学、法学、教育学、理学、工学、医学等十大学科的现代化综合大学，国家重点学科、国家重点实验室、教育部重点研究基地、教育部重点实验室陆续成立，教育部科技创新团队、全国百篇优秀博士

———————

① 山西大学校史编纂委员会编：《山西大学百年校史（1902—2002）》，北京：中华书局，2002年，第45页。

论文等荣誉相继摘冠。学校承担国家重大科研项目的能力也日益增强。学校现有 19 个一级学科博士学位授权点、35 个一级学科硕士学位授权点、24 个硕士专业学位种类、14 个博士后流动站、6 个目录外二级学科博、硕士点、2 个交叉学科博、硕士点。哲学、物理学入选国家"双一流"建设学科。科学技术哲学、光学入选国家重点学科。化学、工程学、材料学、环境/生态学、物理学、计算机科学与技术、植物与动物学、农业科学等 8 个学科进入 ESI 前 1%。拥有 1 个国家重点实验室、1 个教育部人文社会科学重点研究基地、2 个省部共建协同创新中心、2 个教育部重点实验室、1 个环保部重点实验室、1 个国家地方联合工程实验室、2 个教育部工程研究中心、3 个"111"学科创新引智基地、1 个国家国际科技合作基地。以科学研究作为牵引力，以提升学术实力作为目标追求，经过几代人的不懈努力，山西大学实现了一个又一个历史性跨越。

三、登崇俊良

无疑，李提摩太教育思想与实践的核心就在于兴学育才。他多次呼吁："每一府之所属，每一大市镇之所聚，必令其各设学塾焉，各设书院焉。"[1] 他强调新式教育目的应"不只是使读书人能去做官，而是要在社会的各个阶层中，在男子

---

[1]〔英〕李提摩太：《速兴新学条例》，载《万国公报》第 115 册，台湾华文书局 1968 年影印合订本，第 28 本，第 17866 页。

李提摩太与山西大学堂

和女子中间造就更多的有本领的人"①。为此，他不仅主张改变单一的以录用官吏为目的的考试制度为选拔有益于国家和社会所需的有用人才的制度，"但视其才，能通何事，即予以何项之功名……博学多能之士，虽无志于宦途，亦可成专门名家之业"②，还提出了"每年遴选一百人出洋肄业"、用新学之才弥补官吏空缺、保护个人著述作品知识产权等"人才必宜设法鼓舞"的三大举措。事实上李提摩太提出中西大学堂的动议"但此罚款，不归西人，亦不归教民，专为开导晋省人知识设立学堂，教导有用之学，使官绅士庶子弟学习，不再受迷惑"，也是循着这一思路。西学专斋成立之后，李提摩太又积极延聘教习、制定课程表、创办译书院，组织留英活动，全身心投入兴学育才的实践。也正是在这个意义上，苏慧廉称山西大学堂是李提摩太"梦想实现的地方"。

1904 年 8 月，新任中斋监督杨熊祥会同新任学台宝熙趁着侯家巷新校址建成并启用之机，根据《奏定大学堂章程》"立学宗旨，无论何等学堂，均以忠孝为本，以中国经史之学为基，俾学生心术壹归于纯正，而后以西学瀹其智识，练其艺能，务期他日成材，各适实用，以仰副国家造就通才，慎防流弊之意"的要求，当然主要还是从两年来山西大学堂

---

① 〔英〕李提摩太：《中国的教育问题》，陈学恂：《中国近代教育史教学参考资料》（下册），北京：人民教育出版社，1987 年，第 51 页。

② 〔英〕李提摩太：《速兴新学条例》，载《万国公报》第 115 册，台湾华文书局 1968 年影印合订本，第 28 本，第 17866 页。

的教学育人实践出发，提出"登崇俊良"，把这四个大字高高悬挂在新校大门外西边牌楼上额的正中央，成为我国近代大学中最早提出的"校训"。"登崇俊良"出自唐朝太学博士、硕学鸿儒韩愈的《进学解》："拔去凶邪，登崇俊良"。其原意是说人才的培养和选拔应以德才兼备、品识俱优为原则。在今天，"登崇俊良"具有新的内涵，它是将知识传授从中国古代"大学之道"的庇护中解放出来，赋以其独立的价值，同时又以健全人格的养成来弥补西方大学单纯的教学功能方面的缺失。

百廿年来，山西大学始终以"登崇俊良"为校训，以"教授高深学术，养成硕学宏材，应国家需要"为己任，凸现了以人的培养为核心的教育本质，即学生的专业知识与人格全面发展两个方面，为国家和社会培养了无数德才兼备的各类人才，有人文科学家邓初民、梁园东，国际大法官梅汝璈，中国石油之父孙健初，中国四大名医的施今墨，中国农作物育种科学的奠基人王绶，等等。今天，山西大学"登崇俊良"的人才培养模式，适时引入了研究性理念，展现出新的时代内涵，即在德才兼备的基础上，大力培养"综合型""创新型"人才。现有全日制本科生24155人，全日制硕士研究生7366人、非全日制硕士研究生1550人，全日制博士研究生977人。设有本科专业87个，涵盖文、史、哲、理、工、经、管、法、教、艺等10大学科门类。国家级一流专业23个，省级一流专业

19个。物理学专业入选教育部基础学科拔尖学生培养计划2.0基地。大力加强创新创业教育，建有国家级实验教学中心3个，国家级虚拟仿真实验教学项目2个，入选首批全国创新创业教育改革示范高校、全国创新创业典型经验高校50强。近年来，学生在"挑战杯"全国大学生课外学术科技作品竞赛、"互联网+"大学生创新创业大赛、ASC世界大学生超级计算机竞赛等比赛中屡创佳绩，获得国家级奖项近130项。在奥运会、亚运会、全运会等赛事中先后获得金银铜牌十余枚。进一步高扬"登崇俊良"的校训，不断完善以学生为中心的教学体系，着力培养学生的创新精神和创新能力，已成为山西大学深化教学改革的目标。

四、自强报国

"自强报国"指的是大学的服务功能，即大学"以直接满足社会的现实需要为目的，以培养人才职能和发展知识职能为依托，有目的、有计划地向社会提供的具有学术性的服务。"[①] 李提摩太服务社会的意识是执着而强烈的，是根植于他所信奉的浸礼会的注重社会整体性救赎的基本教义，认为上帝的救恩为整体性的，包括个人与社会、精神与肉体，因此不仅要宣扬个人救赎的福音，还要宣扬社会改造的福音，

① 朱国仁：《论现代高等学校三种职能的意义》，《高等教育研究》，1998年第1期。

鼓励信徒参与教育、慈善和社会改良等世俗活动，消除工业社会的弊端，在此世就建立"上帝之国"。在这一思想的指导下，李提摩太来华之后，很快就将传教与服务他人、服务社会联系起来，并在丁戊奇荒中毅然决然投入赈灾活动，建立了一套系统的现金分配程序来设定国外救济的模式，已然成为此次"东西方的联合"赈灾的核心人物。灾荒过后，他更是确立要将传教与清政府的改革、西方文化的传播，以及现代教育的建立等结合在一起的"间接布道"的传教方式，不仅通过发行刊物、翻译著作，大规模地将西方文化引入中国，以及全方位参与戊戌变法，在中国社会赢得了极大的威望，且倡言教育改革，通过创办山西大学堂来开导晋省人知识。

120 年来，山大人以自强不息的精神一次又一次投入挽救民族危亡的斗争中，一部山西大学的发展史可以说就是一部山大人的革命运动史。从 1905 年争矿斗争开始，山大人就踏上了反帝反封建的征程。这一斗争，不仅保护了山西的矿产资源，而且开创了近代青年学生反帝反封建斗争的先河。辛亥革命期间，从同盟会的创建，到孙中山领导的多次起义，都留下了山大人的足迹。其间，血染大同的"塞上奇迹"更是使山大人彪炳史册。五四运动中，山大人积极响应支援北京学生运动，投身新文化建设洪流。抗日战争与解放战争中，山大人和中国其他几所高校一起，历经了 12 年颠沛流离的大迁移，共同见证了中国革命的艰难历程。120 年来，山西大学的创业、发展、鼎新，无不渗透着自强之魂，闪耀着自强之光。这就是自强精神的人文底蕴。

如今作为山西省的最高学府，山西大学已成为三晋大地的人文福地和科学殿堂。近年来，山西大学"自强报国"的社会服务功能进一步得到了拓展，充分利用地方文化素质教育资源和本校的学科优势，积极开展富有山西地方特色的理论研究与实践探索，成立了"晋商研究所""黄土高原研究所""光电研究所""国学研究所"等多个研究所，和"中国社会史研究中心""环境科学与工程研究中心"等多个研究中心，为社会提供了大量的思想资源和具有创新思想、创新能力的人才，和社会真正实现了优势互补、互利互惠、共同发展。师生们在完成基本教学任务时，还积极承担国家重大科研项目。近年来，承担了地基引力波探测大科学装置、国家超算（太原）中心、山西省黄河实验室等一大批重大科研任务。累计获得国家自然科学奖、国家科技进步奖、国家科技发明奖、教育部高校人文社科研究优秀成果一等奖等国家级科研奖励近 20 项。"十三五"期间，承担国家重点研发计划项目等国家级重点项目 14 项，国家自然科学基金项目 444 项，国家社科基金项目和教育部人文社会科学研究项目 306 项。同时，学校还大力强化产学研合作，推进科技成果转化，与国有骨干企业合作共建十多个产业技术研究院，与山西省十一个地市建立了战略合作关系，学校入选教育部"首批高等学校科技成果转化和技术转移基地"高校，山西大学科技园成为国家大学科技园。所谓"自强报国"，是指以可持续发展的理念拯救人类困境，以自强不息的精神再铸中华文明的辉煌。而自强不息的人才，将具有可持续发展的人格、创新的素养，反映出新世纪教育古老而崭新的理念。

21世纪的今天，随着大学"社会中心组织"的地位不断强化，办学功能的定位成为各个大学战略性选择的核心。如何将自己的办学传统与新的时代要求有机地统一起来，科学定位自己的角色与功能，是新时期大学所要首先解决的问题。而由李提摩太奠定基础的"中西会通、求真至善、登崇俊良、自强报国"十六字传统既包含了知识传授、科学研究、服务社会的大学传统功能，又融汇了国际交流这一大学现代新功能。可以说，正是在这种契合教育发展规律的传统办学功能观的支撑下，山西大学在中国近代大学史上才书写了一个又一个辉煌。山西大学传统办学功能的思想，无疑是我们今天大学建设的宝贵财富，需要我们珍视，值得我们凸显，李提摩太的奠基之功，亦需要我们永远铭记。

第二节　纪念中的"李提摩太"

交接完山西大学之后，李提摩太离开山西返回上海。1916年，他因身体状态每况愈下，返回英国。1919年4月17日，73岁的李提摩太走完了颇有传奇色彩的人生旅程，溘然长逝。中国古语有"盖棺定论"之说，但有关"李提摩太与山西大学"的话题，并没有随着李提摩太的离世而消散。尽管其在中国近代政治、文化、教育等多个领域中的贡献可以彪炳史册，但作为一名鸦片战争后的来华传教士，他在华活动不可避免会与西方殖民主义扩张有着千丝万缕的联系，也因此多遭诟病。随着作为历史中鲜活个体的李提摩太的离世，一切或赞美或贬抑的声音也因此而逝，留下的只是一段任人评说的过往。

一、西人的评价

作为一名成功的传教士，李提摩太无疑在西方宗教界和政治界赢得了很好的声誉。1913年在广学会年会上，协会主席、上海大法官苏墨立志先生就高度评价了李提摩太为中西文化交流所作出的贡献，"他很快就证明了自己是时代的英雄。他数不清的译作和著作——有基督教的，也有知识普及著作——他发表在杂志上的文章，他对中国官员无与伦比的熟悉程度，很快让协会的名称在中国家喻户晓……他的名字总是和他的脚步连在一起……他被所有人爱戴，每天都有中国人和外国人去他的办公室，向他寻求建议。他们总是能够得到帮助，获得鼓励……人们都知道，他是中国真正的朋友。从多种意义上来讲，他是后无来者的。"①

在他七十岁生日时，研究中国问题的著名专家明恩溥在信中称："你的许多朋友今天都在感谢主，不仅感谢他把你的心带到了中国，而且要感谢你的诞生！这是一个惊心动魄的时代，你已经尽了你自己的努力，甚至付出了更多，将各种潜在的，甚至是未知的力量释放出来，为的是实现中华民族的改良，以此来实现世界的改良。的确，这种努力有时看起来就像轮船在海中航行，如同鹰在空中翱翔，又似蛇在岩石间行走，渺无踪迹。但是，尽管局势变化，但在上帝的经济学中，什么都没有真正失去。你的艰辛努力，为其他人的建设打下了基石。"②还有许多人称他"在改革时政，开通学识，可谓尽了义务的天职"，是"高见的伟人"。③

---

① 〔英〕苏慧廉：《李提摩太在中国》，关志远等译，广西师范大学出版社，2007 年 12 月，第 304 页。

② 〔英〕苏慧廉：《李提摩太在中国》，关志远等译，广西师范大学出版社，2007 年 12 月，第 304 页。

③ 〔英〕苏特尔：《国外布道英雄集》第 6 册《李提摩太传》，〔英〕梅益盛、周云路译述，广学会出版，1924 年 9 月，第 95—96 页。

同事库寿龄在庆祝李提摩太来华 40 周年时，指出："在中国的 18 个省中，我们可能找不出一个曾经被你伤害过的人，的确如此，知你最深的人，爱你也最深。"①1895 年美国乔治亚大学授予其神学博士学位。1900 年他又被美国的布朗大学授予荣誉博士学位。1916 年 7 月 14 日被威尔士大学授予法律和逻辑学博士。

李提摩太去世后，西方不少人为他做传，其中最著名的是由苏慧廉撰写的《李提摩太》，上海广学会于 1924 年节译出版，题为《李提摩太传》，收入《国外布道英雄集》第 6 册。该文对李提摩太更是极为推崇："然博士在华五十年的事功不与俱去，且长留人间。传道、著书、兴学、办报、辅政、办赈，这是人所共知的。尤注意沟通中西的文化，使世界跻于大同，国际联合，互爱互助，这种和平主张终当有实现的一日。因为博士是一道德伟人、博爱君子，中华是博士第二故乡，博士是中华第一良友，想中华人纪念博士当有过于英人者。"②

二、中国学界的研究

改革开放前，受政治因素的影响，中国学界对李提摩太

---

① 〔英〕苏慧廉：《李提摩太在中国》，关志远等译，广西师范大学出版社，2007 年 12 月，第 304—305 页。
② 〔英〕苏特尔：《国外布道英雄集》第 6 册《李提摩太传》，〔英〕梅益盛、周云路译述，广学会出版，1924 年 9 月，第 100 页。

的学术性研究基本上是以批判为主。如 1951 年丁则良编著的《李提摩太——一个典型的为帝国主义服务的传教士》、李时岳著的《李提摩太》、顾长声编著的《传教士与近代中国》等。

改革开放之后，尤其是 20 世纪 90 年代以来，伴随着国家清史编委会的编译丛刊收录出版了李宪堂、侯林莉合译的《亲历晚清四十五年——李提摩太在华回忆录》，学界的研究视野进一步开阔，主要集中在以下两个方面：一是对李提摩太与中国社会政治变革的关系研究，如施宣圆、吴树扬的《李提摩太与戊戌变法》（《复旦学报（社会科学版）》1988 年第 4 期）；张伟良、姜向文、林全民的《试论李提摩太在戊戌变法中的作用和影响》（《清华大学学报》（哲学社会科学版)1998 年第 13 卷第 3 期）；王娟的《传教士与维新运动——以李提摩太对康有为的影响为中心》（《世纪桥》2007 年第 12 期）；谢京国的《李提摩太与近代中国近代改革》（齐齐哈尔大学 2013 年硕士论文）等。二是对李提摩太与中国文化传播的相关研究，主要有：孙邦华的《李提摩太与广学会》(《江西社会科学》2000 年第 4 期)；谢骏的《李提摩太在晚清东西文化传播中的历史作用》（《浙江传媒学院学报》2012 年第 2 期）；熊捷的《李提摩太的西学传播》（湖南大学 2008 年硕士论文）；张涌的《李提摩太的西学著译研究》（安徽师范大学 2016 年博士论文）等。

三、山大人的纪念

伴随着学界对李提摩太关注与研究的升温，山大人也展开了不同形式的纪念活动。一是校庆中的纪念。1992 年山西大学 90 周年校庆之际，曾任国立山西大学校长的徐士瑚出版了一本内部资料《李提摩太传》，提倡用实事求是的科学态度来评价李提摩太，要"多摆事实，少下评语"，称其为"思想复杂、胸襟开阔、学问渊博、兴趣广泛且有远见卓识的传教士"。2002 年山西大学百年校庆时，在新修建的校史文化路的尽头，赫然树起了李提摩太的雕像，介绍道："李提摩太（Timothy·Richard，1845—1919），英国威尔士卡马森郡人，英国浸礼会教士，1870 年来中国，历任天津《时报》主笔，上海同文书会总干事，上海广学会总办。山西大学堂西学专斋创办人，任西学专斋节制、总理。创办山西大学堂上海译书院，译出供中国大中学堂使用的实用教材 23 种。清朝赐正一品头品顶戴，追赠三代正一品封典，钦赐二等双龙宝星勋章。著、译有《留华四十五年记》等 100 余种，促进了西学在中国的传播。TIMOTHY RICHARD ONE OF THE FOUNDERS OF THE IMPERIAL SHANXI UNIVERSITY"，简短的介绍文字更是唤起了一代代山大人对这位学校创始人的永久记忆。

二是师生们的研究。2002 年，山西大学百年校庆之时，行龙教授撰写了《山大往事》，自此开启了山大师生对校史及李提摩太的研究局面，涌现了一批相关的研究成果：王李金撰写的博士论文《从山西大学堂到山西大学（1902—1937）》（山西大学 2006 届博士论文），王李金、段彪瑞的《李提摩太的教育主张及参与创建山西大学堂的实践》（《高等教育研究》2011 年第 3 期），马林的《李提摩太对晚清新式教育的呼吁与促进》（山西大学 2012 届硕士论文），徐冠华的《山西大学堂科学教育活动研究（1902—1912）》（山西大学 2020 届博士论文）、梁艳的《山西大学堂教师聘任研究》（山西大学 2017 年本科论文），等等。还需提到的是，2017 年山西大学建校 115 周年时，行龙对《山大往事》进行了重新修订，专列一篇《李提摩太：山西大学堂的创始人》。

三是校园中的文化生态。以李提摩太命名的校园景观当属商务印书馆山西大学阅读体验店·李提摩太沙龙。为了纪念清末李提摩太创办的山西大学堂译书院与当时同在上海的商务印书馆之间的密切合作，2013 年，商务印书馆恢复建立太原分馆后，即将其首家在大学校园内开办的阅读体验店，放在了山西大学。2014 年 9 月 15 日，该沙龙正式营业，面积1200 平方米，分为阅览区、分享区、饮品区，还专为山西大学作者在商务印书馆出版的书列为一架。沙龙不但为师生们打造了全媒体、立体化的阅读空间，更是成为各种校园活动开展的场所。如 2015 年 6 月 18 日，共青团山西大学委员会"团学悦读中心"揭牌仪式在该沙龙举办。2017 年，115 周年校庆之时，沙龙再版了李提摩太于 1913 年始发的译著《西游记》100 回，以示纪念。2018 年父亲节，山西大学文学院副教授侯姝慧在此开展了"和爸爸一起读书"讲座，与现场满满当当的听众分享了亲子阅读之乐。此外，李提摩太的名字还经常出现在师生们的文化活动中，如山西大学文学院就坚持每年举办"岁月时光·李提摩太杯三行情书大赛"，至今已有 11 届了。

综上，在李提摩太 73 年的生命中，有 45 年的光阴在中国服务。作为一名传教士，他忠于自己的宗教信仰，虔诚地在内心植下了"中国情结"。来华后通过义无反顾地赈灾，"山西情结"也在其内心深处勃然萌发，从此怀揣此二情结，他在华事业创造了一个又一个辉煌，成为浸礼会在中国北方的唯一代表；丁戊奇荒中"东西方的联合"赈灾的核心人物；主笔《时报》，执掌广学会，传播西学，倡言改革，极大启迪了民智；全方位、深度地参与戊戌变法，成为对中国政局影响最大的传教士，等等。尤其是创建和经营山西大学堂，更是使其在中国近代教育史上浓墨重彩，实现了他的最终梦想，成就了他在华事业的最高辉煌。诚如学者评价："载入高等教育史册的英国人只有浸礼派传教士李提摩太"[①]，李提

[①]〔加拿大〕许美德：《中国大学 1895—1995：一个文化冲突的世纪》，教育科学出版社，2000 年，第 36 页。

摩太和他开创的山西大学堂已然成为中国高等教育的一座丰碑。120 载的光阴荏苒，不变的是山大人对李提摩太这位创始人的永远尊敬与怀念，那座伫立在山西大学校史文化路尽头的李提摩太雕塑和山大人代代薪火相传的"中西会通、求真至善、登崇俊良、自强报国"的办学精神就是最好的见证。